新型コロナ災害
緊急アクション活動日誌
2020.4-2021.3

原作：瀬戸大作

企画・編集：平山　昇・土田　修

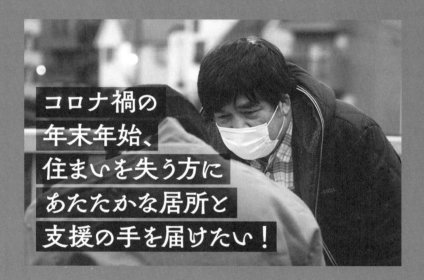

コロナ禍の
年末年始、
住まいを失う方に
あたたかな居所と
支援の手を届けたい！

社会評論社

目次 contents

プロローグ prologue

新型コロナ災害緊急アクション 反貧困ネットワーク 事務局長　瀬戸大作

「死のうと思ったが死ねなかった。
最後だと思いメールした」

—やり切れないほどの独りぼっち　路上からの悲鳴が止まらない—

▌コロナ災害が政治の責任による人災となっている

> 「いま、この瞬間、家を追い出されて、路上に追いやられる若者がいます。
> いま、この瞬間、おなかをすかしている子どもがいます。その子どもの
> ために炊き出しに並ぶ親御さんがいます。そして、いま、いのちを断つ
> ことを考えている大勢の人たちがいます」

　5月6日、「新型コロナ災害緊急アクション」で共に活動する「つくろい東京ファンド」の稲葉剛さん　参議院厚生労働委員会でこう訴えた。

　5月3日、5日に開催したGW「大人食堂」には660人の人が訪れ、食料の配布や生活相談を受けた。昨日まで普通に働いていたような女性、住まいを失っただろう大きなスーツケースを両手で押してきた若い男性、どこの街角でも見かける母親と小学生母娘、そして母国での弾圧から逃れ、日本に助けを求めてきたが難民申請から弾かれ、働くことも医療も受けれない外国籍の皆さんが多く訪れた。民間の支援団体が連携して相談窓口を開設し、応急的に食糧を配布し、相談対応し、住まいやくらしや仕事につないでいく。このような活動が1年以上も続いている。自助も共助も、もう限界なのに、この1年間、公助の姿は見えない。

　困っている時に福祉の窓口に行った時に「明日、家から追い出される。電

気ガス・水道が止められる」「もう何日も食べていない」と駆け込んでも、「若いのだから生活保護は利用できない」「ギリギリまで落ちたら相談に来てください」「施設入所が生活保護受理の条件です」福祉事務所から、冷たく追い返されることがあちこちで日常的に起きている。所持金も 1,000 円も切り居所もない相談者にも容赦ない。いちばん苦しい時に助けてもらうことも許されない。そのような福祉事務所の対応が、時には「死に至らしめる」ことを福祉に携わる人々は自覚してほしい。「福祉が人を殺す」こんな事態が今日も全国のあちこちで起きている。

▐ さらに状況が悪化している

　コロナ禍の長期化で仕事を失い、家賃滞納が続き住まいを強制退去、就労可の在留資格を政府が与えず、医療も受けれない外国人、経済的な困窮だけでなく、助けてともいえず、孤独で孤独で精神的にも疲れ切ってしまった人たち、最近では「死のうと思ったが死ねなかった。最後だと思いメールした」というメールが増えている、新型コロナウイルス感染拡大から 1 年を過ぎた。

　SOS の内容は日を追うごとに深刻になっている。「死にたい」というメールに駆けつける。ターミナル駅では 20 時を過ぎて、誰もいなくなったベンチには野宿する人々だけが座っている。公園で野宿する外国人からの SOS も増えはじめた。私の駆けつけ支援が終了する時間の平均は 21 時 30 分、支援崩壊が近づいている。しかし、これから減少するとは考えられない。貧困に苦しむ人に、いのちと暮らしを守る政治や福祉が存在しないからだ。私たちのような民間の支援団体のスタッフたちはもうとっくに限界に近い活動を続けている。「倒れるのでないか」「もうこれ以上は止めて」とメールが届く。

　でも止める事はできない。23 時のメールだった。公園のトイレで、女性が野宿をしていた。「死のうと考えて、その前に最後のメールをしたら来てくれた」と言った。凛とした礼儀正しい。時折り少しだけ笑う。「今の自分を考えると情けなくて笑ってしまうんです」。今まで福祉事務所に裏切られたようだった。彼女は最後に私に聞いた。「瀬戸さんは希望ですか？」。もちろん頷いた。あの時、駆けつけずに翌日回しにしていたら、彼女は生き続けただろうか。さらに深まる一方の困窮、「底が抜けた」といわれる現実に向き合っている。

　1 年以上、ほぼ休むことがなく路上からの SOS に向き合う日々を続けてい

る、SOS の現場に駆けつけて、その後の生活保護申請同行とアパート入居までの支援を行う、最近の特徴は精神的にボロボロにされている相談者の急増、精神的困難を抱え心をやられてしまった若い世代が増えている。そこまで追い込んだのは「助けて！と言える人や相談機関がいなかったこと、そして、やり切れないほどの孤独だ。コロナが感染したから貧困になったのではない。以前から「助けてと言えない社会」「どうしようもない孤独な社会」だった。非正規、女性、精神的困難、外国人、弱い状況に置かれた人々の暮らしが「底が抜けたようにこぼれ落ちた」

　私が出会った多くの相談者が言う。「たまらなく寂しかったんです」。このように「助けてといえない」状況になぜ、至ってしまったのか、困っている時に福祉の窓口に行った時に「若いのだから生活保護は利用できない」「ギリギリまで落ちたら相談に来てください」「施設入所が生活保護受理の条件です」。福祉事務所から、冷たく追い返される事が日常的に起きている。所持金も 1,000 円を切り居所もない相談者にも容赦ない。いちばん苦しい時に助けてもらうことも許されない。そのような福祉事務所の対応が、時には「死に至らしめる」ことを福祉に携わる人々は自覚してほしい。「福祉が人を殺す」こんな事態が今日も全国のあちこちで起きている。私の今後の活動の関心と行動の大半を「助けてといえること」と「寄り場づくり」に注力したいと考えている。

> 私はダニエル・ブレイク一人の市民だ　それ以上でも以下でもない人間だ、この世界は完璧ではなく、努力をしていても、真面目に働いていてもうまく行かないときもある。そういうときに支えとなるのが福祉であり、それはいわば戦場における病院の如きものだ。傷つき敗れた労働者はここでいったん休み、英気を取り戻し、また社会へと戻ってゆく。そういう存在であるべきである。　（ケンローチ監督　私はダニエルクレイグより）

▌新型コロナ災害緊急アクションの活動から

　新型コロナ災害緊急アクションは。新型コロナウイルス感染拡大に伴い、拡大する貧困問題を共同して解決するために、私が事務局長を担う反貧困ネットワークが呼びかけて、昨年 3 月 24 日に設立、41 団体の参画で活動を進めている。

　「緊急ささえあい基金」も昨年4月16日にスタートさせた。現段階で、市民からのカンパで約1億2千万円が集まり、6千万円以上を給付している。コロナ禍で仕事を失ったり、ライフラインが止まる。2015年に生活困窮者自立支援制度が始まり、相談支援機関はたくさんあっても、金銭的な援助を得られる場は限られおり、その活用も制限されている、相談支援機関はたくさんできたが、経済的援助手段はなかなかない。社協が窓口となっている生活福祉基金も、実際には活用しづらい。公的な貸付制度でも救えないコロナ災害の受け皿として、「緊急ささえあい基金」から給付支援をおこなって、いのちをつないでいる。

　緊急アクションの相談フォームに、連日のように届く「所持金が数百円しかない」「仕事を解雇され寮から追い出されて、路上生活になった」「何日も食べていない」「このままでは死にたくなくても死んでしまう」などの悲痛なメール、メールを受けて、私たちは、相談者が待つ現地に向かう。「緊急ささえあい基金」から、当面の生活費と宿泊費をお渡しながら、その場でアセ

スメントをおこない、数日後の生活保護申請同行とアパート入居までの支援や、必要な福祉制度につないでいる。そこから寄せられる「住まいがない」「所持金がない」などの SOS は、4 月まででのべ 700 件以上にも及んでいる。この数は相談支援ではない。直接支援であるということが重要だ。

　年越し派遣村には、20 代はほとんどいなかった。30 代もわずかで、圧倒的に多かったのは中高年。しか SOS メールをくれる中でかなりの割合を占めるのが若い世代だ。80% 以上が 20 代〜 40 代で、最近は 20 代が半数を占める。以前からネットカフェなどで暮らし、日雇い及び派遣で収入を得ていたが、コロナで収入が途絶えた人、当初からアパートを借りる費用がなく、数年ネットカフェで暮らしながら、生活していた人、寮付き派遣で暮らし雇止めされて即日退去させられた人が多い。

▌新型コロナウイルス感染が、
「弱者を見捨てる社会」を露呈させた

　多くのメディアから当事者取材の依頼を受ける。「この方はコロナの影響で困窮に陥ったのでしょうか?」私はあぜんとする。2002 年の小泉・竹中構造改革によって、派遣労働と非正規雇用を増やし、彼ら彼女らを低賃金で不安定な立場に押し込んだ。働く人の 4 割が非正規雇用で、非正規雇用で働く人の平均年収は 179 万円。男性は 236 万円、女性非正規に限ると 154 万円、貯蓄ゼロは単身世帯で 38%、ネットカフェで暮らす人々の平均の月収は 11.4 万円。アパート等の入居に必要な初期費用(敷金等)をなかなか貯蓄できずに「ネットカフェ難民」になってしまった人たちの存在、飲食店や派遣会社の寮から退去されられた人々の SOS も多い。

　多くの人が「寮つき派遣」しか選択肢がないと考え、応募するが、仕事が極端に少ない上に、携帯電話が止まり、さらに仕事探しが困難になる。職探しの間にわずかな貯金が尽きてしまう。それでも「生活保護だけは利用したくない」と大半の相談者はいう。彼ら、彼女らは、非正規雇用で何とか生計を立てようと働いてきた「普通の」労働者であり決して「自己責任」ではない。

　大半の福祉事務所において、無料低額宿泊所、自立支援施設入所を生保申請受理の条件とされ、路上に居ただけで、「生活保護申請者に対する疑い」「偏見」が差別的な運用につながりアパート転宅が阻まれる状況が頻発していることから、「緊急アクション」相談対応チームでは、相談者の生活保護申請に

同行して、申請日当日から保護決定、アパート入居日までのビジネスホテルなどの一時宿泊先の確保、その後、約1カ月をめどに、アパート入居までの支援をおこなっている。そのような活動をほぼ休むこともなく、1年以上も続けている。

▎コロナ禍が浮き彫りにした
移民外国人の「平等性」からの排除と差別
―給付金支援の大半が外国人―

「反貧困ネットワーク」の世話人である稲葉奈々子さん（移住連）からの要請に応えたことから開始した「緊急ささえあい基金」からの外国人給付金、仮放免者など住民登録のない人たちが特別定額給付金の対象外になったこともきっかけだった。仮放免者は、有効な在留資格がなく、入国管理施設（収容所）に収容されたものの一時的に解放されている者を言う。収容所は感染リスクが高いため、4月以降、入管が仮放免を認めるケースが相次いだ。

しかし仮放免後は原則、就労が禁止され、また住民登録もできないため公的な福祉制度は利用できない。そのため仮放免者は、家族・親族、コミュニティ、支援団体、宗教施設などに頼って生活をすることになる。だが、コロナ禍の中で、それまで頼ってきた家族やコミュニティのメンバーも失業したり生活が立ちいかなくなっている例が少なくない。また教会もミサがなくなり献金が集まらなくなり、彼らの生活を支えることが難しくなっていた。

もともと過酷な生活を送ってきた仮放免者はより追い込まれた状況に直面している。ガスや電気が止められ、食料もままならない、家賃が払えず追い出しの危機にあっているなどの声が寄せられている。加えて仮放免者は、数年に上る収容生活の中で、健康状態に問題を抱えている人も多い。しかし、健康保険が使えないため診療を抑制し、さらに体調が悪化するという悪循環も生じている。まさに「医・食・住」という生きるために不可欠なものが脅かされている状況である。

日本に暮らす外国人の給付支援は4,000万円に上る。半数以上が公的支援も受けることができない就労も許可されない在留資格と仮放免、全ての生活を支援者に頼らざるをえないことが明らかになった。仮放免、短期滞在の外国人は公的保険に加入することができない。自己負担で医療を受ける場合、10割負担でも高額だが、30割や40割負担を請求される場合も少なくありま

せん。最後の命綱が無料低額診療になる。しかし、無料低額診療は、実施する医療機関の裁量によるため、受診を拒否される外国人もいる。実施する民間の医療機関には支えきれない。相談会に来た外国人の相談の多くは健康問題でした。国籍・在留資格にかかわらず医療サービスを受けられる仕組みが求められている。

2020年5月に、家賃が払えなくなり家から追い出されて公園で寝泊まりしていた中国人の仮放免者Pさんは、背後から鈍器で頭を殴られて気を失い、救急車で病院に運ばれた。翌日、意識が戻ると、頭がい骨が陥没し、右足が麻痺していた。しかし病院は、仮放免で医療費が払えないとわかると、動けないPさんを車椅子に乗せて、病院の車で、野宿していたもとの公園に連れていき、ベンチに放置した。その後Pさんは、数日間、近所の人がくれる食べ物で空腹をしのぎながら、自分で足をマッサージして何とか歩けるようになり、その後、「反貧困ネットワーク」のシェルターに入所していのちをつないでいる。

▌いま、新たな課題に直面している。
絶望の中からの希望を見出す

　コロナ禍から1年。緊急対応を続けてきた中で、いま、新たな課題に直面している。「生活保護につなげてアパート入居できたら終わり、じゃない」今はコロナの影響で仕事も見付かりにくい。アパートに入っても人との関わりがないために孤立を深めてしまい、突然連絡が取れなくなる相談者が増えている。支援している相談者からの嘆きが相次いで届く。電話でもメールでも届く。共通していることは独りぼっちのアパートやビジネスホテルで「死にたくなるような寂しさ」1週間、誰とも会話していない。

　以前のように仕事が見つからず、友だちもいない。部屋の天井を見上げるだけなのだ。僕らが思っているより、若い人たちの抱えている困難は深刻。精神的なケアが必要な相談者も多くて、半数くらいは継続的なフォローが要る。それに、もう一度仕事に就くにしても、ブラック企業で使い捨てのように働かされてきた人たちを、そこにまた戻すのかという問題もある。

　「生きていく自信がない」とメールが来て駆けつけた20代の青年K君と出会って5カ月が経過した。K君は歌舞伎町のホストだった。当時の年収入は

１億円を超えていた。しかし心身をボロボロにされた。K君と出会った時は、所持金300円、LINEグループで出会った若者たちと一緒に自殺しようと考えて河川敷に向かった。でも怖くて死ねずに駅に戻り、SOSをくれた。一緒に生活保護申請に向かい、ビジネスホテルで当面の居所を確保した。しかしK君は笑うことはなかった。ご飯も全く食べずに、ガムとゼリーだけだった。、毎週会いに行き、傷つき過ぎた心の回復に向けて対話を続けてきた。

　最大の困難は「孤独」だ。ビジネスホテルの小さな部屋の天井だけを見つめていても希望は開けない。「反貧困ネットワーク」が運営するシェルターで受け入れる決断をした。私たちのシェルターで暮らすことで、「独りぼっちじゃない空間」「貧乏だけど幸せな瞬間がたくさんある体験と仲間たち」がある場所への階段を登ることとした。シェルターに到着してすぐ近くにある「泪橋ホール」に行ったら、シェルターの住人たちが集まってきた。いちばん激励してくれたのは、所持金500円でSOSをくれた元コンビニ店長のKさんだった。ブラジルやインドの住人もやってきて、意味不明なおもてなしを始めた。

　いつも笑顔で迎えてくれるオーナーの多田さんに癒される。うれしいことがあった、全くご飯が食べれないK君が、おかしい仲間たちとの会話に加わり、自分の辛かった経験を語り、多田さんがご馳走したカレーをおいしそうに食べたんだ。ガムとゼリーしか食べれなかったのに、そして、笑ったことがないK君が笑ってくれた、K君は現在、チャレンジしたい仕事への勉強を始めている。

■「使い捨て」の労働市場に戻すのでなく、協働で生きる新しい分かち合いの社会を作る

　これまではボランティアが集まり、任意団体として活動してきた「反貧困ネットワーク」だが、増加するSOSや長期化する支援を見据えて、4月に法人化。『一般社団法人反貧困ネットワーク』として、緊急宿泊用シェルターを増やし、専従スタッフが就労ケアをしながら孤立の防止を目指す計画だ。公的支援からこぼれ落ちてしまう外国人支援にも力を入れていく。他にも、希望の「分かち合いネットワーク」をつくる予定だ。GW大人食堂では、新小岩のネパールレストランの名店「サンサール」が200食の手作りキーマカレー弁当を用意してくれた。こういう食堂を各地域でどんどん増やしていきたい。普段、普通の光景として、地域で困窮した方をお店やお店のお客さん

で支える「分かち合い」と駆け込み寺をつくる。「助けて」と言えば「助け合い分かち合う」ことができる場所をたくさんつくる。

「反貧困ネットワーク」では、荒川区の企業組合あうんが中心となって設立した「一般社団法人あじいる」と合同会議をはじめた。「アジール（asile）」はフランス語で「自由領域」「避難所」「無縁所」という意味。さまざまな縁と切り離された人々が、ここで新しい縁を築き上げよう。もう一度仲間と共に胸を張って生きる場を作っていこう。そんな思いでつながった仲間たちと立ち上げた団体だという。「反貧困ネットワーク」が運営するシェルター「ささえあいハウス」は山谷泪橋に設置、多くの住人が公的支援も受けることもできず、住まいからも追い出されている外国人を中心とした緊急宿泊先として位置づけた。

住人である外国人の一人一人が深刻な困難を抱えている。共通していることは、「医療」「経済的困窮」「孤独」「在留資格」単なる住居提供では困難は解決できないことが身を持って体験、「反貧困ネットワーク」だけでは問題解決できない。医療では地域にある「山友会クリニック」「隅田川医療相談会」と連携して、日本の公的医療から排除されてきた彼らを「あじいる」の皆さんと一緒に地域の病院に連れて行き、見守っていただいている。

「緊急ささえあい基金」で 4,000 万円、延べ 1,250 世帯の外国人のいのちを給付金でつないできたが、給付金を渡すだけでは解決できない。「住まい」「医療」「食」「寄り場」を地域の住民連帯つくりだすために、今後、月 1 回のペースで「合同会議」を開催して具体化していく。外国人だけでなく、就労に困難を抱える方が、必要なサポートを受け、他の従業員と共に働いている社会的企業」にも着手している。外国人支援団体である「北関東医療相談会」「クルドを知る会」との三団体連携で医療・シェルター・生活相談の連帯事業の取り組みも始めている。

新自由主義の中で使い捨てのようにされ、コロナで仕事を切られたら住まいまで追い出される。もう一度仕事に就くにしても、ブラック企業で使い捨てのように働かされてきた人たちを、そこにまた戻すのかという問題もある。そのような働き方じゃなくて、みんなで支え合って働ける場作りが必要だ。すぐには働けない人もいるから、それぞれの事情に合わせた働く場や居場所を協同の仲間たちと作っていきたい。

私は、「パルシステム生活協同組合」の職員でもあることから、希望をつなぐのが「協同」のつながりだと思う。「日本労働者協同組合（ワーカーズコー

プ）」に協力を仰ぎ、緊急アクションにつながった相談者を対象にした「しごと探し・しごとづくり相談交流会」をこれまでに2回開催している。ワーカーズコープで既に就労開始している相談者もいる。「女子会」や「当事者主体の自助グループ」含め今後も相談交流会を継続していく予定だ。

一般社団法人　反貧困ネットワーク

　「人間らしい生活と労働の保障を実現し、貧困問題を社会的・政治的に解決すること」（同ネットワーク規約第4条）を目的に、市民団体や労働組合、政治家、弁護士などさまざまな団体や個人が連帯し協力し合って貧困問題に取り組むネットワーク。2007年10月に設立され、2021年4月に一般社団法人になった。代表世話人は弁護士の宇都宮健児さんで、事務局長は瀬戸大作さん。シンボルマークの「ヒンキー」は黒いお化けのキャラクターで、なかなか目に見えにくい「貧困」をイメージしている。本部は東京にあるが、全国各地にネットワーク団体があり、協力関係の下、学習会や相談会、「大人食堂」など食糧支援活動を行う一方、政府や地方自治体に働きかけ社会問題化することで、貧困問題の根絶を目指している。

　同ネットワークは、コロナ不況で仕事や住居を失い、生存を脅かされた人たちを直接支援するため、2020年3月に「**新型コロナ災害緊急アクション**」をスタートさせた（参加団体は瀬戸大作さんのプロローグ内に記載）。困窮者に緊急小口給付を行うなど活動を支えるための「**緊急ささえあい基金**」は昨年4月に発足したが、既に1億2,000万円の寄付が集まり、路上生活を余儀なくされた人たちや外国人たちの「命」をつないでいる。

緊急ささえあい基金への寄付は下記から。
①郵便振替の場合
　口座番号：00170-5-594755
　加入者名：反貧困ネットワーク
　※通信欄に「ささえあい」と記入してください。
②銀行振込の場合
　ゆうちょ銀行（金融機関コード：9900）
　店番：019　店名：〇一九店（ゼロイチキュウ店）
　預金種目：当座　口座番号：0594755
　受取人名：ハンヒンコンネットワーク
●寄付URL
　https://www.congrant.com/project/antipovertynetwork/2902

本部
東京都新宿区下宮比町3-12　明成ビル3階　市民プラザ内
FAX：03（5225）7214　https://hanhinkon.com

COVID-19

2020年
4月

2020 年 4 月 30 日現在
新型コロナウイルス感染症

感染者：14,088 例　死亡者：415 名

（※厚生労働省の HP から「新型コロナウイルス感染症の現在の状況と厚生労働省の対応について」

https://www.mhlw.go.jp/stf/seisakunitsuite/bunya/0000121431_00086.html）

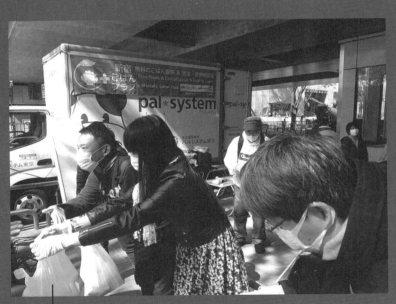

2020 年 4 月に展開されたパルシステム等による緊急食料支
援活動。

4月11日（土）｜生き抜いて！

　昨晩に続いて都内の某駅で、ネットカフェから退去するしかなくて、住まいを喪失した方に直接会いに行き、「アンブレラ基金」からの緊急宿泊費を渡した。彼は所持金が13円しかなかった。日雇い派遣の仕事がなくなってしまい、靴も壊れてサンダル姿の状態。区の福祉事務所に行ったら4月20日を過ぎないと対応できないと言われた。他の区は5月を過ぎないと対応できないとの情報。生活保護の申請現場も混乱している。

　その後、都庁下でおこなわれている自立生活サポートセンター「もやい」の路上相談会に参加。今日はパルシステム生活協同組合からの150人分の食料支援を行った。今日は113人が食料支援を受け、23人が緊急生活相談を受けた。サンダル姿の彼にはパルシステムの高橋英明さんがなぜか持っていた靴をプレゼントした。住まいを喪失した人は徒歩圏内のチャレンジネットに案内する。受付時間は17時までだ。行列になっているので早めに誘導する。

　18時過ぎから昨晩と同様に、住まいを喪失した方に直接会いにいき、アンブレラ基金からの緊急宿泊費を渡して個別相談を行う。「つくろい東京ファンド」の稲葉剛さんらが現在も相談を受けている。とにかく生き抜いてほしい！

4月12日（日）｜土日も駆け付けるよ

　自宅に戻った時間は日付が変わった夜12時過ぎ。「つくろい東京ファンド」のサポートスタッフに加えてもらった途端にSOSが届いた。夜だけで都内3か所を回り、ネットカフェから退去するしかなく住まいを喪失したAさんに直接会いに行き、「アンブレラ基金」からの緊急宿泊費と自宅ににあったマスクを渡してきた。

　彼は所持金もほとんどない状態で寒くて誰もいない夜の街を一人さまよう。今日はビジネスホテルに泊まれそうだ。東京都が住宅2,000部屋を用意したという最新情報を伝えたら少し安堵していた。

　そもそも貧困格差を拡大させ、居住貧困を放置してきたところに、新型コロナウイルス感染で矛盾が一気に爆発したのだ。日雇い派遣労働がなくなり収入が途絶え、ネットカフェが休業すれば路上に出るしかない。月曜から無事に東京都からの住宅提供が受けれることを願う。「生き延びることができるよう頑張ります」。彼は深く頭を下げて私を見送ってくれた。SOSが届いた

ら土曜日も日曜日もその先も駆けつけるよ。

4月14日（木）｜倒産は時間の問題

　今晩も住まいを喪失した人が待つ新橋駅に向かった。コロナウイルス感染影響で働いていた店舗から解雇され2週間も路上で暮らしていた30代前半の男性だ。所持金は900円。「アンブレラ基金」から緊急宿泊費を渡した。地方から上京した彼はずっとネットカフェで暮らしながら働いていたという。生活が厳しくても単身世帯には公営住宅に入居させない、家賃補助もないという「居住貧困」政策が大量の路上生活者を発生させたのだ。しかもその人たちの多くは30代、40代だ。

　彼は「無事にビジネスホテルに泊まれました。明日、区役所に生活保護申請に向かいます」とメールをくれた。今は無事にビジネスホテルで疲れきった身体を温めながら寝ていることだろう。一方で私の元にはあちこちの自治体で「生活保護申請が受付されない」「拒否される」「他の自治体に行ってほしい」といった対応がなされているとの情報が届き始めた。

　今日は私の元に3名の方からSOSが入る。自主避難のお母さんの友人が住居を失っている。所持金を聞くと生活保護の要件範囲内だ。すぐ区役所に相談に行ったらたらい回しのあげく申請が受理されなかった。金曜に区役所に同行する約束をした。所持金900円の男性も生活保護申請が受理されるか、受理されても劣悪な無料低額宿泊所に送られては最悪だ。明日の結果を彼から報告を聞いて生活保護申請の結果を聞いた上で申請同行も行う。

　ほかにも北関東で自主避難しているシングルマザーのお母さんから悲痛なSOSが届く。電話したら落ち着いてくれた。民間賃貸家賃補助の打ち切りで生活が厳しい。職場での就労は続いているが対面仕事で「濃厚接触」の恐怖でノイローゼ寸前だという。

　今日は最後に都内のカプセルホテルに向かう。マネージャーと話をした。「倒産するのは時間の問題」だという。2,000円程度なので、ぜひ住居を喪失した方に使ってほしいという。あちこちで大変なことになっている。帰宅後、明後日の「コロナ災害緊急アクション」による省庁交渉の準備と大量のメール対応と返信。大変な日々が続いてる。

4月16日（木）│市民の声で政治を変えよう

　「新型コロナ災害緊急アクション」主催の「コロナウイルス感染拡大に伴う生活困窮者や学生への支援強化を求める省庁との緊急の話し合い」を開催した。

　衆議院議員会館に20人を超える支援団体の関係者が集まり、各団体がまとめた政策要望を厚労省・国交省・文科省に行った。政策要望をまとめた当日資料は60ページ。切実な声が続く。厚労省からは ①生活保護 ②居住 ③雇用と労働と外国人 ④障害者 ⑤学生と奨学金ーーの各分野別要望に対応いただいたことには感謝したい。

　前段の国会議員要請行動には、立憲民主党・共産党・社民党の議員が参加した。今日の行動のアレンジを担当してくれた社民党の福島瑞穂さんは「安倍首相が、国民1人当たり10万円の現金を一律給付するため、今年度補正予算案を組み替える方針を示した。補正予算案に盛り込まれていた困窮世帯限定の1世帯当たり30万円の現金給付は取りやめる。市民の声で政治を変えることができる」と緊急報告。

　「生活保護」については「生活保護問題対策全国会議」の田川英信さんと自立生活サポートセンター「もやい」の大西連さんが代表して交渉。厚労省は住居確保給付金や生保の資産要件の緩和、居宅保護など「急迫保護」を、かなり迅速に積極的に各自治体へ制度の柔軟運用をするよう通知を出しているという。これは評価できるが、現状では自治体ごとに対応のバラつきが目立ち、行政窓口での"水際作戦"やたらい回しが頻発しているため、厚労省通知の周知徹底を求めている。残念ながら厚生労働省は「急迫保護」について柔軟にという通知は出しておらず、昨日の要望にもゼロ回答だった。

　横浜・寿公園で越冬医療活動を続ける「寿医療班」の越智祥太さんがネットカフェで生活していた方が避難する神奈川県立武道館の劣悪な環境を報告した。暖房もなく寒い大部屋の雑魚寝で感染拡大の恐れもある。食事提供も行っていない。今後は生活保護など地域福祉との連携が重要でアパートなど個室への転居支援が必要と提起。自治体の福祉事務所などに相談すると「貧困ビジネス」として批判されてきた環境の悪い相部屋の宿泊所に入るよう案内される事態が頻発している。

　「雇用と労働」については「POSSE（ポッセ）」の渡辺寛人さんと「首都圏青年ユニオン」の原田仁希さんが代表して交渉した。労働相談を受けている現場で「バイトのシフトに入れず収入が止まり家賃や公共料金が払えない」

という相談が寄せられている。新型コロナウイルスの影響を理由とする解雇や雇い止めも増えている。雇用調整助成金制度を企業が使ってくれない問題もある。上限額（1日 8,330 円）を超えると企業に負担が生じるので申請しないのだという。「労働者からも休業補償を直接請求できるような仕組みを整えること」など制度設計問題などについて早急な改善を求めた。

外国人労働者の多くも、日本人労働者と同様に厳しい状況に置かれている。雇用維持のための休業補償はもとより、失業した場合の生活保障から排除しないている現状がある。外国人労働者の生活を守るための緊急的な対応の必要性も求めた。

「移住労働者と連帯する全国ネットワーク（移住連）」の山岸素子さんは、感染拡大に伴い生活に困窮する外国人への支援策と、帰国予定であったが航空機の運休等で帰国できず生活基盤が失われたまま途方に暮れている外国人に在留資格の延長を認めることや、当面の衣食住の保障を含めた支援策を求める発言があった。

最後に、「反貧困ネットワーク」から「緊急ささえあい基金」を発足させ、各支援団体が取り組む緊急経済支援や一時居住支援に役立ててもらうよう支援することを発表した。「反貧困ネットワーク」が中心となり、「新型コロナ災害緊急アクション」に参画する協働団体を通じて助成する。

それぞれの活動の中で、住まいを喪失し、行き場のない人に対して緊急宿泊支援を実施したり、日々の生活費に事欠いても「生活福祉基金」が借りられずに水道光熱費が払えなったりする方々への緊急小口給付などを行なっている団体が対象だ。協働団体から週単位で「給付実績申請書」を提出してもらい、支援当事者1人当たり最大 20,000 円を 10 日以内に拠出する。

「新型コロナ災害緊急アクション」では5月の連休で役所が閉まった場合に、生活に困窮し住まいを喪失する人々が多く生まれ路上にあふれることをできるだけ避けるために緊急で動きたい。今日決まった一律 10 万円の「特別定額給付金」も1日でも早く実行に移してほしい。生き抜くために。

4月17日（金）｜いつ SOS が来るか分からない

昨晩の 11 時過ぎにメッセンジャーに飛び込んできた SOS ！　千葉県のある道の駅付近で車中泊の男性が助けを求めている。40 代前半で所持金は 150 円しか残っていない。携帯電話は止められてカップラーメンしか食べていな

い。状況を急ぎ確認する。すぐ現場に行ける時間ではない。12時30分に道の駅で待ち合わせすることにした。

　今日は大雨だ。到着した道の駅はトイレ以外は閉鎖されていた。小さな軽自動車の中で彼は待っていた。助手席には掛布団と毛布が置かれていた。千葉県の支援者で「反貧困ささえあい千葉」の大野博美さんと阪上武さん、それに県議の伊藤とし子さんも心配して駆けつけてくれた。

　彼は福島県の出身だった。故郷の街の風景の現在の状況を話した。彼は東日本大震災と原発事故直前に一人上京した。しばらくは千葉県のある房総海岸沿いの小さな町でアパートを借り働いていたが、事情があり仕事を辞めてアパートも追い出された。ネットカフェと車中泊しながら日払い派遣の現場に向かい続けた。新型コロナ感染拡大影響で仕事がなくなり、ネットカフェも続々と営業休止、彼の命綱である愛車のガソリンも残りわずかだった。

　土曜、日曜と役所が閉まっている2日間をどう過ごせるか。とりあえず「アンブレラ基金」と「緊急ささえあい基金」から宿泊支援と生活支援2万円を給付。でもここは千葉県。東京都のようにビジネスホテルが簡単に探せない。閉鎖されていたり、厚労省にコロナ軽症者用に借り上げられている。阪上さんが隣り町のビジネスホテルを探してくれ、2泊の予約を入れる。

　月曜からの対応は千葉県のホームレス自立支援「ガンバの会」の副田一郎さんが引き継ぎ、生活保護申請と居宅や就労支援に当たってくれる。チーム力で1人づつ、地道に丁寧に「生き抜く」ための支援を今後も行なっていく。でも夜の11時過ぎまでは缶ビールも安心して飲めないな。いつSOSが来るか分からない！

4月19日（日）｜チームプレーで乗り切ろう

　今晩も飛び込んできたSOS！　自家用車をすっ飛ばして、20時30分に待ち合わせ場所の新横浜駅に到着した。新横浜は「パルシステム神奈川ゆめコープ」の本部の近く、私の出身生協なので駅周辺はよく知っている。今後のこともあるので「寿医療班」の森英夫さんに電話したらすぐ駆けつけてくれた。

　待っていたのは40代男性、所持金も70円しかなく、何も食べて無い状態。順調だった仕事がコロナでなくなり職場の寮から追い出され、しばらくはネットカフェなどで暮らしていたが、所持金が尽きて野宿生活となってしまった。横浜に避難所があると聞き、東京から10時間かけて歩いたがたど

り着けず。「アンブレラ基金」からの 12,000 円の緊急給付支援を行い、今日は新横浜駅前の安くて朝食がおいしい私のおすすめホテルに泊まってもらった。10 日後に直接雇用の仕事が決まったと聞いてホッとする。

　明日、勤務予定先の自治体の福祉事務所に来てもらい、地元議員と一緒に自立支援相談窓口で一時入居支援の対応をお願いする予定だ。同志である小金井市議の片山薫さんの頑張りで自治体議員の支援ネットワークづくりが急ピッチですすめられている。チームプレーで乗りきろう。

　ネットカフェを住まいにして働いていた人たちが、コロナ問題で一気に野宿生活となり溢れる様相だ。毎日毎日が対応に明け暮れる日々だ。非常事態がますます拡大していく。収まりそうにない。

4月24日(金)│感染リスクが高すぎる

　5 月 1 日から 6 日間の大型連休がやって来る。10 万円の「特別定額給付金」の支給も大型連休以降となる。住まいや仕事を喪失した人々が大量に路上に溢れている。今日も私のメッセンジャーグループに同時に 5 人以上の SOS 情報が届いている。都内にとどまらない。神奈川や静岡県からも。自治体議員ネットワークが動いてくれている。昨晩の北関東の方は、やっと居場所の町まで分かった。福島県に近い。「人に会うのが恐い。明日まで考えさせてほしい」とのメールが届いた。会ってくれないと命が救えない。
今晩も「つくろい東京ファンド」の稲葉剛さんは池袋での 3 人に（時間差で 1 人ずつ）お会いして、「アンブレラ基金」からの緊急宿泊費をお渡している。しばらく続くのだろうが確実に疲弊していっているのが怖い。

　夕方、友人が作ってくれた手作りマスクを持って、荒川区の企業組合「あうん」を訪問し、東京・山谷や墨田川医療相談などで奮闘されている中村光男さんに現状ヒアリングと今後の進め方についてアドバイスをもらう。「あうん」も生協を含めた委託事業がほとんどなくなり厳しい経営状態にあると聞いた。

　中村さんは「命を守る医療体制の確立」が最優先と強調する。4 月 21 日に、亡くなったあとで新型コロナウイルス感染者だったと判明した人が 11 人いたと報道されたが、その中の 1 人は北千住の独居老人だった。山谷地区のドヤは横浜・寿町と比べても木造建築で古い。狭い場所での野宿、原発労働者の宿舎も同様、高齢者や持病のある方が多いため、かなり重篤な状態になる

ことが懸念される。診断も治療もなされず亡くなる方が増える。早急に路上からでもアクセスできる発熱外来の開設が必要だ。誰もが気軽に来られる発熱外来を山谷に作りたいのだと。

山谷では、新型ウイルスが広がる中で貧しい人々が苦境に立たされている。炊出しがなくなり　仕事も止まり、体を休めることができた場所も閉鎖、家にいろと言われても元々外にいる人たちにはこもる部屋もない。激減した仕事の紹介、仕事があっても大型バスで密集した状態で現場に連れて行かれる。感染リスクが高過ぎる。

帰りに玉姫公園に寄った。疲れ切った野宿者がベンチに何人も寝ていた。東京都がコロナ対応でやったことは、都の日雇い仕事の休止と野宿者の生活拠点であった娯楽室の閉鎖のみ。労働者がこの厳しい状況で生き延びるための山谷対策が何も行われていない。山谷では支援団体の頑張りで「緊急朝飯行動」が続けられている。

4月25日（土）①｜失業・廃業者のうめき声を聞け

昼から厚生労働省にて、いのちとくらしを守る　なんでも電話相談会実行委員会の緊急要望書提出と記者会見に「国は、自営業者・フリーランス・働く人々の"うめき声"を聴け！」に「反貧困ネットワーク」など27団体が参加する「新型コロナ災害緊急アクション」を代表して参加した。私からは大型連休中においても、生活保護、生活困窮、各種給付・貸付等の窓口を閉ざすことなく通常対応を行うなど行政による支援体制の強化を強く要望した。

10万円の「特別定額給付金」の支給が大型連休以降となる、住まいや仕事を喪失した人々が大量に路上に溢れる。私たち支援団体は宿泊緊急対応などに追われるだる。連休空けには対応できないレベルの生活保護申請、今後何が起きるかを考えると怖いし疲弊しきるだろう。

4月18日、19日の2日間午前10時から午後10時まで開催した電話相談会に寄せられた相談件数は5,009件。悲痛な声の連続で、記者会見の司会を担当した猪股正弁護士は「相談会をやって恐怖を感じた」とまで話す。

要望書にはこうある。「数カ月で大量の働く人たちが失業・廃業に追い込まれて生活の基盤を失い、"うめき声"は"阿鼻叫喚"に変わるでしょう。それは人々の尊厳と地域社会を破壊し、取り返しのつかない被害を日本社会にもたらすことを私たちは危惧します」

その上で、とにかく一刻も早く、直接当事者に対し、自宅や店舗を維持確保し、生活を支えるための現金給付を、単発ではなく感染拡大が収束するまで継続的に行うこと、当面の生活を圧迫する納税や債務の弁済につき一時的にその支払いから解放することを求めた。

4月25日（土）② ｜生保の窓口を閉ざさないで！

今晩は「第2回新型コロナ災害緊急アクション実行委員会」のZOOM会議の主催、27団体が参加する緊急アクションから35名がZOOM会議、全国各地からオンラインで参加できるので便利だが、会議の主催者は交通整理はとっても疲れる。疲れた。

昨日も報告したが、来週末から始まる大型連休だ。生活保護、生活困窮、各種給付・貸付等の窓口を閉ざすことなく通常対応を行うなどの要望を厚労省に行ったが、窓口が閉ざされた場合は、住まいや仕事を喪失した人々が大量に路上に溢れる。空腹に耐えきれず路上で倒れたり病にあっても治療されることもなく死んでいく。そんな事態を起こしてはならない。今日の実行委員会は、大型連休中の取り組みと連休後に予測される大量の生活保護申請への対応を中心に課題提起し、取り組みを確認した。

会議では、「横の連携を強化して大型連休中の地域単位の路上相談会や炊き出し、電話相談などを切れ目なく行うこと」「仕事を失い住まいを喪失している人々への『緊急宿泊費給付』『緊急少額生活費給付』を『緊急ささえあい基金』から拠出し、必要な相談会や炊き出し団体に支援すること」「連休後に予測される大量の生活保護申請同行に備えるネットワークをさらに増やすこと」などを確認した。

4月26日（日）｜悪いことばかりじゃないよ！

自宅から187キロ、3時間かけてSOSを受けて向かった先は那須高原だった。カーナビにも出てこない地図に表示されない場所に何故いたのか。「山中で死のうと思った」。彼は私につぶやいた。所持金は40円、3日間何も食べていない。コロナ感染の前に仕事を辞めて社員寮から出るしかなく、車上ホームレスとなった。求職活動中に新型コロナ感染拡大で仕事先が見つからず、今日に至った。

最初の SOS から 5 日かかり、やっと会えた。「人と会うのが怖い。やっぱり死のうと思ったが死ねなかった」。子どもの頃からのつらい体験が現在まで形を変えて続いた。慎重に慎重にすすめた会話がつながり近づけたのは、彼が福島県中通りのある町の出身だったこと。私が、原発避難者支援で毎月通い続けている福島中通り、私が浪江町津島や飯館村の現在も続く汚染の状況を話したら、彼は言った。「何回も除染作業員として働いていた」。彼はもう福島には帰れないし、帰りたくないと言った。

　緊急宿泊費と緊急生活給付金を渡したところ彼はちゅうちょした。何回も貧困ビジネスでだまされていた。「緊急ささえあい基金」を説明したら彼は安心した。

　彼の車が私の車に続いて、東北自動車道・外環・関越と高速道路 200 キロを走り、埼玉のある町にたどり着いた。私が信頼する埼玉の支援 NPO 団体の優しすぎる女性理事長が待っていてくれた。今日と明日はホテルでゆっくり休み、ご飯を食べて月曜に生活保護申請に同行してくれる。彼に言った。「これから悪いことばかりじゃないよ。ゆっくりゆっくりで行こうね。また会おう」。生きていてくれて良かった。

4月28日(火)｜まだやり直せるからね

　午前は府中公園で開催されている「府中緊急派遣村」など主催の「コロナ困りごと相談会」に参加した。「ユナイテッド闘争団」の吉良紀子さんから昨晩連絡を受けた。「涙が出ます。心細い思いをしている人が世界中でたくさん溢れています。衣食住を無くしたツラい状況の方のために何か自分にできることはないかと考えています」。組合差別により解雇されてつらい状況下で闘っている吉良さんだから分かる痛み。「府中派遣村で会いませんか」と私、会場でたくさんの出会いがありつながった。コロナ感染が終息したら裁判応援に行くよ。

　「緊急ささえあい基金」が朝日新聞に大きく紹介されて以降、全国の優しき人々からの寄付金が一千万円を超えている。困りごと相談会で、所持金もほとんどない。住まいを喪失した方の緊急宿泊や生活支援費に「優しき人々の善意」を使ってほしい。

　そんな意味で寄付金を当事者のために使っていただくために駆けつけた。反貧困運動の大先輩の「府中緊急派遣村」の松野哲二さんの自治体を動かす

力と地域をネットワークする力に圧倒される。今日だけで 17 名の方が相談に来た。最初に相談に来た両親と高校生の息子とともに暮らしているという 40 歳の女性は「感染拡大で勤務先の飲食店から雇い止めをされ収入がなくなった」とのこと。多摩川河川敷で野宿されている方の 10 万円給付を受ける方法についても検討している。住民票移動のこと、口座がない場合は受け取れるかなど、厚労省の対応を求めていきたい。明日も午前 11 時から午後 3 時まで、府中公園で開催される。夜の NHK ニュースで紹介されて以降、問い合わせが止まらないようだ。明日の相談会は忙しくなりそうだ。

夕方は JR 川崎駅に移動し、「つくろい東京ファンド」へ SOS をいただいた方の緊急対応、メールでは年齢が分からなかったが、何と 23 歳の男性だった。東北から上京し、昨春に新卒入社した企業がとってもひどいレベルのブラック企業で耐え切れずに年末に退社するが、社員寮からも追い出され、物流倉庫で日雇い派遣として働き、夜はネットカフェに転々として暮らしてきた。コロナ感染影響で仕事がなくなり、所持金は 600 円の状態で路上生活するしかない。

連休明けに日雇い派遣の仕事がありそうだというが、私からは、「例え日雇い派遣の仕事があっても住まいがない状態は変わらないのだから、生活保護を利用して安心できる住まいを確保し、ちゃんと食べて、ゆっくり仕事を探す」ことを提案し、明後日に神奈川の支援団体の同行で生保申請同行を行うことになった。最後に言った。「まだ、やり直せるからね。これからは独りで悩まないこと。これからは一緒に考えていこう」

4月29日（水）｜つながる居場所が必要だ

今日も昨日に続いて府中緊急派遣村などが主催した、「コロナ困りごと相談会」に参加してきた。最後の総括会議によると昨日は 17 件、今日は 34 件の相談で 2 件が生活保護につながったとのことだ。松野さんの報告に含まれていない生活保護つながり案件に含まれていないが、午後 3 時にフリーダイヤルに掛かってきた 20 代の青年からの SOS は、私自身が電話対応、夜に新宿区内で会い、緊急小口生活費支援を行い、明日に地元の前市議に同行していただき、生活保護申請に向かう。

府中緊急派遣村の「コロナ困りごと相談会」は、府中市の後援を受けて地域の多様な団体や個人が参画している。松野さんによると、府中緊急派遣村

を始めた直接のきっかけは、2008年日比谷公園にて「年越し派遣村」の活動を遠くから見ていて、「この派遣村は現代の縮図だ」「この活動は地域で日常化することが大事なのではないか」と考え、2009年の設立以降「派遣村を地域で日常化する」活動を続けている。公園相談会なのにフリーダイヤル、メール相談が同時並行で行われ、感染予防や医療対応などきめ細やかな運営のレベルの高さは圧巻だ。

　子どもを連れたシングルマザーが何人も参加してくれた。子育て支援団体との連携も進んでいる。コロナの影響で収入が減少したあげくに子どもとのステイホームで精神的に追い込まれていたようだ。今日の府中公園での優しい人々との「優しい時間」でとても楽になられたようだ。やっぱりどんな状況下でも「つながれる居場所」が必要だ。

　「緊急ささえあい基金」を通じた緊急生活支援金は計4名の方に給付させていただいた。うち2人は長期間にわたり、野宿生活を続けていた方だ。基金に寄せられた善意を、つらい日々を送ってきた方々に直接お渡しする。おいしいご飯食べてほしい。

　府中からSOSをくれた青年が待っている歌舞伎町のビジネスホテルに向かった。20代後半の青年だった。所持金は2,000円、彼は昨年末までテレビ番組の制作会社のスタッフだったが、局から委託契約を打ち切られて、会社からも雇用契約を切られた。以降はネットカフェを泊まり歩きながら日雇い派遣で食いつないできたという。

　コロナの影響で日雇い派遣の仕事がなくなり、ネットカフェ営業休止でさらに追い込まれた。「TOKYOチャレンジネット」の窓口に自ら向かい、ビジネスホテルの提供を受けた。連休明けに派遣就労の見込みがあることが前提だった。しかし、今日になっても就労の展望は開けない。派遣会社を10社以上申し込んでも駄目だった。ビジネスホテルの利用期限が迫っている。所持金も底を尽き始めている。私からは「生活保護は権利、明日にでも生保申請を行なって安心できる住まいと生活扶助費で生活の展望をつくりだそう」と伝えた。

　明日に住民票のある自治体で生活保護申請を私の親しい地元の前市議が同行して行う。「つくろい東京ファンド」の稲葉剛さんとも話した。これからビジネスホテルの退去期限が来たら、多くの住宅喪失者が生まれる。この事実を行政は早急に把握して対策を講じてほしい。

4月30日（木）｜「直アパ」を勝ち取ろう

　生保申請窓口の水際とたらい回しに抗し、5時間かけてやっと生活保護申請を終えた。昨日の夜に新宿歌舞伎町で緊急対応したHさん。午前に住民票がある都内の某市の福祉事務所に地元の前市議さんに同行をお願いした。10時30分に待ち合わせし、生活保護申請が完了したのは17時少し前、現地で対応してくれた前市議から頻繁に連絡が入る。執拗なたらい回しと「これ違法だよね」を連発する行政窓口での"水際作戦"に抗するために闘ってくれた。無茶な私の遠隔指示を参考に、必死に闘ってくれた前市議さんに感謝したい。

　行政側の対応には問題が多々ある。一つは、ネットカフェから出された人に対する東京都の緊急宿泊支援（ビジネスホテルなど）で入所された方々の今後だ。「TOKYOチャレンジネット」の宿泊支援の対象は「就労により自立した生活を目指している方」とされている。

　今回、生活保護申請同行したHさんは、連休明けに派遣就労の見込みがあることを前提にホテルに入所した。しかし現在になっても就労の展望は開けない。派遣会社を10社以上申し込んでも駄目だった。ビジネスホテルの利用期限が迫っている。所持金も底を尽き始めている。Hさんに「生活保護は権利、明日にでも生保申請を行なって安心できる住まいと生活扶助費で生活の展望をつくりだそう」と声をかけた。

　今日、＊＊市に生活保護申請を行なった。「就労により自立した生活の展望がある」。このことを条件に入所したが、就労先が見つからずに退所期限が迫っている。「TOKYOチャレンジネット」で入所した方たちは住まいを喪失した方だ。入所されている方々の就労見込み状況などの把握を早急に進め、生活保護申請など必要なフォローを行うことが大切だ。次の安心できる住まいを確保できるまでは、無料低額宿泊所（無低）ではなく現在のビジネスホテルに継続入所できるよう求めていく。

　生活保護申請を住所登録されている自治体で断られそうになったという問題もあった。Hさんは住民票登録のある自治体であえて生活保護申請した。でも福祉事務所の対応はひどい内容だった。ビジネスホテル退所後に入所する施設の住所がある自治体で申請してほしいとか、ビジネスホテルに入所する前日にいたネットカフェの所在自治体で申請してはどうか、さらに次回に証明となるものを持参して住民票登録してから生保申請してほしいとまで言ってくる。「自分の自治体が関わりたくないんでしょ」と言いたくなる。

さらには、生活保護申請から利用決定まで 20 日くらいかかると言われた。やむを得ない事情がある場合を除いて申請日から 14 日以内に保護を開始するかどうかの決定がなされ、保護を開始した場合、申請日にさかのぼって保護費が支給されることになっている。2 週間後に携帯電話の支払い期限が来る。前市議が怒って抗議し、14 日以内の決定通知に修正させたが、トンでもない違反行為だよ。

　こんな自治体に今後の入居支援を任せるわけにいかない。劣悪な施設に送られてはいけない。「府中緊急派遣村」の松野哲二さんに連携をお願いした。「アパートへの入居を前提にした生活保護決定」、いわゆる「直アパ」を闘いとろう。

2020 年 4 月 25 日、「いのちとくらしを守るなんでも電話相談会実行委員会」の厚生労働省への緊急要望提出と記者会見。

COVID-19

5月

2020 年 5 月 31 日現在
新型コロナウイルス感染症
感染者：16,851 例／死亡者：891 名

（※厚生労働省の HP から「新型コロナウイルス感染症の現在の状況と厚生労働省の対応について」
https://www.mhlw.go.jp/stf/seisakunitsuite/bunya/0000121431_00086.html）

2020 年 5 月 9 日、都庁で開催された自立サポートセンター「も
やい」と「新宿ごはんプラス」主催の緊急相談会。

5月1日（金）｜「これでいいのか？」、自問の毎日

　午後からは横浜に向かう。横浜・寿町の寿公園で行われた、「寿炊き出しの会」と寿医療班主催の「雑炊炊出し・路上相談」（生活と医療の相談）に参加した。厚生労働省の通知にもかかわらず、多くの自治体では生活保護申請の窓口が閉まる。明日からの5連休を控えた今日の路上相談会は首都圏では寿町くらいだ。コロナ感染リスクの心配から派遣村のような大規模な取り組みができていない。寿町の支援者からも検討すべきだとの声！　これでいいのだろうかと自問自答する日々が続く。

　寿町の「雑炊炊き出し」を待つ列は普段と変わない。寿医療班の森英夫さんが担当する生活相談に立ち寄る人は少ない。生活保護費の支給日が昨日だったことが影響しているようだ。だからおじさんたちの表情は明るい。街も明るい。一方でコロナ感染の影響で仕事を失い、住まいを喪失した中心世代である20代〜40代の参加者は5、6人いただろうか。でも炊き出しが終了する前に寿公園からいなくなっていた。もっとこちらから声をかけても良かったかなと思う。

　自宅に戻ったと同時に4月28日に川崎駅近くで対応した23歳の青年からのメール。昨日、生活保護の申請に同行するはずだったが、ネット障害で待ち合わせの日時が伝わらず会うことができなかった。明日からの6連休を控えてやっとネットがつながり、青年と連絡が取れた。明日の昼に川崎駅近くで会う。連休明けの生活保護申請までの緊急宿泊と生活支援が必要だ。

　昼の12時に「コロナ災害緊急アクション」のホームページに「新型コロナ緊急対応フォーム」を開設すると、早速2件のSOSが来た。1人は関西からの問い合わせで、関西の支援団体を紹介した。もう1人は千葉県からで明日会いに行くことにした。2人とも大型連休を控えて所持金も尽き、路頭に迷っている。これでは10万円の特別定額給付金を受け取る前に多くの人が力尽きてしまう。

　川崎駅で20代の青年と会うことができた。ブラック企業に耐えられず、年末に仕事をやめて社員寮を追い出され、日雇い派遣で働きながらネットカフェで暮らしていた。でもコロナ感染拡大の影響で仕事がなくなった。連休中は役所がほとんど閉まっている。連休明けから日雇い派遣の仕事は2日間しか決まっておらず、住む家もない。連休明けに都内の自治体で生活保護を申請することにした。とりあえず連休中の宿泊費と生活費を渡した。とにか

く生き抜こう！

5月3日(金) ｜福祉事務所が怖い

　昨日に成田空港に寝泊まりしている男性Aさんから SOS。ネットカフェなどで寝泊まりしながら短期派遣を繰り返していた。最近は成田空港近くのビジネスホテルの清掃業務で食べていたが、コロナ感染拡大の影響で派遣契約が打ち切られ所持金も底をついた。4泊分の宿泊費と生活費を「緊急ささえあい基金」から給付し、連休明けの5月7日に東京区部で支援が手厚い＊＊区の福祉事務所に区議会議員同行で生活保護の申請に同行することにした。今晩は久し振りにビジネスホテルで熟睡していることだろう。

　路上生活をしているBさん、Cさんとの会話が弾んだ。2人とも表現は難しいが「俺は野宿しながら何年も生きてきた。そんなに心配することはない」と言い切る。Cさんは特別定額給付金を受け取らなかった。でもCさんは言った。「こういう場を作ってくれて、みんなと話できることが楽しいんだ」。Bさん、Cさんは連休明けに生活保護を申請することになった。でも生活保護の利用で終わってはいけない。「こういう場があること」がとても大切なのだとつくづく思う。

　作家の雨宮処凛さんが待つ新宿駅西口前に向かう。今朝、「新型コロナ緊急対応フォーム」に SOS をくれた女性Dさんと16時に連絡がとれ、急きょ18時に待ち合わせすることになった。雨宮さんは浦和で開催された電話相談会に相談員として参加したその足で駆けつけてくれた。「相談者が女性だったら女性が対応した方がいいから」と。

　Dさんは数年間ネットカフェに泊まりながら仕事を続けてきたが、コロナの影響で仕事の再開の目途が立たず所持金が尽きた。10年以上前に某区役所で生活保護を申請したが、執拗な扶養照会で親との関係が壊された。「福祉事務所が恐い」と涙を流しながら話してくれた。「対人恐怖で人が怖い」ともDさんは言う。連休明けに＊＊区で生活保護の申請に同行し、その後の居宅支援も行う。4泊分の宿泊費と生活費を「緊急ささえあい基金」から給付した。今晩は久し振りにビジネスホテルでくつろいでいることだろう。これからはもう独りじゃないよ！

5月4日(月) ｜このままでは死んでしまう

　5月4日は、原発事故で福島県郡山市から母子避難されていたお母さんH さんが自死した日だ。あれから3年。「避難の協同センター」世話人の村田弘さんと元事務局メンバーの植松青児さん、「寿医療班」の森英夫さんと一緒に自死された川崎市の生田緑地公園の現場に花をたむけに行った。

　郡山市から都内に避難したH さんが郡山市から避難した最大理由は「被ばくから子どもを守り抜くこと」だった。避難後も子どもたちを進学させるため昼も夜も頑張って働き続け、2人の子どもを大学に進学させた。2017年3月末での住宅無償提供打ち切りを控えた1月14日、都内にあるパルシステム生活協同組合連合会の会議室で開催した「避難の協同センター」の相談会にH さんは参加してくれた。

　何とか子どもを避難している雇用促進住宅から都内の大学に通えるようにしてあげたい、だが雇用促進住宅に継続居住するには厳しい収入基準があった。基準をクリアさせるための工夫と細かな手続きが必要だった。私はJKK東京（東京都住宅供給公社）などを一緒に回った。継続居住が決まった時のH さんのうれしそうな表情が忘れられない。私の自家用車の中で浜田省吾の「もうひとつの土曜日」が流れた。H さんも好きだったらしい。同い年ながらの会話が弾んだ。

　H さんは夫からのDV を日常的に受けていた。H さんは夫からの生活費援助に頼ることなく、派遣就労などダブルワークしながら2人の子どもの学費まで稼いだ。月2回、週末に夫の住む福島県へ深夜バスで通った。「逃げる必要などない」と言う夫からは「月に2回、戻って来て家事をすること」「2013年3月までに戻って来ないと離婚だ」と言われていた。H さんは亡くなる前に、次のような言葉を何度も口にしていた。「家族がバラバラになってしまった」「原発事故さえなければ…」。H さんが病院のベッドで脳死状態でチューブをつけられていた最後の姿が頭から離れない。

　H さんの供養を終え、東急あざみの駅で待っている女性に会いに出かけた。「会って緊急支援できないか」。昨日の電話相談会に参加した「反貧困埼玉」の猪股正弁護士からの依頼だ。駅で待っていたのは私と同年代の女性A さんだった。所持金600円。コロナ感染の影響でフリーランスの収入がまったくなくなり、明日には電気が止められるという。連休明けに生活保護申請を弁護士同行で行うので、とりあえず電気代と生活費を給付した。

Aさんは切り出した。「いつまでの返済ですか？」。私が「全国の皆さんが困難に陥った方に使ってくださいと集まったお金です。給付です」と答えると、Aさんは戸惑いながらも泣いていた。「冷たい世の中でこんなことがあるのでしょうか」。最後にAさんは手作りのマスクを私にプレゼントしてくれた。私の心に優しい風が吹いた。

5月7日（木）｜"神対応"の区と"鬼対応"の市

　今日は大型連休中に住まいを喪失し、所持金も底をついてしまい、緊急支援を必要とした方々の生活保護申請に同行する日だ。「コロナ災害緊急アクション」に参画する各団体の支援者や自治体議員が一斉に動いた。

　13時から＊＊区の福祉事務所にAさんを連れて訪問。先週、ネットカフェなどに泊まりながら短期派遣を繰り返し、成田空港近くのビジネスホテルの清掃業務で食べてきた。東船橋の相談会でお会いした。コロナ禍の影響で派遣契約が打ち切られ、所持金も底をつきSOSをもらった。連休で役所は休みなのでビジネスホテル代5泊分と生活費を「緊急ささえあい基金」から給付、以前住んでいたことのある＊＊区で生活保護申請した。私の信頼している地元区議も同行してくれた。

　＊＊区で応対してくれた女性相談員の対応は"神対応"の優しい対応だった。Aさんの複雑な事情や話したくない過去など申請に必要な事項を、問題解決の提案を行いながら丁寧に聞いていく。生活保護決定までの間の宿泊先は個室の施設が空いていないことから速攻で都内のビジネスホテルを予約し、1日当たり2,400円の仮払い金も支給された。アパート探しも責任を持って行なってくれる。こうした"神対応"の陰には、地元女性区議の事前の働きかけがあったことも大きい。

　一方では、"鬼対応"の役所もあった。千葉県＊＊市の福祉事務所は同行していた議員の怒りで炎上していた。"神対応"の現場にいた私の電話が鳴り続けた。厚労省事務連絡では「適切な保護の実施」「速やかな保護決定」となっているが、千葉県＊＊市は信じられないような悪質な"鬼対応"に終始し、結果的に60代のBさんに生活保護申請を受理しなかった。＊＊市は生活保護申請受理の条件として、貧困ビジネスで有名な無料低額宿泊所（無低）に入所することを求めたのだ。入所しなければ生活保護申請は受理しないと門前払いの姿勢を頑なに続けた。

Bさんは路上生活の仲間からこの無低で散々、つらい経験をして逃げだした事例を多く聞いていた。毎月、生活保護費から差し引かれ、手元には3万円しか残らない。いやで逃げ出しても追いかけてきて連れ戻される。無低に収容されるなら路上に戻ったほうがマシだと話す。

　生活保護手帳には「無低に入らなければならない」というルールはない。あくまでローカル・ルールでしかない。"神対応"の＊＊区は個室の無低がないと分かると即座にビジネスホテルを予約してくれた。事情がある場合はビジネスホテルを当面の宿泊先として利用させると厚労省も通知を出しているはずだ。＊＊市では、そう主張しても門前払いが続き17時を迎えた。

　とりあえず、次の生活保護申請日まで「緊急ささえあい基金」からビジネスホテルの宿泊費と生活費を追加給付し、丁寧な対応をしてくれる自治体での生活保護申請を行う準備を進めることにした。Bさんの心情を考えると生活保護が受理されても今後の生活が心配だ。再び路上に戻る可能性も否定できない。あちこちでつら過ぎる人々が増えている。「生き抜こう」、これしか言えない。

5月8日（金）｜情報が伝わらない

　今日は「新型コロナ災害緊急アクション」から東京都に「政策要望書」を提出した。内容はネットカフェの休業により東京都の支援を受けてビジネスホテルに入った人たちや、生活保護申請に伴い対応が必要な人、債務整理や（10万円の特別定額給付に伴う）住民票などについて対応が必要な人の相談体制を整備すること。

　それに、ビジネスホテルに宿泊している人に、都の「TOKYOチャレンジネット」の制度を使うなどして、相談会の情報が確実に伝わるよう告知協力をお願いするするといった内容だ。都は「民間支援団体の相談会情報はビジネスホテルには置けない」と要望書を突き返してきました。この模様は18時10分からのNHK首都圏ニュースで報道された。

　5/6現在のホテル利用者は、区市の窓口経由418人、「TOKYOチャレンジネット」経由405人の合計823人だ。一昨日の20代の青年からの相談メールでは「ネットカフェ難民になり、ネカフェ閉鎖から＊＊区事務所経由でビジネスホテルに宿泊したが、宿泊期限も7日までで明日から居場所がないです。残金も5,000円、仕事もありません。路上生活を回避出来る方法がもし

ありましたら教えてほしいです」とあった。

　手持ち金がかなり少ない状況の人が多くいるが相談体制がない。連休明けに派遣就労先が見込めず、多数の生活保護申請で対応が必要な人が発生している。都への要望では「生活保護問題対策全国会議」の田川英信さんが、「生活保護を申請しようとしても各区・市でたらい回しにされている。現状を把握し改善してほしい」と具体的な対策を求めた。

5月9日（土）｜パルシステムの支援も

　13時30分から都庁下で開催された自立生活サポートセンター「もやい」と「新宿ごはんプラス」主催の緊急相談会があった。17時から東池袋中央公園で開催された、路上生活者支援のNPO法人「TENOHASI」主催の炊き出し・相談会に「新型コロナ災害緊急アクション」メンバーとして参加した。

　新宿では140人以上、東池袋では250人以上に食品を配布、困りごとや医療相談は合計で約40人以上が利用した。パルシステムは今週も多くの職員が支援活動に参加する。今までの「新宿ごはんプラス」に加え、今回から「TENOHASI」の食料支援に協力することになった。

　「TOKYOチャレンジネット」経由でホテルに入った人には、「利用期限までに安定した仕事について自分のアパートを借りる金が作れるのか？」という不安がある。生活保護を受けている人には「期限が来たら相部屋で劣悪な環境の無低に移されるのではないか？」という不安がある。早急な相談体制と安心できる住まいの提供が早急の課題だ。「相談会のお知らせの周知が徹底していれば」と思うと残念でならない。

　今日は2人の生活相談と緊急宿泊対応、来週以降の生活保護申請の同行の段取りを立てるのに追われた。私と雨宮処凛さんが相談対応に当たり、弁護士の宇都宮健児さんが法律対応することになった。何と「れいわ新選組」の山本太郎さんがビジネスホテルを見つけて宿泊予約を入れてくれた。うれしい。

5月12日（火）｜生活に困っている人を追い返す自治体

　神奈川県大和市の路上で車上生活をしていたSさん。今月8日にSOSが入り、「緊急ささえあい基金」からビジネスホテル4泊分の宿泊費と生活費を給付したが、今日はそのSさんが神奈川県内の近隣自治体で生活保護申請を

行うというので同行した。

　東京都以外の福祉行政ではホームレス状態の生活保護申請者を必ずこの無料低額宿泊所（無低）に送り込むことがシステム化している。住宅扶助費の支給を本人が希望してもアパート入居は厳として拒絶し、生活保護申請を拒絶した自治体もあった。

　今回は立川市のNPO法人「さんきゅうハウス」の吉田和雄さんの紹介と横浜市の不動産会社の協力で、福祉事務所に行く前にアパートを内見しておいたので、申請手続きは1時間30分で終了した。

　今日も多くの支援者や地方議員さんがSOSのあった現場に向かったり生活保護申請に同行している。移動中に情報交換を電話やSNSで行っている。数日前よりも各自治体の福祉行政の対応が厳しくなっているとの声が聞こえる。

　例えばSOSを受けて現地で面談し、数日後の生活保護申請を約束して近隣のビジネスホテルに宿泊してもらう。住民票を持っていないので近隣の自治体に申請に行くと「前泊地の自治体で申請してください。私たちの自治体では受け付けできません」と言われることがある。

　これって生活保護法からしておかしくないのだろうか。ネットカフェ難民とされた人たちの多くは、前泊地であるネットカフェが集中する新宿区のビジネスホテルに入所している。私の師匠である田川英信さんに言われた「対応の良い自治体に生活保護申請を集中したら、そこの自治体の福祉は疲弊し壊れるぞ」という言葉が思い出される。

　行政の窓口での"水際作戦"で住まいや生活に困っている人たちを追い返す自治体が楽をして、丁寧に対応する自治体が疲弊する。その通りになっている気がする。

5月13日（水）｜チームで困難に立ち向かう

　午後は緊急対応で現場に直行する。同じ時間に何人もの仲間たちが自治体の福祉事務所で生活保護申請同行を行っている。東京・台東区では平気で嘘をつき、ビジネスホテルに泊めずに無料低額宿泊所（無低）に無理やり収容しようとする。こうしたありえない対応を生活保護同行者が徹底抗戦して跳ねのける。

　夕方に向かったJR大宮駅、待っていたのは20代の青年だった。3日前の埼玉・大宮の福祉事務所に生活保護申請に行ったが「住所がないからダメ」

と断られ、無低のリストを渡されて「ここから自分で選んで電話かけて決めてから申請して」と言われた。11日に再度、大宮の福祉事務所へ。「まだ電話していないの？じゃあダメ」と軽くあしらわれてしまった。あまりに絶望的な展開の中、「緊急ささえあい基金」で2泊分のビジネスホテル代と生活費を給付した。明後日に都内某区に区議会議員が同行して申請する予定。

　大宮駅から＊＊区内のSOSの現場に向かった。待っていたのは高校生だった。所持金は200円、親の暴力から逃れて2月から東京でアパートを借りてアルバイトしながら自立しようとした矢先にコロナ感染拡大でバイトがなくなった。家賃は払えず、命綱はフードバンクからの食料のみ。住居確保給付金は53,700円しか給付されない。生活保護申請を選択するしかないが、未成年者には強力な扶養照会が行われる。

　ここで少し幸運なことがあった。食料の提供先が私の友人のフードバンクの関連団体で、しかもこの団体の責任者が少年の通っていた学校の先生だった。そのお陰で親の暴力を証明してくれた。明後日に地元区議会議員と一緒に生活保護申請に同行する。扶養照会させないよう頑張っていこう。チームで困難に立ち向かおう！

5月17日（日）│大阪に帰りたいな

　夜中の1時ごろに知り合いから「今夜、上野駅と公園周辺をスタッフ9人で手分けして回り、80人くらいに生活物資を配布してきたら、『緊急ささえあい基金』の対象となる案件が2件あった」とメールが来た。今日はパルシステム生活協同組合連合会から「あじいる」への食料支援で隅田公園に行く予定だったので、「あじいる」の相談員の小西智恵さんと一緒に当事者から状況をさらに詳しく聞いてみることにした。

　その1人目の50代男性は大型トラックのドライバー。コロナの影響で仕事がなくなって野宿生活をしている。よく聞くと、大型長距離トラックドライバーの中には住む家を持たず車中泊している人が多いという。現在は所持金ゼロだが、もうすぐ次の仕事が決まりそうだ。仕事への意欲は旺盛、生活保護は考えていないので当面のつなぎに生活給付金を渡し、もし仕事がダメになったら連絡をもらうことにした。

　2人目は大阪から東京に出てきた杖をついた老夫婦。大阪では生活保護を利用しているが、大阪に帰るお金がないという。事情を聞いたら生活保護の

受給開始後の借金や受給以前の家賃が滞納になっているなど対応することが山盛りだ。大阪への交通費を出すだけでは問題を解決できそうにないので2日分の宿泊費を渡し、火曜日に一緒に弁護士に会い、法律相談した上で大阪に帰ってもらうことにした。

老夫婦のお父さんの方は通天閣のもつ煮が好きだそうだ。私は串カツが好き。お父さんは東京出身だが、「大阪は食べ物がおいしい。大阪に帰りたいな〜」とため息を吐く。早く大阪に帰れるように頑張ろう！

5月18日（月）｜生保受理後も心配

今日は午後から、地元区議と一緒に＊＊区の福祉事務所を訪問。5月13日にSOS対応した少年の生活保護申請同行だ。地方の小さな町から東京にアパートを借りてアルバイトしながら自立しようとした矢先にコロナ感染拡大でバイトがなくなった。家賃は払えず、命綱はフードバンクからの食料のみだった。

少年が高校を休学してまで東京で一人暮らしを決意した理由はモデルの面接に合格したからだ。上京して本格的にレッスンを受ける寸前にコロナ感染拡大してしまった。どんなにつらかったことか。自暴自棄になっても不思議じゃないよね。今日の生活保護申請は受理され、結果を待つのみになった。だが未少年なのでアパート契約に保証人が必要だし、これから生きていくために必要な社会性を身につけることも大切。今後のサポートは必須だ。

＊＊区を出発し、東京都中心部にあるビジネスホテルに向かう。昨晩21時30分ごろに雨宮処凛さんから緊急相談が入る。「山本太郎さんより連絡。都内某所で行き場のない様子の人に声をかけたら、家も所持金もないとのことでどうすればいいか」。私からは2日分の宿泊費と生活費の仮払いとホテルの予約を太郎さんにお願いしたら、何とホテルまで連れて行ってくれた。

夕方、ホテルに行き、フロントの女性従業員に「昨日、山本太郎さんが連れてきてくれたAさんとお会いしたい」と告げると、女性従業員は「山本太郎さんが来られて年配の男性を連れてきて『泊めてげてほしい』と言われて驚きました。素晴らしい方だと思いました」と笑顔を見せる。当事者のAさんは70代の男性。埼玉県の某市で以前、生活保護を利用したが、貧困ビジネスで有名な施設でタコ部屋のような所に押し込められつらくて逃げだした経験があるという。年齢のこともあるので明後日、一緒に生活保護申請に行

くことにした。

　夜は、横浜市に直行し30代の女性とコンビニの前で待ち合わせした。女性の所持金は500円。コロナの関係でコールセンターの縮小で仕事を失い、シェアハウスの家賃を1カ月滞納したとして4日前に強制的に追い出された。入居時に契約書を渡さないブラック企業みたいなシェアハウスだった。

　住居確保給付金も対象外と役所に言われたらしい。その後は、友達の家の倉庫や公園で過ごし、夜はただ歩いていていたという。ほとんど食事は取っておらず足元がフラついている。早速、コンビニで買ったパンやおにぎり、メンチを食べる姿は本当にうれしそう。明日、生活保護申請に同行してくれる横浜の弁護士に教えてもらい予約したビジネスホテルに一緒に行き、見送った。

　生活保護申請受理は心配ないけど、神奈川県では東京都のようにアパートに転宅する前のビジネスホテルの宿泊は認められていない。女性専用の個室がある施設ほとんど空いていない。少し、どころか結構心配なので生保受理後に連絡をもらうことにした。

5月21日（木）｜お互いアナーキーに生き抜こう

　午後から5月13日にSOS対応して18日に生活保護申請した17歳の少年のアパートでケースワーカーの面談に立ち会い、今後のアパート転宅に向けた打ち合わせを行なった。地元区議も一緒だ。高校を休学、地方から上京しモデルとしてレッスンを受けながらアルバイトで自立生活をしていこうとしていた矢先にコロナでバイトがなくなった。家賃は払えず、所持金もなくなった。

　生保は5月末に利用が決定される見込みだが、現在の住まいは5月末で退去させられる。少年自身が借主となる新しいアパート契約は18歳にならないと契約できない。親との関係が断絶状態なので契約も保証人もお願いできない。18歳になるまでの仮の住まいの確保と誕生日以降のアパート転宅、賃貸契約について念入りに打ち合わせし、ケースワーカーにも理解してもらった。少年の希望が途切れることのないようチームで支えていこう！

　都内から90キロ離れた神奈川県三浦半島に向かう。待っていた70代の夫婦は所持金ゼロ。食料は米があと数日分あるだけ。イベントを開催する会社を経営していたが、事実上、倒産したという。今日の夕方以降に訪問すると伝えたが携帯がつながらない。本当に会えるのか不安が募る中、渋滞もなく

横浜横須賀道路まで一気に走り抜けた。三浦半島に入って電話してもつながらない。不測の事態があったらどうしよう。夫婦の自宅前に着いた。

　しばらく家の前で待っていると芸術家タイプのファッションと風貌の老夫婦が歩いてきた。道端に咲いた野花を摘みながら仲良く歩いている。会えて良かった。普段は相談者の自宅には入らないが、誘いを断れ切れずに室内に入れてもらった。

　贅沢ではないが芸術家が住むおしゃれな部屋だ。お父さんがコーヒーを豆から挽いて飲ませてくれた。詳しくは書けないが、かつては私から見れば憧れのプロデューサーだった。でも、思想的に自由を求めるアナーキーな面があるので、その世界で"売れている"プロデューサーから"お金にならない"プロデューサーになり現在にいたっている。

　色々話しているうちに、私の親父と重なっているように思えてきた。大手の映画会社から反体制の映画を作ろうと独立し、借金漬けになるまで社会派映画を撮り続けた。借金先から取り立て電話が相次いでもいつも余裕の顔をしていたな。パートナーとは60年代後半から70年代前半のベトナム反戦運動について話した。1969年「10・21国際反戦デー」の時の新宿騒乱の現場にいたという。私は好きだった作家の小田実の話をして盛り上がった。

　2人が今回の支援につながったきっかけを教えてくれた。山本太郎さんのYouTube映像「生活保護を受けよう」を見て、その中で紹介されたホットラインに電話した結果、猪股正弁護士から私に連絡が入った。なぜ山本太郎なのか？　お父さんは「れいわ新選組」に共鳴し、東京の選挙事務所でポスター発送やチラシ折りボランティアに参加した。選挙区が小泉純一郎の選挙区なのでそれに対抗し、れいわ新選組のポスターを張りまくろうと考えていた矢先にコロナ感染が広がった。

　1人ひとりの緊急事態をSOSで受けて現場に出かける緊急支援は体力的にも厳しいはずなのに、私の方が「優しい時間」をもらうことがある。この老夫婦とも出会えて良かった。たくさんのCDをプレゼントしていただき、「また必ず会いましょう」と約束した。お互いアナーキーに生き抜きましょう！

5月25日（月）｜神様・仏様・あんど様

　今日は朝9時から＊＊区福祉事務所で生活保護申請同行した2人のアパート転居に向けた準備をテーマに、担当ケースワーカーを含めた打ち合わせを

した。緊急事態宣言解除後にビジネスホテルに入所宿泊していた人たちが無料低額宿泊所（無低）に移される恐れがある。路上生活が長くて経済的な困窮から携帯電話を持っていない（持てない）人はアパートを借りるのもハードルが高い。

1人目のTさんは3年以上、路上生活を続けてきた。千葉県船橋市で無低に今日から入所しないと生保申請を受理しない」と違法な"水際作戦"を受けたことから、都内＊＊区で生保申請を出し直し、ビジネスホテルに入所宿泊を続けている。今日正式に生保の決定通知を受けた。2人目は、先週初めに都内某所の路上で寝ていたところを山本太郎さんに保護してもらい、「緊急ささえあい基金」で支援し、生活保護申請に同行した人だ。

2人に共通しているのは ①貧困ビジネスで生活保護費の大半をピンハネされる無低には絶対に入所したくない ②路上生活が長期に渡り携帯電話を所有していない──こと。区役所の対応は「現状では携帯電話もない。住民票を区内に申請し直すためにいったん、無低に入所してほしい」だった。

この回答は予想されていたので、株式会社「あんど」に事前に入居できるマンション3室を押さえてもらっておいた。「あんど」は困っている人に生活サポート付き住宅支援や家賃保証を行っており、パルシステムの居住支援法人協議会と連携している。

懸案事項である携帯電話は「見守り」も兼ねて「あんど」が貸してくれることになっている。2人ともマンション入居を快諾し、木曜に入居審査を経て契約を進めることになった。私たち支援者は生保申請に同行するだけでなく、アパート転居まで責任を持って対応しなければいけない状況なのだ。もう1人、同区で生保申請に同行したCさんが今日、アパート契約が決まった。週末に企業組合「あうん」に行って家具と家電をそろえよう。

次に20代前半の女性が待つ＊＊区の住宅街に向かう。いきなり4月から休職するよう会社に言われ、理由もなしに給料も減らされた。理由を尋ねると「就業規則が変わった」としか言われず、詳しい説明を聞くことができなかった。

今は社員寮に住んでいるが、休職中の支援がまったくない状態なのに家賃と保険料を払うよう求められているという。その休職期間も6月で終了する。その後は解雇されて寮を出ないといけない。6月からは派遣の仕事が決まっていて給料がもらえるようになるとのこと。生保申請は期間が短いからハードルが高い。新しい仕事先の沿線路線に転居したいというので、社員寮の居

住延長を要求しながら、住居確保給付金、緊急小口貸付を申請しよう。アパート転居の支援も行うことにした。

　今日はもう一つ大事件が起きていた。例の千葉県船橋市で悪名高い無低に「今日から入所しないと生保申請を受理しない」と違法の"水際作戦"が繰り返されていたのだ。船橋駅周辺の路上生活者で所持金はゼロ、今朝から何も食べていない。申請同行していた元市議さんから連絡が来る。私は「闘え！」と指示を飛ばすが、相手は一歩も引かない。

　連絡を受けた時間は 16 時 30 分だ。役所の窓口は 17 時で閉まる。私たちの意思は「生保受理を条件にこの悪質な無低には入所させない」だ。急遽、船橋が拠点である「あんど」に連絡し、明日から入居できる一時住宅を用意してもらった。まさに「神様・仏様・あんど様」だ。

5月27日（水）｜ワンコと一緒に生きたい

　18 時 30 分から事務局を担当している「反貧困ネットワーク」の ZOOM 会議寸前に、女性から SOS メールが飛び込んできた。「所持金がなく、住むところも家賃未払いで追い出されて。飼ってる 18 歳の高齢小型犬がいるため、ホテルにもネットカフェにも入れません。仕事も細々とやってはいるのですが、お金を受け取れるのが来月半ば以降で困ってます。私も犬も、昨日から食べてません。犬でも食べられる食料をいただけたら助かります」

　困った。この時間で、高齢犬と緊急宿泊できるホテルはない。あったとしても高価だ。生活保護申請も考えたが、支援団体の誰に聞いても、ワンコと一緒の申請受理後の一時宿泊施設は皆無だと聞いた。18 年間の長い間、ワンコと励ましあいながら生きてきたに違いない。わが家の愛犬バンビの顔を見たら、「悩んでいないで早く助けに行けよ！」と言っているようだ。バンビからペットフード 10 日分を支援してもらい、都内某所に駆けつけた。到着したのは 22 時過ぎだった。

　高齢犬を抱きしめていた女性が待っていた。犬の 18 歳といえば人間では 105 歳くらいだという。髪の毛も伸びている。でも飼い主と一緒に必死に生きている。引き離すなんてとてもできない。4 月中旬から野宿生活。でも暑くなり高齢犬にはつらい。来月には収入が入るので生活保護は利用したくないとのことだ。

　今日はとりあえず、半月分の「緊急ささえあい基金」の生活支援金を渡す

しかなかった。生活保護の住宅扶助の範囲内で借りられる「ペット可」の物件も探してみよう。長野県駒ケ根市議の池田幸代さんに緊急相談。駒ヶ根市では生活保護の住宅扶助の範囲内で借りられるペット可物件もあるようだ。首都圏にはなくても地方にはある。明日以降に、いくつかの選択肢を提案できるといいのだけれど。とにかく女性とワンコが今までどおり抱きしめ合いながら生き抜いてほしい。

瀬戸さんの愛犬バンビ。

５月30日（土）｜夜中の電話にも笑顔

　午後から「反貧困ささえあい千葉」主催の「緊急生活相談会＠東船橋」。7人が相談に訪れ、そのうち４人が生活保護申請の相談だった。私は夕方以降の緊急対応があり、途中まで参加したが、２人の相談者の生活相談を受け、緊急宿泊と生活支援給付金を渡した。

　相談者Ａさんは、生活保護申請を１人で行い、友人宅などを転々としながら決定を待っている。アパート探しも済ませ、部屋もほぼ決定しているが、入居契約で携帯電話がないことが壁となって立ちはだかった。

　携帯がないと入居できない。「つくろい東京ファンド」の佐々木大志郎さんと連絡を取り合い、レンタル携帯の調達を急ぐことにした。仲介の不動産屋にもその旨を伝え、「即入居できないか」と交渉したところ、月曜の結果待ちとなった。とりあえず宿泊費を支援した。生保申請した＊＊市は仮払金が少

額過ぎて生きていけないからだ。

　相談者Bさんは75歳。「服が血だらけ。無料低額宿泊所（無低）から逃げだした」との情報で相談対応を依頼されたが、よく聞いてみると服に付着していた鮮血は髭剃りの失敗によるものだった。無低は4人部屋だったというが、「嫌じゃなかったよ。でもやっぱり外に出てみたかったんだ」と話が噛み合わない。

　とにかく、施設から逃げ出して2週間もたつので生保取り消しになる前に対策を打つ必要がある。「アパートに移りたいですか」と聞いても「無低に帰ってもいいかな？　施設長は嫌なヤツだけど」とBさんはニコニコ笑っている。一緒に話していて何回も2人で笑う。

　とりあえず、来週月曜に「避難の協同センター」の阪上武さんにBさんを担当するケースワーカーに会ってもらうことにした。路上生活に疲れ切っているBさんには、土日をビジネスホテルで泊まってもらった。日付を超えた深夜1時に電話が来た。「今日はお風呂に入れてこれからゆっくり寝られます。ありがとうございます」。Bさんの笑顔が浮かぶ。夜中の電話も許しちゃいます。

5月31日（日）｜最後まで闘いますよ

　今日はMさんを連れて、下北沢にあるNPO法人「POSSE（ポッセ）」の事務所を訪問した。21歳の女性のMさんはIT会社で働いていたが、4月から休職するよう言われ、給料も減らされた。社員寮に住んでいるが。休職期間は5月いっぱい。休職期間が終了したらクビになる。寮を6月末に出ていけと通告され、「毎日パン1枚しかない」との悲痛なメールを受けて現在までサポートを続けている。

　「緊急ささえあい基金」で当面の生活をつなぎ、寮の追い出しに備えて、生活保護の申請を行い、アパート転居と引っ越しまで行うことにしている。でも、これで終わりではない。不法・不当に退職を強要し、住居退去に追い込んだ＊＊社に、未払い賃金と休業補償をさせよう。「POSSE」事務所に同居する総合サポートユニオンは「ブラック企業」や「ブラックバイト」で多くの若者が被害に遭っている現状を打開するため活動する労働組合だ。Mさんは21歳と若いので若者の労働組合が良い。これから孤立しないで済むし仲間がたくさんいるから！

　4月から始動させた「新型コロナ緊急アクション」では、20代〜40代を

中心に仕事を奪われ、住まいを喪失した多くの人たちから SOS を受け、宿泊費や生活費の緊急給付を行ってきた。多くは生活保護の申請に同行し、アパート転宅までのサポートした。

　しかし、これだけでは「民間の支援団体による個別解決で終わり」となり、社会的には何の問題解決にもならない。多くの企業がコロナ禍に乗じ、生存に関わるパワハラを行なっている。突然の解雇や休業補償なしの雇用縮小、社員寮からの追い出しといった生存に関わる事態が続出している。それぞれの企業責任を明らかにしていくことが重要なのだと思う。これ以上のコロナ危機に乗じたパワハラ企業を生み出してはいけない。

　帰り道で M さんと話した。最初に会った時は独りぼっちで泣き出しそうだった。でも今日の M さんは笑っていた。たくさんのおしゃべりが続く。「こんな企業を許しちゃいけないですよ。私は最後まで闘いますよ」。1 人ではできなくても、連帯し支えあうことは大きな力を与えてくれる。10 日前は独りぼっちだった M さんには今では多くの仲間がいる。激動の 10 日間を糧に M さんは明るく笑うようになり、自らの生存権をかけた闘いに踏み出した。

2020 年 4 月 16 日、参議院議員会館で開催された「コロナ災害緊急アクション」の中間報告会。関係省庁の担当者と交渉する支援者たち（右側）。

COVID-19

2020年
6月

2020 年 6 月 30 日現在
新型コロナウイルス感染症
感染者：18,593 例／死亡者：972 名

（※厚生労働省の HP から「新型コロナウイルス感染症の現在の状況と厚生労働省の対応について」

https://www.mhlw.go.jp/stf/seisakunitsuite/bunya/0000121431_00086.html）

6 月 26 日衆議院第一議員会館で開催された「緊急院内集会」
で挨拶する日本共産党の田村智子議員。

6月1日（月）┃ペットと泊まれるシェルター探し

　今日は、5月28日に高齢ワンコと共にアパートを追い出され「犬も自分も食べていない」とSOSをもらった女性と合流。28日のSOSは深夜だったので、夜中に犬と一緒に暮らすことのできるビジネスホテルなど見つかるはずもなく、生活支援金とわが家の愛犬バンビの半生ペットフード10日分をお渡しするしかなかった。

　翌日から一時避難先を探したが壁にぶつかる。困っていたところ、雨宮処凛さんから「ペットと泊まれるビジネスホテルが見つかった」と連絡が入った。その日からビジネスホテルに泊まってもらうことができた。この時の愛猫家である雨宮さんの執念はすごかった。でもビジネスホテルに泊まるのは安くない。雨宮さんはさらに、「つくろい東京ファンド」の稲葉剛さんが借り上げているペットと泊まれるシェルターを見つけてくれた。

　今日は女性をこのシェルターに案内して荷物を移動した。明日はアパート契約に向けた打ち合わせだ。女性もワンコもすっかり元気になっていた。

6月2日（火）┃あの悪名高いピンハネ施設かよ！

　今日は朝から生活保護利用を開始したばかりの30代男性Fさんと＊＊区福祉事務所を訪問し、ケースワーカーと面談。4月中旬に路上からSOSがあり緊急給付した。昨日、＊＊区を経由して入所しているビジネスホテルで面談したケースワーカーから「ホテルは6月8日まで。以降は施設に入所していったん住民票を置いてほしい。でも空いている施設はない」と言われたという。

　そのため急きょ、ケースワーカー面談に同行することにした。ケースワーカーは無防備に話を切り出す。「豊島区には施設が空いてません。何とか埼玉で無料低額宿泊所が見つかりました」。私はその場所を聞いて切り返した。「その施設は貧困ビジネスで有名な悪名高い無料低額宿泊所ですよ。保護費の大半がピンハネされて利用者の多くが逃げ出していますよ」。ケースワーカーは答えられない。上司が呼ばれて態度が一変した。「生活保護利用者はホテルは変わりますが7月8日まで泊まれます」

　私からは「こちらでアパートを探します。携帯電話を現在持っていませんが、私たちで用意しますから。家具什器費も見積もりを出しますから協力し

てくださいよ」。支援者が同行しないと当たり前の権利が行使できないと思うと悲しくなるね。民間の支援団体がアパートや携帯電話まで用意しないといけない現状はおかしいよ！

６月５日（金）｜コロナで仕事も支援も失った

　豊島区役所での生活保護申請同行の予定が待ち合わせ場所の手違いから相談者と会えず、来週水曜日に延期になった。そのまま荒川区にある企業組合「あうん」に向かう。「あうん」が運営する「どっこい食堂」で手作り弁当を食べ、有機米生産者から「支援からこぼれ落ちた外国人」の人たち向けのお米を積み込む。「あうん」の空間が好きだ。とってもあったかい時間が過ごせる。だから「あうん」からの依頼は絶対に断らない。

　今日は「移住者と連帯する全国ネットワーク（移住連）」の稲葉奈々子さんと待ち合わせし、SOSをくれたバングラデシュ人の２家族の自宅まで車で向かった。新型コロナの影響で、移民・難民、外国にルーツを持つ人たちの中でも生活に困窮する人が急速に増えている。「緊急ささえあい基金」の給付金額の多くは「支援からこぼれ落ちた外国人」からのSOSに対応した。

　「コロナで『仕事がない』と会社に言われ、川で魚を取ってしのいでいる」「日本は卵が安いのでスクランブルにして広げて量が多く見えるようにして食べている」「息子と賃貸住宅に住んでいるが、一袋のパンも買えない」「毎月入管に出頭し『さっさと航空券代を貯めて帰りなさい』と言われるが、働けないのに航空券代が貯まるわけがない」──など生活苦を訴えるSOSが多い。

　「足掛け３年８カ月にわたる入管での収容生活でうつ病、摂食障害、十二指腸潰瘍などを患った」という深刻なものもある。ほかにも「コロナの影響で仕事を失ったが、いかなる公的支援も受けることができないし、就労も許可されない」「これまでは支援者に生活を支えてもらっていたが、今回その支援者も仕事を失った」「支援母体だった教会でミサができなくなり献金がなくなる」──などさまざまだ。

　稲葉さんと訪問したバングラデシュ２家族は子どももいる。「特定活動」の在留資格だと在留期間は３カ月。一律10万円の特別低額給付金ももらえない。とりあえず「緊急ささえあい基金」からの給付と、有機米生産者からのお米をプレゼント。出口が見えなくても支援するしかない。「支援からこぼれ落ちた外国人」を日本政府は放置するな！　日本の在留外国人の生存権保

障を政府の公的責任として果たせ！

６月８日（月）｜それって公の仕事でしょ！

　午前は＊＊区で、「つくろい東京ファンド」が借り上げてくれたアパートに向かう。一時的に居住している17歳の少年との面談にケースワーカーから参加してほしいとの連絡があったからだ。18歳の誕生日まであと2カ月。それまではアパート契約ができない。18歳になっても民法上の制約を受ける。ケースワーカーからは、「ただでさえ生活保護の利用者が急増しており、利用者に貸す部屋がほとんど埋まっている。連帯保証人含めて18歳の若者が入居できる物件を探せるのか？」と疑問と不安の声。「それって公の仕事でしょ」と思う。少年は初めて受けた生活保護費でオシャレに散髪していた。モデルを目指して東京に出てきたんだからさすがにイケメンだよな。

　同じアパートの部屋に住む「飼い主さんと共にアパートを追い出されたワンコ」の部屋をノックした。ワンコはここ数日、体調が悪く咳が止まらない。一昨日も昨日も雨宮処凛さんが献身的に寄り添っている。18歳の高齢犬であり心臓も相当弱っている。ワンコだって突然住まいを失い、移動、移動の日々が続けば、高齢の身体にどれだけ負担がかかったことか。

　病に向き合いながら飼い主さんと一生懸命生きてきたワンコの命。最期の瞬間が来るまで飼い主と優しい時間を過ごしてほしい。雨宮さんとは「反貧困犬猫部」を作ろうと話している。フード代や宿泊費、病院代など、飼い主とともに住まいを失った犬や猫などのペットを支援する取り組みを始めよう。

　アパートを出発し、＊＊区福祉事務所に向かう。今日は晴天なので路上生活を長期間続けてきた2人の愛すべきおっちゃんがアパートに転宅する日だ。Aさんは千葉県船橋市で「無料低額宿泊所（無低）に入所しないと生保申請を受理しない」と言われ拒否した。私が引き取り、＊＊区で一緒に生活保護を申請した。Bさんは都内某所の路上で寝ていたところを山本太郎さんが声をかけて保護された人だ。私が引き継ぎ、一緒に生保申請した。無事に2週間以内に生保の利用が決定した。

　しかし2人とも住民票がなく、携帯電話もない。アパート入居に大きな壁となる。船橋市の居住支援法人「あんど」の西澤希和子さんに協力してもらい、区内のシェアハウス型マンションの個室に入居できた。携帯電話もレンタルしてもらい、今日から連絡が取れるようになった。2人とも高齢なので、「あ

んど」の相談支援員が責任を持って伴走してくれる。ただアパート転宅で孤独にならないように、生活援助も含めて対応してもらう。

　残るCさんもフォローが必要。成田空港からSOSが来て一番最初に生活保護を申請し、アパート転宅が成功して一緒に「あうん」に家電を見積もりに行った。転居までもう一歩だったが、不動産屋が「緊急連絡先に私がなるのはダメだ」と言い出した。Cさんの落胆は大きい。また一緒に探そう。東京都のビジネスホテルの延長期限が切れるまで一緒に探そう。

6月9日（火）｜困窮者の人権を守って

　今日は相模原市の＊＊駅近くのビジネスホテルに、女性相談者Aさんを迎えに行く。暴力を振るう家族がいる家を飛び出して、自宅から遠くの町のネットカフェを転々し、所持金が尽きてSOSをくれた。所持金はほぼ0円、宿泊費と生活費を「緊急ささえあい基金」から給付した。

　Aさんは幼少期からつらい経験や失敗ばかりで、「私なんか誰も知らない所でひっそり生きるしかない。でも生き続けることができない」と不安を語ってくれた。携帯電話も止められ、親とも連絡をとってはいない。生活保護申請前に不動産屋と一緒にアパート契約を済ませる方法を選択。今日から入居するアパートを見学して福祉事務所に向かった。

　相模原市＊＊区の相談員は事情を理解し、40分程度で生保申請を受理してくれた。Aさんの精神的不安を考慮して、ケースワーカーとの詳細な面談を続けて行った。Aさんにとって相模原市に住むのは初めてで不安も多い。パルシステムのくらし相談生協「くらしサポートウイズ」理事長の吉中由紀さんが近くに住んでいるので顔合わせし、地域で寄り添ってもらうことにした。

　今日の＊＊区の生保申請同行は2人だった。Aさんの申請時間の1時間後に、30代の男性Bさんが待っていた。リゾート派遣会社を通じて観光地のホテルで働いていたが、コロナの影響で観光客が来なくなり、解雇され寮を追い出され、先週緊急支援した。同行をお願いした市議が、議会が長引いたため来ることができず、Aさんと同時並行で申請することになり、2つの相談ブースを行ったり来たりすることに。

　するとなんと、Aさんへの相談対応と180度違った人権無視の回答が、Bさんの相談員の口から出た。「生保申請受理の前に横浜市内の無料低額宿泊所（無低）の5日間の体験入所を行った上で生保申請を受理する」と言って

きたのだ。相談員が案内した無低は、個室とはいえども、壁をベニア板で仕切っただけでプライバシーは確保されていない。しかも、生活保護の根幹である住宅扶助と生活扶助のほとんどを無低の運営者が徴収している疑いのある施設だ。

　これに強く抗議し、別の完全個室アパート型の無低を紹介させた。そこの施設長とも面談し、生保申請を受理させ無事に入所できた。こんな状態では安心して相模原市に任せられない。以前、女性市議に聞いていた困窮者向けの相模原市営住宅も案内できないと言われた。Bさんが入所したアパート型の無低の入所期間は1カ月だという。その間に私たちでもアパート転宅を準備する。

　今回の同行で分ったことは、Aさんのように事前にアパート契約を行っておかないと、こうした展開が待っているということだ。自治体議員や地元の支援者は実態把握を急いでほしい。私たちが同行できるのは困窮者のうちのひと握りにすぎない。全ての困窮者の人権を守れと声を大にして言いたい。

6月11日（木）｜死のうと思ったが死ねなかった

　今夜は、昨日＊＊区に一緒に生活保護申請した女性の引っ越し作業だ。コロナの影響で働いていたお店を一方的に「雇用打ち切り」にされ、今週中に社員寮の退去を強要された。昨日の生保申請は無事に受理されている。＊＊区の判断でビジネスホテルに7月8日朝まで一時宿泊の提供を受けた。でも社員寮にあった荷物はビジネスホテルには収まらない。「つくろい東京ファンド」が借りているシェルターに「一時預かり」してもらうことにした。

　7月8日以降はビジネスホテルの提供が終了する可能性が高い。それまでに何とかアパート転宅を成功させたい。社員寮に入寮していたが、コロナ禍で雇用を打ち切られ、退寮させられた事例が頻発している。一般の住宅の場合、借地借家法で、居住者の権利はある程度守られているが、社宅の場合は借地借家法の適用にならないので、明け渡し裁判などの対抗策が必要になる。雇用を打ち切られ所持金も尽きて傷ついている当事者の意思を尊重することが大切だ。私たちの支援は夜の引っ越し作業まで幅広い。

　4月25日に、自宅から187キロ離れ、3時間かけて車で向かった那須高原で緊急対応した男性から丁寧なメールが届いた。最初のSOSから5日かかってやっと会えた。「山中で死のうと思った」。彼は私につぶやいた。

所持金は40円、3日間何も食べていない。新型コロナ感染拡大の前に仕事を辞めて社員寮から出るしかなく、車上ホームレスとなった。求職活動中に新型コロナで仕事が見つからず、今日に至っている。「人と会うのが怖い」「やっぱり死のうと思ったが死ねなかった」と彼は言った。「何回も除染作業員として働いていた」。彼はもう福島には帰れないし帰りたくないと言った。

　メールは感謝の内容だった。「ここまで来れたのは瀬戸さんと黒田さんのおかげで感謝しかありません。那須町で自殺実行しなくて良かったです。少しの間、車中泊して自殺場所探してましたが瀬戸さんと黒田さんにもらえたこのチャンスを生かしてまた頑張って行きます」

　私は最初だけで、NPO法人「サマリア」の黒田和代さんが今まで伴走し続けてくれたのだ。精神保健福祉士でもある黒田さんは生活保護申請にも同行し、自らのシェルターを提供してくれた。男性は15日にアパートに引っ越し、仕事も17日から決まり、普通の生活に戻れるとのこと。本当に良かった。落ち着いたら一杯やりましょう。

6月15日（月）｜俺らは貧乏だけど幸せだ

　今日も、週末に届いたSOSの2人とメールのやり取りをした。電話で相談中に携帯が料金滞納で止まり連絡がとれなくなった。今晩メールのみで連絡が復活できた。6月末で寮を追い出される。数日後に彼が待つ場所に向かう。自宅から90キロ。でも彼は待っている。もう1人も所持金ゼロ。でも今日から日雇い派遣が決まった。

　良かったと思うけどネットカフェで暮らしてもアパートは借りられない。数日後に彼が待つ場所に向かう。私たちはSOSがあってすぐ現地に向かうばかりでない。何回も裏切られた福祉の現場に再び出向くことをちゅうちょしている当事者とできる限り丁寧にやり取りする。「私たちが一緒だから心配いりません」。まずは信頼関係をつくることが大切だ。

　今日は良い知らせがたくさん舞い込む。昨晩に浅草からのSOSでお会いした青年Aさん、もうダメだと思いながら1年間も迷って悩んで、ネットカフェや路上を転々としながら必死に生きてきた。面談の会場を提供してくれた企業組合「あうん」の中村光男さんが「どっこい弁当」を食べさせてくれた。「俺らは貧乏だけど今は幸せなんだ。また遊びにこいよ」。そんな暖かい言葉をかけてもらったAさんはうれしそうだった。

その後、「つくろい東京ファンド」の小林美穂子さんが生保申請に同行してくれ「無事に終了した」との連絡。これで都内のビジネスホテルに泊まることができる。これからアパート探しだ。Aさんから電話が入った。「お金が入ったら瀬戸さんとご飯を食べに行きたいです。お礼をしたいんです」。中村さんと小林さんも誘って食べに行こう。もう独りじゃない、これからは友だちだよ。

6月17日（水）｜やってらんねいよ。死にたいよ

今日は自宅から90キロ離れている神奈川県小田原市からのSOSを受けて現地に向かった。相談者のAさんは派遣で働き続けた会社がコロナの影響で経営不振に。6月30日で解雇が決まり、会社の寮から追い出され、住まいを喪失してしまう。このパターンが続いている。通常の賃貸住宅は借地借家法で守られており勝手に追い出すことはできない。それに比べて、労働契約が打ち切られた直後の寮からの追い出しに関して「居住権」を保護する制度は、裁判に訴えるしか方策がない。決定的に厳しい状況だ。問題を可視化し訴えていくしかないのか！

Aさんは仕事も住まいも失う。月曜日に今日もご一緒してくれた市議が生活保護申請に同行してその後のアパート転宅にも尽力してくれる。小田原市は「生活保護なめんなジャンパー」事件以後、生保行政が改善されていると聞いている。市議さん、よろしくお願いいたします。

小田原から75キロ、都内の京浜急行沿線の駅でBさんに会う。コロナ禍で就業中の仕事が減り所持金もゼロで路上生活が続いている。今週から週払いの派遣就労が始まり最悪の事態は避けられたという。とりあえず「住まいの確保」が最優先なので1時間近く生活保護利用を勧めたが、Bさんは生活保護に対する拒否感が強く、来週支払われる給料と今後の継続雇用に期待するとのことだ。当面の生活給付金を渡して今後も連絡を取り合うことにした。

実はBさんとの面談は移動中の車中で行う状況となってしまった。明日に告示される東京都知事選に出馬予定の候補者の選挙カーから緊急連絡が入ったのだ。明日からの選挙に備え、車を走らせていたら「助けてください！」との声が聴こえたため選挙準備をいったんストップし、私の携帯に緊急連絡してきたのだ。

Bさんを乗せたまま向かったJR山手線＊＊駅の高架下に選挙カーの傍らの路上で座りこんだおじさんがいた。2年以上も前から野宿しながら、空き缶

回収の仕事をしていたが、空き缶回収もコロナ影響で買い取り価格が激減したという。「やってらんねえよ。死にたいよ」と嘆く。東京・山谷の玉姫職安の求職受付票（通称「段ボール手帳」）を見せてくれた。

「給付金を渡すから今日はホテルに泊まりなよ」と言ったが、「俺はホテルに泊まれないよ」と頑なに断る。「あじいる」の中村光男さんたちが毎月第三日曜日に開催している「隅田川医療相談会」が次の日曜日にあるのでぜひ来てほしいのだが…。それまでの生活費をカンパするくらいしかなかった。こんなことがあちこちで起きているのが東京の現実なんだ。

6月18日（木）｜私はダニエル・ブレイクだ

今日は朝から自宅から10分ほどの練馬区役所に向かう。昨日、練馬区の区議から連絡のあった男性の件だ。男性は仕事と住まいを失い生活保護相談に行ったら「受理の条件が無低に入所すること」と言われたという。練馬区は以前に申請同行した時も対応が良かったので事実確認を行う必要があった。

区役所に到着したら相談者Aさんと区議が待っていた。Aさんはコロナ影響で勤務した派遣先から解雇されている。携帯電話・身分証明・銀行口座も一切持っていない。本人の意思確認を踏まえて、生保申請に立ち会った。相談員の方は昨日も相談を受けていたらしく「現在地保護」としてスピード受理してくれた。

私は他区の事例を具体的に紹介し、「他区では7月8日までは区の責任で住宅喪失された方にビジネスホテルを提供している」と話す。相談員さんは時間をかけずに都内のビジネスホテルを今日から30日を上限に提供してくれた。都営交通の無料乗車券と仮払金を受け取り終了した。私たちはアパート転宅に取り組むことに。携帯電話・身分証明・銀行口座なしと困難だらけだが、携帯は「つくろい東京ファンド」と連携してレンタルを準備する。何とか最後までサポートしていこう。

午後は相模原市方面に向かう。6月9日に生保申請同行したBさんのアパート転宅に向けて「住まいの貧困に取り組むネットワーク」で知り合った不動産屋さんが用意してくれたワンルームマンションの内見が目的だ。Bさんは生保申請時に「横浜市内の悪条件の無料低額宿泊所（無低）の体験入所を行ったうえで申請を受理する」と言われたが、私が強く抗議し、別の完全個室アパート型の無低を紹介させ、無事に入所することができた経緯がある。Bさ

ん自身はマンションを気に入り、正式申し込みまで進んだ。

　しかし、Bさんに生保申請後の近況を聞くと、トンでもない不誠実な対応を相模原市＊＊区が行ったことが判明した。4月9日の生保申請の翌日にケースワーカーと面談して以降、何の連絡もない。「2週間、1万円の仮払いで食事含め生活してください」ということだったが、Bさんは風邪をひき数日間寝込んでしまった。ケースワーカーとの面談時に「生保決定までの期間は病院に行けません。我慢してくださいね」と言われていたので、ドラッグストアで市販の風邪薬を買って寝込むしかなかった。薬代は経済的負担となり、所持金は150円しかなくなった。

　Bさん宅からケースワーカーに電話連絡したが、福祉事務所に来ないと貸付金は渡せないという。Bさん宅は最寄り駅から徒歩30分近くかかる。小田急線で2駅歩いて来いという「上から目線」の対応は常識を逸脱している。ケースワーカーが自転車に乗ってやって来た。ほんのわずかなフードバンクの食糧とアルファ米とレトルト食品が少々。所持金が150円しかなく福祉事務所まで1時間もかかる。ケースワーカーは何の連絡もせず、医療券のこともしっかり説明をしていなかった。その責任として明日、Bさん宅に貸付金を持ってくるように主張し認めさせた。こんな状態では安心して相模原市に任せられない。私は、ダニエル・ブレイク…　わたしは、人間だ！

6月20日(土)｜悪質脱法ハウス

　14日に緊急SOSを受けて都内の＊＊駅でお会いした20代前半の女性Cさん、飲食業のバイトがコロナの影響で激減し、所持金もあとわずか。住んでいるシェアハウスの家賃滞納が1カ月。今月払わないと訴訟を起こすと言われた。私の緊急支援でシェアハウスからの追い出しは初めてではなく家賃滞納1カ月で本人に連日の催促電話攻撃を繰り返す。14日は10日後の給料支給日までのつなぎとしての生活給付金をお渡ししたが、賃貸契約書を確認して必要な対策を行うことにした。

　今日は「住まいの貧困に取り組むネットワーク」の林治弁護士にお願いして同行してもらった。Cさんが持参した賃貸契約書や同意書は予想以上に借主の権利が弱い内容だった。1カ月でも滞納したら家賃保証会社が債務請求を繰り返す旨の内容が明示されていた。

　不可解なのは、ネットで表示されている借主支払い金額より1・5万円高く、

4、5畳で5万円を超えることだ。さらに2年間住まずに転居する場合は退去時費用として計10万円程度が請求されるという。契約書とは別に「肖像権承諾書」の同意書も締結させられた。ネットやSNSなどに写真が流出すればストーカー被害の可能性も否定できない。

　入居6カ月以内に合計2回のインタビューを受けるというのもある。1回目のインタビューを受けると初回月賃料無料になる。ただし2回目のインタビューを受けないと、後で賃料返還請求が来る。地方から東京で働きたいけど、お金のない女性を利用する悪質性の高いシェアハウス事業としか思えない。

　コロナ影響で収入が減少している女性に容赦なく、連日の滞納催促を行い、訴訟を起こすと脅す。この管理会社は、「痩せたら家賃が1万円まで下がるシェアハウス」の提供を始めている。入居者は入居契約時と毎月、体脂肪率の測定を行い、定められた体脂肪率が減った場合、翌月の賃料を最大1万円まで割引するらしい。私が現在のシェアハウス業界の事情を知らないだけかもしれないが、トンデモナイと思う。林弁護士もビックリ仰天、これがコロナの影響で顕在化した悪質脱法ハウスの実態だ。

6月23日（火）｜カップ麺で耐えろ

　今日はこれまでサポートしてきた相談者の訪問、訪問件数は5人、実際にお会いできたのは2人だった。会えなかった3人も全員連絡がとれ無事を確認できた。5人のうち3人が携帯電話が未納で解約となりメールでのやり取りもままならない。生保申請同行後に定期的に訪問しないと「ちゃんと生きているか心配」なのだ。

　相模原市でそれぞれお会いした2人は、6月9日に相模原市＊＊区福祉事務所の5番相談ブースと7番ブースで2人同時の生活保護申請したお仲間さんだ。2人ともに携帯が強制解約されてしまって連絡がつかない。今日は23日、申請日から2週間が経過した。私と同じくケースワーカーからの連絡は届いていなかったようだ。私からケースワーカー連絡し「生保決定通知」を電話確認して本人に伝えた。若い2人だ。丁寧に対応したいね。

　女性Aさんはアパート契約と入居を済ませて生保申請している。お部屋に必要なカーテンや家具什器を地元の女性支援者と買い物に行く。7月3日にケースワーカーと面談同行するので全て生保費から支給してもらう。SOSをもらった時点では、着替えの服も一切なかったので被服費も支給してもらい

服も揃えてあげたい。

　男性Bさんは、先週の頭にアパートを内見して正式に申し込み準備に入ったのだが、週末になって携帯が未払いで強制解約されてしまいアパート契約が難しい状況となった。今週中に「つくろい東京ファンド」が準備するレンタル携帯を渡し、アパート転宅ができるように準備した。Bさんは今日もお腹が痛くてしょうがない。フードバンクが用意したレトルト食品やカップ麺ばかりの生活でストレスが溜まっている。先週もケースワーカーに抗議したが、仮払いが10,000円で生保決定まで厳しいし病院に行けない。保険証がまだ手元にあったので病院に行くよう勧めた。診察費と薬代用の少額支援を行うしかなかった。

　ただ願うことは、生保決定待ちの方一人一人は精神的にも独りぼっちで金銭的にも弱っている。生保決定、保護費支給開始まで「保存食とカップ麺で耐えろ」。このような姿勢は改めてほしい。

6月24日（水）｜ケースワーカーに感謝の日

　今日は、これまでサポートしてきた2人の方と＊＊区福祉事務所で待ち合わせして自立生活サポートセンター「もやい」に移動した。今日は　「もやい」の居住支援担当の土田功光さんとアパート探しの打ち合わせ。その後も＊＊区福祉事務所に戻り、再度のケースワーカーとの打ち合わせと忙しい。現在ではコロナ影響で住まいを喪失し生活保護申請された方をビジネスホテルへの宿泊提供を行っているが、現段階で公表されているのは7月8日朝までだ。私たちのアパート探し支援も切羽詰まった状況となりつつある。

　男性Aさんは4月中旬に新橋駅前からSOSを受けた30代前半のイケメン君。Aさんと出会った時期は、私たちが生保申請同行活動を開始していなかった。Aさんは一人で＊＊区に生保申請しビジネスホテルに入所したが、アパート探しも一人では不可能で、「このままでは施設に行くしかありません。」と言われて、再度の連絡を受けてサポートを再開している。

　九州から上京し、東京・赤坂の居酒屋で働いていたがコロナの影響で仕事がなくネットカフェから路上へ、4年前に全ての財産やクレジットカードを落とし、人生が一気に転落してしまったと嘆く。携帯電話も身分証明もない。都心にある＊＊区では生保利用者でも入居できるアパートが少ない。他区でも含めればアパート探しの選択も広がる。福祉事務所に再度戻ってケース

ワーカーと移管の可能性含めた打ち合わせ。駄目な自治体は「生保をいったん廃止して申請し直して」と強弁する場合があるので、私からは念押しし「転居費用一切含めて、私たちの自治体から拠出します」と回答させた。とにかく念には念を！

　女性Bさんはコロナの影響で働いていたお店から一方的に雇用を打ち切られ、6月10日までに社員寮からの退去を強要されていた。社員寮にあった荷物を、「つくろい東京ファンド」が借りているシェルターに一時保管して、7月8日以降はビジネスホテルに入所している。

　今日、生保が無事に決定したのだが、Bさんは寮から追い出され仕事の解雇もあり、警備員の仕事に尽き、必死に働いた。今日聞いたら給料が6月20日に15万円〜20万円ほど支給されるとのこと。この状況を聞いてケースワーカーとの調整が必要と判断し、急きょだが「もやい」から福祉事務所に戻った。

　予想通り、担当のケースワーカーは「6月30日で生保は廃止ですね」との見解。これではアパートも借りる転居費用もない。焦った。「もやい」からの助言も受けていたので、「生保廃止でなく停止できないか」と交渉。ケースワーカーは上司と確認してくれたが「停止でも、転居費用が出ないし、6月末でビジネスホテルを退去になる」との回答。私は粘る。その度にケースワーカーも何度も退席して上司と協議してくれる。

　うれしかったのは、私の話を一度も拒絶せずに何回も何回も頑張ってくれたことだ。結果的に、生保廃止は7月末までとしてくれた。当然、収入認定があるから保護費は差し引かれる。しかしアパート入居費や家具什器費も給付される。Bさんは生保が前提のアパート探しではないから選択肢も多い。何とかなる。ケースワーカーさん、本当にありがとう。終わった後に課長さんが出てきて笑顔でニコリ。今日はうれしかった。

6月28日（日）｜ゆっくり仕事を探して

　小田急線 相模大野駅北口デッキで「新型コロナ困りごと相談会＠相模大野」が開催された。主催は「いまここ＠かながわ」。神奈川県相模原市在住の杉浦幹さん（津久井やまゆり園事件を考える続ける会世話人）が中心になり準備してきた。県央地域からのSOSが続くたびに、無茶振りなキラーパスを飛ばし続けてきた。生活保護申請してアパート転宅後の一人一人の生活フォローや見守りを懇切丁寧に続けてくれている。

杉浦さんはNPO法人「大地の会」に勤務、地域活動支援センターや、グループホーム、相談事業（生活支援センター）の活動を通して精神障がい者の方が地域で暮らせ安心して暮らせるための取り組みを続けている。「寿医療班」の森英夫さんも一緒に準備、事前に駅周辺で夜回りも行ってくれた。相模原や茅ヶ崎市議など近隣の自治体議員、相模原や大和で活動するホームレス支援団体やフードバンク、「パルシステム神奈川ゆめコープ」の藤田順子理事長も駆けつけてくださり、今後の支援活動ネットワークづくりに向けた有意義な交流ができたと思う。

　今日、うれしかったことは、大和市内から緊急SOSを受け相模原市で生活保護申請同行支援してきた生若い当事者2人が手伝いに来てくれたこと。A君は5月初旬に生保利用が開始、私たちが用意した相模原市内のアパートで自立に向けて前進している。21時30分ごろに車上ホームレス状態で顔面蒼白状態で会った時と比べると大違いだ。これからゆっくり仕事探しをすれば良いよ。久し振りに弟に会いに行くとのこと。顔色に良く本当に良かった。

　B君は6月9日に生保申請したのに、7月3日に生保利用決定通知と保護費支給と不当な扱いを受けている。市が提供した個室アパートの契約書を確認したら、住宅扶助費内の家賃以外に意味不明な管理費と清掃費合計3万円が請求されていることが判明、7月3日に経過説明を求める。今日の相談者は5人、私は2人の生活相談を担当した。1人は経済的問題だけでない困難を抱えるので、信頼度NO1の相模原市議の野元好美さんが生保申請だけでなく生活支援含め対応してくれる予定だ。

6月30日（火）｜クソのような会社と社会

　今日は支援してきた21歳の若い2人を連れて荒川区にある企業組合「あうん」のリサイクルショップに向かった。声優を目指して上京して寮付きのIT会社に就職した女性のAさん。コロナに便乗した雇い止めと寮からの追い出し強要で「毎日、パン1枚しか食べていない」という。5月26日にSOSを受けた。その後、中野区役所に生活保護申請、「もやい」の土田功光さんの尽力で今日、アパートの正式契約が成立した。早速、明日に「あうん」で引っ越し作業、生活保護費で支給される家具什器費で必要な家具や家電を買う。

　6月13日に浅草からSOSを受けたB君。高校を中退しネットカフェと公園を転々としながら派遣の仕事をしてきたが、コロナの影響で仕事がなくな

り、所持金が尽きた。出会った時から「人懐っこい」青年だった。「つくろい東京ファンド」の小林美穂子さんが中野区に生保申請同行し、アパート転宅に向けた不動産屋交渉まで寄り添ってくれた。7月7日に正式入居する。

　浅草で会った日の帰り際に、彼は僕に言った。「俺、ずっと友だちがいなかったんですよ」。こんなにさわやかな青年なのに。少しだけついてないことが重なっただけで、都会で独りぼっちになってしまった。「助けて」と言っても受け止めてくれる場所が見つからなかった。公園で横になり寝ようとしても不安で不安でおびえながら寝つかれなかった。「死にたくないけど死んでしまう」。同じ21歳の若者2人にこんなことを言わせてしまう社会なのだ。

　滅多に相談者と食事をしないようにしているが、今日ばかりは「アパート決定祝い」として、若い2人と遅い昼食を食べた。「餃子の王将」で他の料理に目もくれず、大量の餃子と大盛ご飯を頬張る2人。今までずっとお腹を空かせてきたんだね。とっても良いなと思ったのは、女性のAさんがB君のお姉ちゃんのように温かく声をかけ励まし続ける姿だ。「クソのような会社と社会への怒り」を若者らしい表現でぶちまけていた。これからも大変なことが続くと思うけれど、励まし合いながら歩いて行こう。

2020年6月21日、衆議院議員会館における緊急集会。

column

瀬戸大作君の活動から社会の変革について思うこと

パルシステム連合会　顧問　山本伸司

1 コロナ禍の始まり、社会が音を立てて崩れていくその最前線に立つこと

　2020年4月11日から始まるこの日々の記録は、7日に国の緊急事態宣言が発出され新型コロナウィルス感染症初期の頃のものになる。

　瀬戸君はパルシステムの職員で反貧困ネットワークの活動をしており、この頃増加する住まいをなくし所持金もわずかな路上で惑う人からの連絡を受けて緊急の救援に奔走している。この記録を読むと本当に胸が詰まる。しかもその連絡をしてくるのは若い方たちだ。連絡も取れない人たちはと思うと暗澹たる気持ちになる。

　もし自分が失業し居住も失い所持金も失ったらどうすればいいだろう。絶望しかない。あるいは犯罪に手を染めるか。そういう人ごととは思えない状況が、この国に恐るべき勢いで広がっている。18、19日に電話相談会に寄せられた件数は5,009件もあるという。猪俣正弁護士は「相談会をやって恐怖を感じた」と話す。

2 つながるという重さを軽々とやっているように見える

　瀬戸君が困窮する人たちからの声を受け止め動く。それを支援する各団体と個人の親身になった連携で生活支援に奔走する。夜中も連絡が入ると車をすっと飛ばし200kmも移動して那須高原に救いに行ったとある。会えたその人は、山の中で「死のうと思った」という生と死のギリギリにいた。本当に命の恩人。彼は救援の電話が入ると、いてもたってもいられない、躊躇なく行動する人だなあといつも思う。

　差別と貧困と虐待、そうする世間との境目に立つこと。その境界域で行動すること。見捨てて放置しない。そこに寄り添って変えていけること。他人の善意を組織化してネットワーク化して支援団体とつないでいく。単に政府や自治体に怒りをぶつけるだけじゃなく、そこに執拗に働きかけ、時には糾弾しつつも対応を迫っていく。そして動かしていく。こういう全ては「瀬戸ちゃんパワー」だからこそ可能となる。理屈を捏ねる前に飛べ、走れという行動力だ。今必要なのはこのような家族のような情感、共感、共に生きたいという熱い思いなんだと教えてくれる。決してお金のために騙すような社会じゃなくて。

3 では僕たちはどうするか

　厚生労働省等との折衝で ①とにかく一刻も早く、②直接当事者に対し、

③自宅や店舗を維持確保し、④単発ではなく継続的に、⑤納税や債務の弁済を一時的に支払いから解放すること、と簡潔に要求している。何よりすぐに住まいと生活費の保証を行うことだ。

　瀬戸君たちは各団体と連携して「緊急ささえあい基金」を創設して募金と支援を行っている。この基金こそ温かいお金を回す仕組みなのだと思った。こういうお金を回す仕組みに参加していくことが求められる。

④ 社会の崩壊と転換期

　新型コロナウィルス感染症爆発は、思いもよらなかった社会を現出させた。街を行く人々は制限されお店は閉まり交通は制限されて、国境は閉鎖されている。人々は感染の恐怖に怯えマスクが手放せない。その中でも巨大企業がさらに儲けて、中小企業などが経営破綻へと追いやられていく。倒産、解雇、失業、自殺の蔓延である。これは日本だけじゃない。今、資本主義世界は崩壊局面にある。

　資本主義社会は、弱い人たちと自然の収奪を基盤に圧倒的な人工的大量生産システムと大都市と社会システムを構築してきた。命よりも富を重視する社会システム。逆立ちした社会。人々はお金のために働き、組織のために生きて、金と仕事がなかったら生きていけない。そしてそこから排除されると見捨てられていく。

⑤ 共に暮らせる社会のために、温かな仕組みを構築しよう

　現代社会の何が問題か。それは哲学の不在だと思う。どう生きるかという自分の中から湧き出てくる思いであり情熱である。人との冷めた関係性に安住しない。

　なんのために働くか、と問われたらお金のためだという。

　しかし仕事はそれ自体に意味がある。物作り、仕組み作り、人のためのサービスなどが社会をより良くするのだ。つまり他者の幸せのためである。だが今これが偽善的に聞こえてしまう。社会のつながりがお金でしか見えなくなった。

　フードシステムでも強く賢い企業が大部分を収奪していく。生産者は最も取り分が少なく大企業の流通小売が大部分の富を吸い上げる。結果農業は衰退していく。

　そういう大企業や官僚組織の上部へ成り上がることが奨励される価値観に社会は染め上げられてきた。競争と強いものだけが生き残れるという生き方だ。

　だが、本当にそれで革新的な技術や組織が誕生するだろうか。金目当て

や成り上がり思考の蹴落とし型の組織、こういう生き方では真の豊かさは生まれない。自然に学ぶという素晴らしい技術や革新はありえない。協同というあり方は、生き方の革新から生まれると思う。協同組合の理念とあり方が問われている。

【貧困の時代と生協の役割は何か】

生活協同とは住まいと食べること、とりわけ食べることである。生協の課題は時代とともに変化してきた。敗戦後は都市の食料不足での買出し代行であり、10円牛乳運動（本物の牛乳を適正価格で）、そして高度経済成長から1970年代のトイレットペーパー不足と価格高騰への対抗運動、食品公害と添加物氾濫での安全な食品協同購入運動など。そして生産者と消費者による産直運動だ。

いま社会の崩壊過程では大勢の貧困と子供達の困窮が広がっている。ここに食べ物と衣住が回る仕組み作りが問われている。とにかく最初は供給すること、そして恒常的に支える仕組みを創造することである。

例えば、子ども食堂の革新性とは、単なる慈善運動に止まらない。共に作り共に食べる場の創造である。お金を媒介にしない。楽しいのだ。賀川豊彦が神戸のスラムでやったように。

持続可能なシステムは、机上の案では決してできない。まず共に動くことからである。やってみなはれである。その火付け役が先導役が瀬戸大作君である。

【神奈川県けんぽく生協での瀬戸君との出会い】

彼は出会った最初から活動家だった。いまでいうアクティビスト。社会変革者。相模原での相模補給所のベトナム戦争への反対運動や無認可保育所運動や地産地消活動など実に精力的に動いていた。もともと生協で雇った職員じゃなく生協を作った活動家なのである。本来の生協（協同組合）は社会のあり方に疑問を持ち、そして一人は万人のために、万人は一人のために活動する団体なのである。その凄さは個人個人が組織をはみ出すことにある。生協にいま求められているのは、組織をはみ出して社会のために活動する個々人を排出することではないかと思っている。

6 **瀬戸君に学ぶこと**

海に溺れる人を助けること、レスキューの基本は自らの安全を確保しつつ無理なく救助することが基本にある。大きな声をあげるだけでもいい。全ての人が少しずつ何かをすること。自分にできることを無理せずに継続的に。その輪が広がることが社会を変えていく。巨大な帝国を崩壊させる大きな力になっていく。

COVID-19

2020年
7月

2020 年 7 月 31 日現在
新型コロナウイルス感染症
感染者：34,372 例／死亡者：1,006 名

（※厚生労働省の HP から「新型コロナウイルス感染症の現在の状況と厚生労働省の対応について」

https://www.mhlw.go.jp/stf/seisakunitsuite/bunya/0000121431_00086.html）

「もやい」と「新宿ごはんプラス」の合同相談会。7 月 25 日
都庁にて。

7月2日（木）｜殺さないで！

　今日は弁護士からの緊急依頼で横浜市＊＊区に向かう。待っていたのはネコと一緒に暮らす女性。コロナ災害の影響で派遣の仕事が減少したことでの家賃滞納分を一括で支払うように求められ、7月15日での退去を迫られている。家がなくなったら今の仕事も続けられなくなる。ネコとは離れたくない。家賃が高いので事情を聞いたら、入居段階では家賃補助があったのに急に打ち切られたのだという。

　当然、法的手続きを経ずに退去させることはできないが、強硬な態度で退去を迫る貸主が急増している。私からは当面の生活給付金を渡しながら、経済的負担が少ないアパート転居の相談に乗ることにした。信頼できる弁護士にまず対応してもらい、次は私の出番。「今回でお会いするのは最後ではありません。何かあったら連絡してください」。もう一人で悩まないで。

　今日だけで何人の電話とメール相談を受けただろう。「収入が途絶えて3カ月、現在の住まいを追い出される。早急に住まい探しを協力してほしい。事業化給付金がいまだに振り込まれない。生活保護は受けたくない。相談者の住んでいる地域も広域化しつつある。

　23時過ぎに、今日最後の切羽詰まった電話が来た。東海地方からの女性で消え入るような声だった。明日一人で生活保護申請に福祉事務所に行くとのこと。不安で不安でしょうがない。「コロナ災害緊急アクション」の方に地方から相談が来た場合、その地方で弁護士や支援団体、地元議員を探索すが、充分な支援対応ができない場合がある。

　そのような場合、どうしても一人で生活保護申請をお願いする結果になる。行政の窓口での“水際作戦”で追い返されるかもしれない。不安で消えそうな声。彼女に伝えた。「生活保護申請中でも冷たい対応をされたり、どのように対応していいか分からなかったらすぐ電話してください」

　こんな生活保護行政はおかしいよね。「このままでは死んでしまう」。そのような人を追い返すことは絶対に止めてほしい。本当にお願いします。「殺さないでください」。殺すな！

7月3日（金）｜安心できる住まいを確保したい

　今日は6月9日に生保申請同行した若い2人のAさん、K君と待ち合わせ

した。同行理由は、相模原市に対し、この間の様々な生活保護行政の一連の不手際の事実経過について提起し、改善提案を行なうこと。相模原市からは背景要因と改善の方向性について検討してもらうことが目的だった。

　野元好美市議に仲介してもらった相模原市からは担当課長とケースワーカーが参加。私たちの方は相模原の支援者である杉浦幹さん、私とジャーナリストの竹信三恵子さん。今日は問題の共有はできたと思うので、市民・自治体議員・行政の3者で改善に向けた取り組みを進めていきたい。

　それにしても相模原市＊＊区の生活保護行政には数々の不手際が目立つ。6月22日に生保決定通知が出ているにもかかわらず、携帯電話を喪失している2人にしっかり伝わっていなかった。「随時支給」を理由に、今日まで生活保護費を支給しなかった。

　私たち支援者が生活困窮者向けに提供している相模原市営住宅の紹介を求めたが、対応した相談員は「紹介できない」と拒否。代わりに提供された福祉アパート型の無料低額宿泊所（無低）は住宅扶助費相当の家賃以外に管理運営費や設備利用費など7、8万円必要で、K君本人には4万円ほどしか残らない。まさに"貧困ビジネス"といえる価格体系だ。

　しかも、施設管理者がK君のキャッシュカードを預かり、暗証番号まで聞き出していた。なんといってもこの無低が運営する福祉アパートの実際の価格体系や賃貸契約書などの内容を相模原市は把握することなく紹介していた。あまりに問題が多いすぎる。

7月6日（月）｜ハローワークで見た絶望社会

　朝10時から湾岸エリアの＊＊区福祉事務所で40代男性Hさんの生活保護申請に同行した。区職員が震え上がる女性区議のNRさん、フリーライターの吉田千亜さんも一緒だ。6月16日に京浜急行沿線の駅からSOSが届いて宿泊・生活支援費を渡した。コロナ禍で就業中の仕事が減り所持金もゼロで路上生活。この時も「住まいの確保」が最優先であることから1時間近く生活保護利用のお勧めをした。でもHさんは生活保護の拒否感が強く、翌週支払われる日雇い給料と今後の継続雇用に期待するというのであきらめて別れた。

　先週土曜、再びのメールが届いた。所持金は2,000円、長期化するコロナ禍で求人がほとんどなく生活保護を利用する決心を固めた。

　初めての湾岸エリアの＊＊区福祉事務所の第一印象は最悪だった。受付に

いた職員は、短髪剃り込みアイパーの怖いおじさん。警察OBだろうか。Hさんも緊張している。「今日は何の相談ですか」。強面の対応にすぐ私は介入しようとしたら、相談受付用紙を私から見えないようにしてHさんに「住所はどこですか」「住所ないなら本籍地はどこだ」と迫った。

区議NRさんが名刺を渡し、すぐさま「生活保護の申請に来たんです」と介入するとスムーズに通された。でもこの窓口対応は一種の"水際作戦"のようだ。こんなおじさんが窓口に出てきたら怖くて一人で申請できませんよ。

一転して、相談員とのやり取りはスムーズに進んだ。冒頭お決まりの「当面はドヤか無料低額宿泊所に宿泊していただくことになります」。こちらからは「生保受理日から1カ月間はビジネスホテルを多くの自治体が提供しています。ホテルは＊＊駅近くの＊＊ホテルは空いています」と申し向ける。相談員は席を外してホテルに連絡し、「＊＊ホテルが予約できました」と返答した。こんなん風に申請同行なしで本人だけだとドヤか無低に連れて行かれるんだよね。

良かったのは今日の生保申請受理から決定までが超スピードで進められることだ。「7月10日には決定通知を出し、その場で7月分の保護費を支給します」と明言してくれた。その点では素晴らしい対応だ。私の役割はアパート探しだ。頑張りましょう。

午後は渋谷区神南にあるハローワークに向かう。3階にある失業給付金の窓口はコロナ禍で仕事を失った人々で溢れ返っている。廊下にも多くの人々が溢れている。小池都知事はこのすさまじい現場を見に来たことがあるのだろうか。責任の一端を負っていることを自覚してほしい。相談者のKさんの相談待ち時間も2時間を超えていた。

相談者Kさんは4月中旬まで勤務していた事業所から突如、週2回の勤務に変更してほしいと言われて拒絶したことを理由に、雇い止めを通告された。残りの2週間の週2日分の給与を前払いする条件でサインさせられた。

当初は離職票に「会社都合」となると聞いていたが、後で送られてきた離職票には「本人都合」に書き替えられていた。Kさんは渋谷区役所に何回も相談に行ったが取り合ってもらえなかった。労働組合に相談しても「何回も言い続けること」と言われただけだった。

もう一人では闘えない。助けてほしい！「緊急アクション」の相談メールにSOSが届いた。このままでは失業給付も、住居確保給付金も受け取れない。所持金も尽きてしまう。私たちの助言はハローワークに異議申し立てを行う

ことだ。

　住居確保給付金は「収入減少が当該個人の責めに帰すべき理由又は当該個人の都合によらないこと」が要件なので「自己都合」退職ではこの要件を満たさないとされている。パワハラで無理やり「自己都合」にされた場合は、離職票を提出するハローワークに行き、パワハラがあったことを説明して「会社都合」として扱ってもらうことになる。

　対応した相談員は「窓口はここじゃない」と言い張るので、Kさんと私がやり取りしてきたメール記録、Kさんが保存していた出勤記録などを見せながら必死に説明した。明日、前の職場である派遣会社の離職票を持って申請すれば、「異議申し立て」を受け付けた上で、雇い止めを行った事業所に事実確認するという。

　コロナ禍に便乗した雇い止めでどれだけの人々が苦境に陥っていることか。失業給付金の窓口が溢れかえっているハローワークで見た絶望社会だ。小池都知事は現実を直視せよ！

7月7日（火）｜1人で歩いて行くんだ

　今日からアパート暮らしの青年2人に共通した思いは「仕事は大好き。早く仕事がしたい」というものだ。今日は2人の引っ越しのお手伝いに行った。2人とも路上からSOSを発信し、宿泊費と生活費を支援した。生活保護申請後はビジネスホテルで宿泊し、明日の退去期限を控え、ギリギリでアパート転宅に漕ぎ着けた。

　その1人、Nくんは21歳で、「つくろい東京ファンド」の小林美穂子さんが寄り添い伴走してきた。めちゃくちゃ人懐っこく素直で寂しがり屋の青年だ。神奈川の杉浦幹さんからカンパしてもらった中古テレビを積んで、宿泊先の府中のホテルに向かい、路上生活時代のカバンを積み込み、中野区のアパートに向かった。

　21歳と若いのに、都内の公園やネットカフェやマクドナルドをよく知っている。都内の道路を一緒に走ると「ここのマックは広くてよく寝れるんです」「ここの公園は怖くて夜は寝つけなかった」と話してくれる。大好きだった彼女との別れがあり、Nくんは一人になった。

　「俺、ずっと友だちいなかったんですよ」「仕事は大好きなんです」。R君は言った。これから荒川区の企業組合「あうん」で揃えた家具什器の配達がある。

66

「また会おう」と言って別れた。今日からアパートで一人暮らし　寂しそうな後ろ姿を見送りながら、「一人で歩いていくんだ」と背中を押しつつ、孤独にしてはいけないと思った。

7月8日（水）｜人生、いくらでもやり直せる

　久し振りに＊＊区の福祉事務所を訪問した。先週の金曜夜に神田駅近くで所持金 15 円で SOS を発した 40 代の男性の生活保護申請に同行する。ネットカフェ暮らしを 4 年、建設業の仕事がなくなり路上生活を迫られていた。

　千代田区は生活保護費の範囲内でのアパート確保は難しいと判断し、＊＊区での申請を選択した。＊＊区は他の区と比べて安心できる対応をしてくれる。申請に来る相談者の状況に応じて丁寧な対応を行なっている。申請受理段階から保護決定までの期間の前払い金も日当たり 2,500 円を渡しながら、週単位でのケースワーカー面談を行い、困りごとを把握している。

　他区市でお決まりトークとなっている「まず無料低額宿泊所か簡易宿泊所に行ってください」とは言わない。今日も 8 月 6 日までのビジネスホテルをすぐに提供してくれた。居宅支援の担当も面談し、アパート転宅の連携も行なう。

　しかし、今日は少しおしかりを受けた。「前泊場所が他区の方をこれ以上、連れてくるのは困ります」。確かにそう言われるのは理解できる。相談者の状況に応じて丁寧な対応をしてくれる自治体の負担が高くなり、"水際作戦"や粗雑な対応を行う自治体が楽をする構造に加担してしまうからだ。

　福祉事務所を出た後、長い路上生活を経て生保申請同行し無事に高齢者のサポート付きシェアハウスに住むことができた 2 人を訪問した。一軒家をリノベーションしたきれいなシェアハウスだ。2 人とも顔色が良いどころかツヤツヤしていた。路上生活直後の 2 人を知っているだけに本当に良かったと思う。

　「写真を公開してもいいよ。変に目隠し写真にされるよりよっぽどいいよ」。隠れて生きていくのでなく、堂々と暮らしていく。人生、いくらでもやり直せる！

7月13日（月）｜すべての人に生きる権利を！

　午前は埼玉県の＊＊医療生協に車を走らせた。「公的支援からこぼれた外国人」が待っていると病院のメディカルソーシャルワーカーから連絡を週末に受けたからだ。金曜にアフリカの＊＊国から日本にやってきたが、難民認定されず、現在は仮放免中だという。所持金も底を尽き、週末は路上生活、歯が痛くて耐えきれずに、＊＊病院に助けを求めた。しかし、結局、彼は待ち合わせ時間に現れなかった。携帯電話は持っていない。どこかの公園で寝泊まりして、今日はどこに向って歩いているのだろうか。

　SOS をくれた M さんに状況を聞いた。私たちが取り組んでいる「緊急ささえあい基金」では現在、約 6,000 万円の寄付金が集まり、1,500 万円がコロナ禍で生活困窮に陥った人たちに給付しており、給付の 8 割以上は「公的支援からこぼれた外国人」に使われている。

　私も何人かの人に直接お会いしたが、大半は「病院に行きたい」と話していた。外国人で日本の医療・福祉制度が利用できず、医療費の支払いが困難な人に対する「無料低額診療」を、医療生協や良心的な病院が独自に取り組んでいる。多くが病院の持ちだしになっていることから、受け入れ人数に限界がある。病院の良心として外国人が駆け込んで来たら断ることはしない。仮放免者への無料低額診療は公費助成の対象にすべきだ。

　埼玉県から東京都内に戻り、17 歳の少年と 30 代の青年を車でピックアップした。2 人ともに「緊急アクション」に SOS が届き、緊急給付したうえで生活保護申請に同行した。既に生保の利用を開始し、現在は「つくろい東京ファンド」が借り上げているシェルターに住んでいる。

　緊急 SOS が来た。三多摩の＊＊市に住む外国人からだ。所持金がゼロだという。早速、彼が住むアパートに向った。7 年前に母国の政治的迫害から逃れて来日し、2 年間、入管に収容され、5 年前に仮放免になった。その後、在留ビザを申請し続けているが、仮放免は変わらない。友人からアパートを借りたり、生活費支援を受けながら暮らしてきたが、コロナ禍で外国人が真っ先に解雇されるなかで支援が途切れた。とりあえず「緊急ささえあい基金」から当面の生活費を給付するしかなかった。当面のつなぎしかできないことが悔しすぎる。

　新型コロナウイルスによる困窮は国籍や在留資格に関係ない。公的支援が受けられるように、仮放免者や短期滞在者も住民基本台帳に記載してほしい。

とくに仮放免者・短期滞在の場合は公的保険に加入できず、治療費が高額になるため受診を控えた結果、深刻な健康問題が生じている。在留資格にかかわらず、医療サービスを受けられるようにしてほしい。仮放免者・短期滞在者の場合、家賃が生活を圧迫する。住宅を喪失しないために、公営住宅への入居を認めてほしい。私は1人の市民だ。それ以上でも以下でもない人間だ。すべての人に生きる権利を！

7月15日（水）│前を向いて歩こう

　午前は豊島区で生活保護申請同行の予定で、20代の青年と待ち合わせした。先週末、所持金がない状態で九州から上京して東京で仕事を探そうとしたが、住まいがないとのことでSOSがあった。とりあえず緊急宿泊費と生活費を給付して今日を迎えたが、前回のヒアリングと違う事情があり、九州に親と一緒に住む自宅があることも判明。現在の東京では非正規や派遣就労の仕事が極端に少ないこともあり、九州の自宅に戻って仕事を探す方が良いと本人と合意。九州の自宅までの新幹線代を給付して見送ることにした。

　午後から八王子市役所に向かい、コロナ禍で雇用を失いネットカフェで暮らしていたが、所持金もない状態でSOSを受けていた青年の生活保護申請に同行した。元八王子市議の陣内泰子さんと一緒だ。後ろには、この間ずっと見守ってくれ小金井市議の片山薫さんと八王子市議の前田佳子さんがいる。

　相談者の青年は就労意欲が旺盛で生保利用には当初は否定的だった。「制度を上手に活用して、生活保護を利用することで、安定した住まいを確保する。まず生活を落ち着かせて、ゆっくり仕事を見つけて自立に向けて準備しよう」と話し、「住まいを確保するには現行の支援制度では生活保護制度しかない」と背中を押して今日を迎えたのだったが…。

　以前から八王子市の生活保護対応は厳しいと聞いていたので覚悟して臨んだが、今回も厳しすぎる対応に終始した。3時間を超える交渉にもかかわらず、私には納得がいかない八王子独自のローカル・ルールを一歩も崩さない。相談者の青年に落胆と「行政への不信感」を強く抱かせてしまった。申し訳ないことだ。

　都内の他区では、生保申請の受理に伴い、ビジネスホテルが提供され、その間に私たちは民間賃貸アパートの転宅に向けた作業を開始する。現在の東京都から各自治体には「8月6日までビジネスホテルの宿泊」と通知されて

いる。私はこの間、他の6つの区でこの通知を確認し、ビジネスホテル宿泊とアパート転宅作業をほぼ完了してきた。

　しかし、八王子市の回答は頑なだ。「八王子市内には個室の無料低額宿泊所（無低）があるのでそこに入所してほしい。ビジネスホテル提供は八王子市では行わないし、前例もない」と言い切る。もう一つ耳を疑う発言があった。「アパート転宅費用を生活保護費から支給するかは分かりません。ケース検討会議で協議することになります」。無低に入所させ、その期間に居宅や自立生活が充分できるかを見極めてアパート転宅を認めるか判断し、転居費用の支給判断を行うらしい。

　コロナ禍で20代～50代の多くが雇用を打ち切られ住まいを追い出された。そのような状況の変化に対応せず、「施設収容」優先の保護政策に固執している。紹介された市内の無低は悪名高い業者が経営主体だ。相模原市も同様だったが、八王子市の保護課職員はこの施設内部の状況や賃貸契約書、合意書の詳細を把握できていないようだ。実態は生活扶助費以外の管理共益費や水光熱費も高くつく"有料高額"宿泊所だ。

　八王子市では生活困窮者自立支援制度の「一時生活支援事業」にある居宅支援事業が実施されていない。アパート転宅へのサポートも充分でなく、私たちアパート転宅を取り組む支援団体が寄り添うことができない生活保護利用者は「施設収容」で放置される可能性も否定できない。私はせめて、入所をすすめる無低の個室内部見学を事前に行い、本人に判断を委ねることができないかと提案した。

　当事者である青年が口を開いた。「施設には行きません。行かなければいけないのであれば野宿します」。そこまで言わせておいて八王子はビジネスホテルの宿泊を認めなかった。しかし、明日、福祉課で内部協議し答えを出したいという。

　今晩は「緊急ささえあい基金」で支援しビジネスホテルに泊まってもらう。東京でも神奈川でも多くの自治体で生保申請同行とアパート転宅までの経験を重ねてきた。他の区市であればこんなひどい状態に巻き込むことはない。八王子市の生活保護行政の一刻も早い改善が必要だ。でもこれ以上、青年を落胆させたくない。

7月16日（木）｜就労できず経済困難に

　コロナ禍の影響で、外国にルーツをもつ方々のなかでも生活に困窮する方が急速に増えている。そのような SOS を受け現場に向かう。ここ数日、外国人からの SOS が続いている。夜 8 時過ぎに、埼玉県西部のカメルーン出身の 20 代男性に会いに行った。所持金はゼロ。食料もない。英語での会話しか通じないので、「移住者と連帯する全国ネットワーク（移住連）」の稲葉奈々子さんも一緒だ。数カ月前に来日して難民申請したが、現段階でも許可が下りていない。

　難民申請の結果がでるまでには平均 3 年、長い場合だと 10 年近くかかる。難民申請中は、政府からの支援金を受けることができるが、支援金を得るための審査には数カ月かかる。申請後 6 カ月すると就労許可が下りる。それまで何とか食いつなぎたいと彼は言う。埼玉県西部にもう一人心配しているカメルーン出身の人がいる。既に野宿生活となっていて、一度 SOS を受けたがお会いする前に連絡が途絶えてしまった。心配だ。

　クルドの人たちの窮状を踏まえ、医療生協さいたまの埼玉協同病院を訪問し、公的支援からこぼれた外国人への「無料低額診療」の実情をヒアリングさせてもらった。「無料低額診療」は、医療や介護が必要であるにもかかわらず、支払いが困難な方に対し、病院の裁量で医療費等の減額や免除を行う社会福祉法第 2 条に基づく事業だ。仮放免などの外国人には就労が認められず、生活保護の受給や国民健康保険への加入もできず、医療費は全額自己負担。医療の頼みの綱は無料低額診療だが、公的補助もなく国保などで補てんされることもなく、医療機関の持ち出しになっている。

　協同病院では相談を重視し、まず公的制度を使えるかどうかを確認、使える場合は申請手続きを行い、制度がない場合は「無料低額診療事業」を使うプロセスで進めるという。本来は政治や公的責任で実施すべきであり、民間が医療費や運営資金を持ち出すべきでない。しかし、目の前で病気やケガで倒れている人を助けない訳にいかない。

　関東では群馬の北関東医療相談会（AMIGOS）が検診や検診結果の説明、要治療者のフォローを実施している。首都圏では川口や清瀬で年 1 回平均の医療相談会を開催している。政府や都道府県には公的支援を求めると同時に、「緊急ささえあい基金」で給付した外国人の中で、病院に行きたくても行けない人の情報把握を進めている。どのような手法であれ、医療につなげる取り

組みを真剣に考えている。

7月18日（土）｜「無料低額診療」を国の責任で

　今日は埼玉県蕨市の市立文化ホールで開催されている「クルドを知る会」主催の相談会に参加した。私たち「新型コロナ災害緊急アクション」が取り組んでいる「緊急ささえあい基金」の生活給付金と「コメと野菜でつながる百姓と市民の会」の米を、支援を求めているクルド人の皆さんに渡しながら、生活相談に対応する。「クルドを知る会」では、「移住者と連帯する全国ネットワーク（移住連）」が実施する「移民・難民緊急支援基金」と、「緊急ささえあい基金」からの支援金を、非正規滞在の難民申請者家族の元へ一軒一軒、届けて回ってきた。

　6月末現在で、埼玉県蕨市と川口市の在日クルド人難民申請者に基金やお米で支援した人数は既に200人を超えた。コロナの感染者数が再び拡大する状況のなかで訪問は休止し、広い会場で時間を指定して参加してもらう方法に変更した。密を避けてじっくり相談を受けることができるよう工夫している。エレベーターホールに続々と小さな子どもを連れたクルド人家族がやって来る。今日は30家族ぐらいが参加するようだ。

　「食べること減らして、3回から2回、このごろは1回。いろんな友だち、親戚のところ行って、ご飯、食べさせてもらう。でも、友だちも困ってる。もう頼めない、どうしよ思った」「この助けをもらって、わたしたち、見捨てられなかった、そう思ったです。ほんとにうれしかった」。相談会ではさまざまな声が聞かれた。

　新型コロナウイルスによる困窮は国籍や在留資格には関係がない。公的支援が受けられるように、仮放免者や短期滞在者も住民基本台帳に記載してほしい。特に仮放免者・短期滞在の場合は公的保険に加入できず、治療費が高額になるため受診を控えた結果、深刻な健康問題が生じている。在留資格にかかわらず、医療サービスを受けられるようにしてほしい。「無料低額診療」の公的援助を国の責任で行なってほしい。

7月21日（火）｜まるで自発的なコミューンだ

　「コロナ災害緊急アクション」の相談フォームにもSOSが入る。江戸川区

のトルコ人の20代青年からだ。以前に京都のホテルで働いていて日本語は堪能だ。2月に来日し難民申請を行ったが現在でも許可が下りない。所持金もわずかとなり食べる物もない。6カ月たてば就労が可能になるから、その時まで食いつなぎたいという。20時30分に自宅前でお会いし緊急生活給付金をお渡しする。早く在留許可が下りることを祈るしかない。

　江戸川に移動中に緊急SOSが鳴った。われわれの活動を追い続けているドキュメンタリー制作者集団「DocuMeme（ドキュミーム）」の松井至さんからだ。新宿駅近くで路上生活者が具合悪そうにしている。まだ40歳くらいの女性。傍に20年以上も新宿で路上生活をしている優しいおっちゃんがいて、「助けてあげてほしい」という。江戸川から新宿の路上に向った。詳細は省くが、女性が座っていた路上には以前より段ボールの寝床が長く延びている。お互い助け合っているようだ。まるで自由で自発的なコミューンのようだ。

　路上生活は3年以上、通りがかりの人から食料をもらって生活しているという。でももうガリガリに痩せている。生活保護は「迷惑かけたくないから受けない」。以前、医療券が欲しくて区役所に行ったが、ひどい対応を受けて追い返された経験がある。「私が一緒に同行するから生活保護を申請に行こうよ」と言うしかなかった。生保を利用してアパートに入居して医療券で無料で病院で治療して身体を治して仕事を見つけようよ。最初は拒絶していたが、優しいおっちゃんも勧めてくれる。でも今日はカンパでもらったらしい安酒で酔いが回り寝てしまった。最後に「考えてみようかな」と気持ちが変わってくれたのはうれしかった。名刺を渡して「連絡してくれたら飛んで来るよ」と言って別れた。また会いに来るよ。

7月22日（水）│連休は生き延びることへの障害

　午前は5月中旬にSOSを受けて支援を継続してきた17歳の少年が、昨日に晴れて18歳の誕生日を迎えた。早速、練馬区内のアパートの内見に行った。いつもお世話になっている、自立生活サポートセンター「もやい」の居住支援担当の土田功光さんの尽力で、若者から見てもカッコイイ内装とロフト付きの新築同然のアパートを正式に申し込むことになった。元々、モデルを目指して上京してアルバイトしながらレッスンを重ねていく矢先のコロナ災害、　本当についてなかったね。正式入居が決定するよう願っている。少年は「モデルになってから俳優を目指すか、歌手を目指すか考えているんです

よ」とポジティブな言葉。やっぱり若いね。

　その後は荒川区の企業組合「あうん」に移動し、SOSを受けて緊急対応した男性の「家具什器」選びと見積づくりに当たった。15時からは、神田駅からSOSを受けたSさんへの対応で、＊＊区の居宅支援が責任を持って対応してくれたのでアパート転宅できた。16時からは、蒲田駅からSOSを受けたOさんへの対応。大田区議の奈須りえさんからの紹介で、生活保護に理解のある不動産屋が物件を探してくれた。転居は明後日に決定した。

　私の役割は段取りを立て進行させていくことだ。「あうん」には毎週、アパート転宅が決定できた相談者を連れて訪問している。在留資格がなく公的支援を受けられない困窮する外国人へのお米の支援もある。「あうん」には有機農家からお米が集まり、精米して袋詰めまでお願いしている。われわれの支援活動に「あうん」の存在は欠かせない。協同労働をこれからもよろしく。

　夕方以降、立て続けにSOSが入った。19時30分に池袋で会った青年は所持金が128円しかなく携帯電話もなくしたという。今まで3年間日雇いのアルバイトで生活をしてきたが、コロナ災害で3月以降仕事が少なくなり、野宿やネットカフェで生活をしていた。緊急事態宣言後も週2日程度、日払いで働きながら頑張ってきたが、7月に入り仕事が週1回程度に減ってしまったという。「生活保護を利用するしかない」と話し、連休明けの月曜に生活保護申請に行くことにした。緊急宿泊日数は5泊になる。リーズナブルな価格もビジネスホテルまで一緒に行ってチェックインし、生保申請からアパート転居まで責任を持って支援する約束をした。

　明日から連休で役所が閉まるので民間の支援団体にSOSが集中する可能性がある。困窮者にとって連休は「生き延びることへの阻害」だが、私たちにとってもコロナ禍での連休は「障害」そのものだ。

7月23日（木）｜無料券で医者に診てもらおう

　今日は東船橋で「反貧困ささえあい千葉」主催の「第5回コロナ緊急相談会inふなばし」に参加した。地域の支援団体や自治体議員の方がたくさん集まっていて相談者が会場のどこにいるのか分からない状況だ。千葉の相談会はアットホームで相談者と支援者がすぐ仲良くおしゃべりしてしまう。今日も、船橋市福祉事務所で「無低に入所しないと生保を受理しない」と言われて抵抗し、板橋区で私が生保申請同行して現在はアパートで暮らしているT

さんも "卒業生" として参加していた。船橋で何年も路上生活をしていて、「反貧困ささえあい千葉」の相談会に来たら、アットホームな仲間たちに救われたという。ささえあい千葉の支援メンバーもTさんの元気な姿と楽しいおしゃべりに救われているようだ。

　私が相談を担当しのは50代前半の男性Kさん。船橋周辺で約4年間、路上生活を続けてきた。所持金はゼロ。「パルシステム神奈川ゆめコープ」の＊＊センターのすぐ近くだった。両足が腫れていて壊死ではないかと心配だ。「生活保護申請が受理されたら、無料券でお医者さんに診てもらうことができる。安心できる住まいも確保しよう」。船橋の居住支援法人「あんど」の西澤希和子社長にその場で連絡し、「一時緊急保護」用のアパートに先に入居してもらい、月曜日に地元議員にお願いして生活保護申請に向かうことになった。

　船橋を出発して相模大野に向かう。神奈川の困窮者サポートでお世話になっている相模原の杉浦幹さんからの要請なので断れない。6月に相模大野駅頭でコロナの生活相談会をやっていたのを知っていて、杉浦さんの携帯に電話があったとのこと。コロナの影響で相模原の会社を解雇され、寮を追い出され、ネットカフェを転々とし、資金が底を尽いた。ここ3日間は泊まるところもなく野宿。待ち合わせ場所は相模大野駅前で夜9時だ。しかし、1時間待ったが、本人は現れず。携帯電話も喪失していて連絡がつかない。今ごろ、彼はどうしているのだろう。とにかく生き延びてほしい。

7月25日(土)｜社会の底が抜けてしまった

　昼の12時過ぎに渋谷区内の某所で待ち合わせ、最初に相談を受けて1カ月近くが経過している。7月7日に渋谷区神南にあるハローワークに同行している。相談者Kさんは4月中旬まで勤務していた事業所から突然、週2回の勤務に変更してほしいと言われて拒絶したことを理由に、雇い止めの通告がされた。残りの2週間の週2日分の給与を前払いする条件でサインさせられた。

　当初は離職票に「会社都合」となると聞いていたが、後で送られてきた離職票には「本人都合」に書き替えられていた。住居確保給付金の支給対象になるはずなのだが、いまだに給付申請が受理されていない。役所もハローワークも、「会社都合」でないと受理できないと主張している。来週に林治弁護士と一緒に渋谷区役所に同行する。

　最近、同様の相談が増えている。7月に入り非正規や派遣就労の現場は仕

事がない状態だ。先週からやり取りしている相談者は正規の営業職だが給与が激減している。さまざまな給付金制度は使いやすくなったが、給与が激減したり失職した人の多くは給付対象となり苦しんでいる。今朝の新聞に「コロナ禍の中、生活が苦しくなった世帯が無利子で借りられる『緊急小口資金』の申請が殺到し、リーマンショック時の何と80倍」という記事が載った。事態はさらにさらに深刻化している。

　14時に「もやい」と「新宿ごはんプラス」合同の都庁下での相談会に合流し、一昨日の夜に大阪からSOSがあり、昨日、東京に戻ってきた人と今後の生活相談をした。

　問題が複雑化していて、溢れる社会と人生の怒りと哀しみが止まらない。優先順位を決めて、一つずつステップを踏みながら解決しようと1時間かけて提案した。今日の「新宿ごはんプラス」もパルシステム生活協同組合の多くの仲間がボランティアで参加してくれた。疲れる相談の後でのパルシステムの仲間との会話は疲れを癒してくれる。

　16時30分に板橋区の埼玉県境の駅で昨晩遅くにSOSメールを受けた相談者との待ち合わせ。だが相談者は来なかった。最近このようなパターンが増えている。社会の底が抜けてしまったようでたまらなく寂しい。

7月31日(金)｜支援現場のリアルな状況を報告

　今日は朝10時より、日曜日に新宿駅からSOSを受けて給付支援した20代の青年と一緒に生活保護申請に同行する予定だったが、自宅を出発する直前に「身体の調子が悪く来週に延期してください」とのメールが入る。

　13時からは厚生労働省記者クラブに移動し、8月8日(土)に開催される「コロナ災害を乗り越えるいのちとくらしを守る何でも相談会第3弾」の記者会見に参加した。私からはコロナ禍で仕事を失い困窮する人が増えている支援現場のリアルな状況を報告した。

　その後、「反貧困ネットワーク」事務所で他の相談者の明日以降のアセスメント計画づくりと電話連絡を行う。18歳の少年もアパート転宅に向けて大詰めだ。事務所を出て帰宅しようとしたら、昨晩21時頃にSOSを受けた女性からのメールが届いた。この間、私たちの相談フォームには性風俗で働く女性からのSOSが続いている。

　4月の緊急事態宣言以後は仕事がなくなり、6月以降は戻りつつあったが、

7月以降はまた激減し、最近は客数の大幅減少でお店に出勤しても収入ゼロが続いているという。ネットカフェで泊まりながら出勤する人も多い。今回の感染拡大でお店自体が閉店を余儀なくされる事態が続発するのではと危惧している。

　SOSを受けた女性には、夜から朝にかけて給付金支援と生活保護申請同行の提案を行った。17時ごろに返信があり、18時30分頃に待ち合わせした。ビジネスホテルでゆっくり泊まってもらい、来週の月曜日に生活保護申請に同行する。月曜日は同じ境遇にある相談者の生保申請同行がある。「つくろい東京ファンド」のメンバーと分担して申請同行する。8月は私たち支援者にとって大忙しになるのは確実だ。

キュポ・ラ広場の「働く喜び」像。

COVID-19

2020年

8月

2020 年 8 月 31 日現在
新型コロナウイルス感染症

感染者：67,865 例／死亡者：1,279 名

（※厚生労働省の HP から「新型コロナウイルス感染症の現在の状況と厚生労働省の対応について」

https://www.mhlw.go.jp/stf/seisakunitsuite/bunya/0000121431_00086.html）

衆議院第一議員会館。2020 年 8 月 19 日。

8月3日（月）｜いつ消えてしまうか分からない

　「いままでだって独りだった。これからも私なんか誰もわからない所でひっそり生きて、死んでいく。でも生き続けることができない不安」。遠くの町のネットカフェを転々しながら何日も続けて届いた20代前半の女性Sさんからのメール。6月9日に神奈川県の＊＊駅でやっと会えた。今日は2回目の生活保護費の支給日。大人や地域社会の不信感は強く、細い線であってもつながり続けている。

　彼女はいまだに家具什器費も使わずにいた。部屋には何もない。「家具や食器や電化製品と食器をそろえよう」といっても、今までの期間、揃えることができなかった。「いつ私は消えてしまうか分からない。荷物を持たない方が良い」。でも彼女はいま暮らすアパートでとりあえず生きてみようと考えている。

　一緒に家具店に行った。若い女性らしく、安くても可愛くおしゃれでアジアンテイストの食器を手に取る。ありきたりの寝具セットではなく「ハンモックは駄目かな？」と2人で笑った。「い草のゴザも良いけど寝具で認めてもらえないかな」とか楽しくおかしな家具什器選びかもしれないけれど、上限金額に収めるから認めてほしいな。彼女は一歩づつ前を向いて歩き始めている。私も信用されない大人の一人かもしれないけれど伴走しようと思っている。

　多くの若者たちが、正規社員の職に就けず安心できる住まいもなく、ブラック企業で道具のように働かせられ捨てられた。二度と繰り返すことのないようにしたいが、私たちの力ではどうすることもできない。追い詰められた人間を、門前払いする地獄絵図が展開されている。新自由主義グローバリストの政治家たちの責任は大きい。

8月6日（木）｜早くベトナムに帰してあげたい

　先週末から今までのところ、日本国籍の人からの新規SOSは減少している。一方で公的支援から除外された外国人からのSOSが急増している。最低限の生活も保障されないまま放置され続けている外国人がさまざまな地域にいる。今日だけで4件のSOSが届いた。

　その上、献身的に外国人を支援している小さな団体や個人からのSOSが連続して届いている。自宅の部屋を提供して食料援助と財政的援助する。地域

の人から路上で外国人が途方に暮れている、橋の下で外国人が寝ている、と連絡が入る。また飛んで行く。財政的にも心身も擦り減らしながら「誰一人見捨てない」仲間がいる。だから仲間からのSOSにも飛んで行く。

大田区で以前、生活保護申請同行し、現在アパート転宅している男性宅に訪問した後、港区芝公園にある日新窟というお寺に向かう。在日ベトナム仏教信者会とともに、ベトナム人留学生や研修生、技能実習生の支援を行っている。昨日、日新窟を拠点にNPO法人「日越ともいき支援会」を結成し支援活動を行なっている吉水慈豊さんからSOSが入った。「生活困窮に苦しむベトナムの若者たち16人を日新窟で預かっている。全員お金がない。助けてほしい」。送金して解決しようと考えたが、状況を把握することと今後の「日越ともいき支援会」との関係づくりが必要と考え、「移住者と連帯する全国ネットワーク（移住連）」の稲葉奈々子さんと一緒に訪問した。10人の若者たちが待っていてくれ、一人一人の状況を直接聴かせてもらった。

多くは技能実習生だ。縫製やうどん工場で働いていたが、給料から毎月2万円ピンはねされ失業手当もでない。経営が厳しくなると真っ先に解雇される。20代の青年は鳶職で働いていた。社長に鉄パイプで殴られて指を骨折し腕に深く切り傷があった。

昨日、吉水さんは5人を保護した。「お金がない・住むところがない・仕事がない」元技能実習生だ。出頭して仮放免で短期ビザになった若者たちだ。コロナ禍で学費が払えず退学した留学生もいた。失踪した若者たちが出頭すると仮放免となる。現在は短期ビザになるが就労不可だ。このような状況の若者が激増している。「せめて出国する日まで就労できるようにしてほしい。そうでなければ国が住む場所と食べることを支援してほしい」と吉永さんは言う。

今日は一人一人に状況を聞いた後に1人当たり2万円の給付金を手渡した。ある女性はお金が入った封筒をそのまま吉水さんに手渡して言った。「このお金はベトナムに帰る時の飛行機代のために預かってください」。吉水さんと私は言った。「ちゃんと食べなきゃ駄目だよ」。女性は泣いた。現在、飛行機代が高くなり2万円ではベトナムに帰れない。吉水さんが言った。「私たちも何とかお金貯めるから無理しちゃ駄目だよ」。皆で涙を流してしまった。早くベトナムに帰してあげたい。

帰宅して夜中の0時ごろに、通訳してくれた大学生の女性からメールが来た。彼女の生活も困窮している。コロナ禍でアルバイトがなくなり、家賃と

学費が払えない。彼女は高校生の時にドラえもんの漫画を読んで「日本は夢をかなえられる国だ」と思い、18歳の時に一人で日本に来たという。彼女からのメールにはこう書かれていた。

「日本での生活の楽しみや悲しむ、苦しみを味わった私は日本のことが好きになりました。将来、母国との架け橋になれればいいなと思っています。しかし、コロナウィルスの影響で生活は困難な状況に陥ってしまいました。瀬戸さんからの暖かい支援を感謝しています」

私は「今の日本が皆さんを苦しめていることについて申し訳ないと思います。ごめんなさい」と答えるしかなかった。そしてこう続けた。「以前は毎年のようにベトナムに行っていましたが、本当に親切にしていただいたこと、おいしすぎるベトナム料理、ハンモックで寝ているおじさんや一生懸命働いているおじさんの風景と会話が大好きです。皆さんの生きる権利を守るために頑張ります」

8月8日(土)│悪い例の先輩だけど頑張れ

17歳の少年K君からのSOSを受けたのは5月13日だった。あれから約3カ月近くたつ。今日で新たな人生のスタート地点に発った。東京の芸能プロダクションのモデル・オーディションに合格し、高校を休学して地方の町から上京した少年だ。アパートを借りてアルバイトしながらレッスンを受ける計画だったが、上京した途端にコロナ感染が拡大し、全てが狂った。アパートの家賃は払えない。シングルマザーの母に頼れない。所持金200円になり、すがる思いでSOSをくれた。

彼の生活保護申請に同行し、住んでいたアパートを退去して個室シェルターに移った。7月20日にアパートが借りられる18歳の誕生日を迎え、自立生活サポートセンター「もやい」の土田功光さんが超スピードで、少年お気に入りの新築同様のおしゃれなアパートを探してくれた。昨日、正式契約を終えて、今日は企業組合「あうん」で家具什器や布団やカーテンをそろえた。お盆休みに入った時期なので、運べる荷物は昨日と今日に分けて私の自家用車で運んだ。

私の車で、尾崎豊のデビューアルバムの「17歳の地図」が流れた。若い頃に社会や学校の中で感じる葛藤や抵抗と心の叫びを表現した尾崎の話をしてみた。知らないと思っていたけれど、K君は「オザキ」を知っていた。特に「I

LOVE YOU」は 35 年以上もたつのに、今でも 10 代に歌い継がれているそうだ。K 君にとっての「17 歳の地図」は、死ぬかなと思って必死にメールした SOS なのだ。今日からまた新たなスタートを踏み出す。コロナ禍で大変な時代を生きていく。

　今日は K 君を「新宿ごはんプラス」と「TENOHASHI」の路上相談会に連れて行った。K 君は言った。「必ず有名になって 17 歳の頃に多くの人に助けられたんですよ！と言いますね」。そして「僕も人助けができるように頑張ります」と答えた。「TENOHASHI」の相談会の時に横に座っていた「れいわ新選組」の山本太郎さんが自分のことを「悪い例の先輩だけど頑張れ」と笑った。

8月13日（木）｜虹の橋を渡って天国で幸せになるんだよ

　一昨夜に多摩地域の＊＊駅から SOS を受けた 20 代の S さんと一緒に＊＊区の福祉事務所での生活保護申請に同行した。S さんは素直で礼儀正しい青年だ。サッカーのコーチになるのが夢だったが、高校を卒業した時に正規職に就けず、現在まで非正規や派遣労働を転々としてきた。S さんは 3 年前に同じ多摩地域の＊＊市で生保を利用したが、劣悪な無料低額宿泊所（無低）に入所させられた。そこで過酷な集団生活を強いられ手元に月 2 万円しか残らず逃げるしかなくなった。

　その後はネットカフェ暮らしを続けてきた。今日の生保申請の際にも「無低から失踪した理由」を何回も年配の相談員から聞かれた。相談員は「ビジネスホテルに一時宿泊させ、アパートに転宅すればそれで終わりで良いと思わない」と強調。「ちゃんと家計管理や、少し嫌なことがあっても大人社会で生きていくためには我慢しなければいけない時だってある。自立支援センターで頑張ってみるという方法もあるんだ」と言う。

　相談員がすすめる自立支援センターは私も知っていて最大入所期間は 6 カ月間で都内に 5 カ所ある。相談員に勧められた自立センターは自主事業として居宅支援事業に取り組んでいる東京援護協会が東京都から委託され＊＊区で運営している。一般的な悪質な無低とは違う。しかし相部屋だ。結果的に S さんの希望通り、ビジネスホテル→アパート転宅の方針で進めることになった。今日から 1 カ月間ビジネスホテルに宿泊し、私も責任を持ってアパート転宅の作業を進めることになった。

　生活保護申請が終わり、外に出ようとしたら空は真っ暗になってすごい雷

が鳴った。ゲリラ豪雨状態だ。しばらく外に出られない。濡れたスマホに非通知の着信が鳴ったが迅速に出られなかった。とても嫌な予感がした。

1時間後に「反貧困犬猫部」の雨宮処凛さんから電話があった。3カ月近くサポートしてきた18歳の老犬チワワが息を引き取った。最期に雨宮さんが立ち会ってくれた。5月中旬に路上で老犬チワワと一緒に住まいを失った女性からのSOSで出会って以来、チワワは飼い主と抱きしめ合うようにして一生懸命生きてきた。ちょうど、東京の空には虹がかかった。虹の橋を渡って天国で幸せになるんだよ。本当にありがとう。

8月14日（金）｜死にたくないけど死んじゃう

19時過ぎに届いたSOS！　所持金が200円しかないと書いてある。所持金が1,000円を切って野宿生活になる場合はできる限り、その日中に現場に向かうことにしている。今晩、待っていた青年Mさんは、昨晩から池袋の公園で野宿していた。新宿区は東京都の通達を無視してまでウソをついてネットカフェ難民87人を緊急避難先であるビジネスホテルから追い出した。Mさんはその1人だ。6月以降は友人の家に泊めてもらいながらスポットで働いていたが、その友人も仕事がなくなり家を出るしかなくなった。その後、再開されたネットカフェで暮らしていたが所持金が尽き野宿生活になった。

Mさんは以前、生活保護を利用したことがある。一度目は悪名高い"貧困ビジネス"民間団体の無低に入らされた。ここは10年前に約2,000人の生活保護受給者らから多額の利用料を集め約5億円の所得を隠したとしてニュースになったことがある。埼玉県や千葉市の宿泊所の入所者の金銭を無断で管理し、劣悪な運営で逃げ出す入所者も多い。

Mさんによると当時、新宿駅周辺で困っていた時に声をかけられ、そのまま車に乗せられ、生活保護申請に団体の職員が同行しそのまま入れられたという。最後は施設長から「お金を貸してほしい」と言われ、所持金のほとんどを吸い取られ失踪したとも。もう一度は、あるドヤにある無低で入所者の同僚から執拗な暴力的ないじめにあって失踪した。この2回の経験はMさんに集団生活に対する恐怖感を持たせることになった。

Mさんに来週はどこで生活保護申請に行くか希望を聞いた。4カ所の区名が上がった。既に大半の区がビジネスホテルの斡旋を中止し始めていて無低か自立支援センターなどの入所しか選択肢がない。ビジネスホテルが斡旋さ

れても転宅できるアパートがほぼない区も増えている。

M さんの壮絶な失踪経験を聞くとビジネスホテルを斡旋してもらえる自治体を選択するしかない。こんなことでは生保申請先が偏るのは当たり前だ。悪質な対応で申請希望者を追い返す自治体を改善することはなかなか難しい。でも M さんにとって三度目となる人権侵害は絶対にさせない。相談者の人権を守ることが最優先だから。

M さんが言った。「新宿駅バスタの構内で『助けて』と紙を掲げている 40代の男性がいました。でも誰も声をかけないんです。私は声をかけたくても自分も同じなので声をかけられなかった」。移動中の車の窓越しにキャリーを持ち路上にうずくまり泣き出しそうな女性が見えた。コロナ感染再拡大で人もまばらになった東京の町に取り残された人々が泣いている。「死にたくないけど死んじゃう」

8月15日(土) | " 貧困ビジネス " に丸投げで良いのか

住まいを喪失しているので当面の宿泊費と生活費を支援してほしいとのSOS を受け、夕方、都庁近くでで 50 代の男性 J さんと待ち合わせした。足に障害がありゆっくり歩いてくる。＊＊区で生保を利用しているが、数日前に失踪して野宿生活を続けていたという。生保申請時の条件が無料低額宿泊所（無低）に入所することだった。

足が悪い J さんはバリアフリー対応の施設を求めたが、「そんな施設は空いていない」と断られた。部屋もベニヤをつけて個室にしただけの劣悪な環境に耐えられなかった。週末は役所が空いていないので、ビジネスホテルでゆっくり休んでもらい、週明けに担当ケースワーカーと面談し、今後とバリアフリー、もしくは段差の少ない個室を求めることにした。

新宿から埼玉県中央部にある H 市に向かった。20 代の M 君の悲痛な SOS だった。離島から首都圏にでて働きに出てきた。しかし、寮付きの住み込み派遣しか仕事がなかった。コロナの影響で寮付き派遣を追い出され、埼玉県中東部にある A 市で生保申請し 5 月から利用開始している。

ここでも生保受理の条件が施設入所だった。M 君が入所させられたのは最寄りの駅から徒歩 50 分、A 市役所に通うには 2 時間もかかる H 市の悪用高い運営団体が運営する無低に入所させられた。A 市の生活保護費は 105,000円。運営団体に施設費用として 79,000 円が徴収される。食事も 2 食のはず

だが、大した理由もなく"制裁"と称して1日1食にさせられる。携帯電話代を引けば手元に残るお金は1万円を切る。求職活動の交通費も捻出できない。21時の門限を3回破ったら強制退去だ。ケースワーカー面談は一度もなし。全て運営団体に丸投げだ。来週、市役所に一緒に行き、ケースワーカーや上司に実状を報告し、アパート転居を要求する。生保利用は無低入所を絶対条件にするが、入所させられた無低は強制収容所だ。福祉事務所は"貧困ビジネス"の権化となった悪質な運営団体に丸投げするだけで良いのか!

8月17日（月）｜生活保護は権利です

お盆明けの月曜日、夜中から朝にかけて「コロナ災害緊急アクション」の相談フォームに3件のSOSが入った。今週は相談対応と緊急アクションの院内集会・政府交渉など予定が事前に埋まりつつある。SOS対応は先送りにできない。しかも所持金300円とか、既に路上生活となっていると聞けば、その日のうちに会いに行くしかない。

「緊急ささえあい基金」でビジネスホテルに泊まった2人。今日は13時にIさん、15時過ぎにSさんと福祉事務所で待ち合わせしたが、結局、現れなかった。2人とも携帯を持っていない。IさんもSさんも生活保護の利用経験者だ。一人で福祉事務所に行き、結局、施設に入所させられ集団生活に耐えられなくなった。施設内でいじめを受け、現金をピンハネされ、就職活動やアパート転宅の費用をためられなかった。

Sさんはパルシステムで開催した大人食堂にも来ていた人だ。私より重い足の障害がある。以前の生保申請時には、歩くのがやっとなのに段差だらけの施設に入所するしかないと言われた。家を失った人の生活保護の現状は「施設収容」でしかなく、「人権」とう言葉は見当たらない。

私たちが「生活保護は権利です」と言っても認めようとしない。「人間らしく生きる権利」は死語になってしまったのだろうか。Sさんは今晩、足を引きずりながらどこの公園で寝ているのだろう。Iさん、Sさん、今度連絡があったらまた会いに行くよ。待ってます。

8月18日（火）｜面接に行きたくても交通費がない

先週土曜日に書いた20代のM君は上尾市で生活保護申請したが、なぜか

遠く離れた東松山市の無料低額宿泊（無低）に入所させられている。今日は、「生保受理は強制収容所のような無低への入所が絶対条件」と言われた彼と一緒に上尾市生活支援課に訪問した。M君は5月7日に申請が受理され、19日後に生活保護が決定されたが、その後、一度もM君の面談は行われなかった。そのせいで、最寄り駅から徒歩50分、上尾市役所に通うには2時間もかかる施設に入所することになってしまった。担当のケースワーカーはそのことを今日初めて知った。

　面談の冒頭、ケースワーカーはM君に「就労先の紹介をたくさんしたよね」と言い始めた。でも、紹介先企業は「寮付き派遣」ばかりだった。M君は生活保護費を受給した後もほとんど所持金がない。面接に行きたくても交通費がなく面接会場に行けない。ケースワーカーはそのことをまったく知らなかった。

　上尾市の生活保護費105,000円のうち、住宅費・食費・光熱費・管理費など合計79,000円が毎月施設側に徴収される。携帯電話代を差し引けばM君の所持金は月1万円を切る。問題は強制収容所のような"貧困ビジネス"が入所者をどれだけ苦しめているのか行政側が知らないことだ。私たちのような支援者がSOSを受けて同行して問題化するまで、なぜ、実状把握しようとしないのか？

　現在の福祉行政は、コロナの影響で仕事を失なったが、「働きたい」と願う20代の青年を悪質な施設に収容し、集団生活を強要することしかしない。集団生活を脱するには寮付き派遣の仕事しかないとも。なぜ、そんなことを言いきるのか！　M君は運転免許だけでなくフォークリフトも運転できる。パルシステムの現場での就労先も紹介してもらいながら、転居先を決めてアパートを早期に探しに行くことにしている。沖縄の離島出身で独りで頑張ってきたM君に「もう独りじゃないよ」と言いたい。これから楽しいことはいっぱいある。暫くは貧乏かもしれないけれどもう貧困じゃない。

8月20日(木) ｜ いつか生活再建して帰りたい

　TBSによる私たちの活動の密着レポート報道は、昨晩の「NEWS23」のみと思っていたのに、今日も昼間から夕方までさまざまな番組で繰り返し放映された。肩書きが「反貧困ネットワーク」事務局長になっていたので、今日は朝から晩まで「反貧困ネットワーク」への電話が鳴りやまなかった。大半

は「私たちの会社で仕事しませんか」と言う 15 社を超える仕事紹介で、5 件くらいは住まいの提供案件だ。中には「カネ配って甘やかすな。自己責任だろ！」という激しいクレームの電話も複数あった。緊急 SOS も増えている。「コロナ災害緊急アクション」のスタッフにとって怒涛の 1 日だった。

午前は豊島区役所に一昨日に池袋周辺から SOS があり宿泊費支援した 20 代前半の男性の生活保護申請に同行。東北出身で派遣先のコールセンターから雇い止めにあった。職歴を聞いたら専門職のスキルもあり、コロナが落ち着いたら就職先も期待できる。希望は沢山ある。

申請自体は 1 時間程で受理され、1 カ月間ビジネスホテルに宿泊して、その間にアパート転宅に向けての作業を完了させる。アパート転宅を私たち団体に丸投げする自治体が多いが今回は違った。「TOKYO チャレンジネット」が住居確保相談事業でアパート転居支援事業が開始され、アパート転宅に取り組む旨の通知文書が説明された。もし各自治体がアパート転宅事業に「TOKYO チャレンジネット」と連携して取り組んでもらえるのであれば、私たちの負担も軽減されるし、多くの申請同行できない困窮者にとっても朗報だ。ぜひ全力で取り組んでほしい。

午後からは横浜市で多重債務を抱え生活保護を受けていない相談者の対応について、「寿医療班」の森英夫さんら地元の支援者も一緒に、弁護士や担当ケースワーカーと対策協議した。家賃が住宅扶助費を大幅に超えている。これでは生活費を捻出できない。早急なアパート転宅と債務整理など「緊急アクション」に寄せられる SOS の幅は広い。

その後は市内の別の場所に移動し、5 月初旬に公園で所持金 50 円で野宿し SOS を発した女性の近況を聞きに行った。現在は市内のアパートに転宅している。とても元気だが、コールセンターの仕事はほとんど戻っていないようだ。アパート転宅で終了したわけでなく、少しづつでも孤立しないようフォローしていこう。

夜は蒲田駅近くで所持金 300 円の青年から SOS が入った。以前は正社員で働いていたが、今は路上とネットカフェでの宿泊を繰り返している。免許はある。私の故郷の小田原市に近い自治体の出身だ。懐かしい故郷には事情があって帰れないが、いつか生活再建して帰りたいと言う。もう一度、子どもと会いたいと言う。明日はスポットで派遣に入れる。やっぱり生活保護を利用してアパートに住んで生活再建のスタートに立とうと提案、来週に生保申請に同行することになった。いつの日にか西湘バイパスを車で走らせ、子ど

もに会いに行こう。

8月21日（金） | ハンバーグを食べる「優しい時間」

　今晩 SOS を受け、駆けつけた先で待っていたのは 20 代の女性 M さんだった。所持金もなく朝食のマクドナルドのポテトしか食事をとっておらずお腹を空かしていた。高校に行かせてもらうこともできず、15 歳から家を出ることを許されず、生きる力をそがれてきた。「学ぶ権利」と「楽しく生きる権利」を奪われてきた。勇気を奮って家を出た。「生きたい」と思ったからだ。

　だが、M さんは数日前まで死のうと思っていた。それが生きていたいと思い直し、「コロナ災害緊急アクション」の相談フォームにメールした。必死だったがおびえもあった。お腹が減っていた M さんに「何が食べたい？」と聞くと、「ハンバーグ」と答えたのでファミレスに向かった。久しぶりに、ハンバーグを食べておいしいと感じる時間、孤独でもつらくもない「優しい時間」を過ごした。たった一度だけ一人旅に出掛けた時の手作りのアルバムを見せてくれた。一つ一つの写真の思い出を聞いた。

　来週、一緒に福祉事務所に行くことを約束。彼女の住みたい場所とその理由を聞き、生活保護申請とその後の自立支援の組み合わを考えた。清掃の仕事など、すぐ就労することは可能な仕事はあるかもしれないけれど、これまで失った時間を少しだけでも取り戻してもらいたいと思う。学ぶ時間を取り戻してあげたいとも思う。1 日でも良いから旅に出かけて「生きていて良かった」と思えるように…

8月23日（日） | このまま死んでいいのか

　今日は葛飾区四ツ木にある「NPO アデイアベバ・エチオピア協会」を訪問した。エチオピア人は東京に 170 人いるが、その多くは東京都葛飾区に住んでいる。難民で 2 〜 10 年間住んでいるが、医療保険や就労許可のない人が 15 人いる。多くは、複数で狭いアパートで暮らし、週 1 回の食料配布の日に教会の事務所にやって来る。

　「仕事ができないため、保険証がなく病院に行けないことがつらい」。ヒアリングでいちばん多い声だ。「電車賃や家賃も払えずマスクも携帯代を支払うお金もない」「外にも出れず家にいるしかなく、精神的に苦痛を感じ頭が痛い」

「難民申請中の男性 4 人と同居しているが、シャワーのない 1K 6 畳くらいの部屋でプライバシーがない」「みんな仕事ができる。税金を払って生活がしたい。ビザの問題を改善してほしい」と訴える。日本政府に彼らの叫びを聞いてほしい。

とりあえず「緊急ささえあい基金」の緊急給付を 15 人全員に行うことを決めた。しかし、「当面の間の支援」でしかない。先日お会いしたベトナムの元技能実習生は「今すぐにでも帰りたい」と泣いていた。エチオピアの人たちには「帰れない・帰らない」理由がある。私たちの民間支援には限界があるのは事実、食料支援や NPO が進める事業支援と個人給付を組み合わせながら「生き続ける支援」を続けていく。本当に政府は動いてほしい。このまま死んでいいのか！　殺すな！

8 月 25 日（火）｜強制収容所から脱出したい

午前は豊島区役所を訪問。TBS のニュース報道にも登場した 20 代の S さんのケースワーカー面談だ。八王子駅から SOS を発し、8 月 14 日に生活保護申請に同行。申請受理後のケースワーカー面談は 2 回目になる。今日も前払い金の手渡しのみで、2 日後に決定の見込みだという。先週、別の相談者の生保申請受理の際、担当ケースワーカーからアパート転宅を「TOKYO チャレンジネット」と区が連携して行うとの説明があったはずだ。

だが、今日の担当ケースワーカーは「そんな話は聞いていない」とキョトンしている。生保の申請受理から決定までの期間も長いし、アパート転宅を理由とする他区への移管にも否定的だ。何でこんなに担当ケースワーカーによって対応が違うのだろう。

その後、沖縄石垣島出身の M 君と池袋で待ち合わせ。埼玉・東松山の強制収容所みたいな無料低額宿泊所（無低）から遠路はるばるやって来た。彼の職場体験のため企業組合「あうん」を訪問する。訪問前に、まったく東京見物の経験がない M 君を連れて浅草見物に向ったが、またまた SOS が入った。

台東区山谷からだ。車で 10 分、SOS 着信から最短時間 30 分で待ち合わせ場所の映画喫茶「泪橋ホール」前に到着した。待っていたのは元教師の N さん。温厚で面倒見の良い先生だったに違いない。学校の教育方針に反発し学校を辞めた。コロナ禍の甚大なる影響を受けて、日払いの仕事で命をつないできたが力尽きた。ここ 4 日間何も食べていない。緊急小口資金は早くても今週

末の給付なので生活給付金を渡してつないでもらう。

「泪橋ホール」の店主である多田裕美子さんを紹介した。多田さんは20代から写真を仕事とし、2016年には山谷に暮らす男性たちのポートレートと文章をまとめた著書『山谷 ヤマの男』（筑摩書房）を出版した。私も多田さん本人から購入した。「泪橋ホール」は古い映画を中心にドキュメンタリーフィルムやさまざまなジャンルのライブ・パフォーマンスも上演し、おいしい餃子が食べられる。

再びM君を連れて、荒川区にある企業組合「あうん」での職場見学に向かう。M君は東松山の強制収容所のような無低に収容され、担当ケースワーカーの面談もなく放置されていた。生活保護費の3分の2を施設に徴収され、人権も保障されない状態でSOSを発し、先週上尾市に同行した。市には、私たちが他の地域でのアパート転宅と移管を行い施設収容から脱出させることを通告した。

M君はトラックの運転ができる。「あうん」の働き方の理念は「一人一人が主体となりお互いに支えあう仕事づくり、みんなが対等な関係に立った仕事づくり、誰でも参加できる仕事づくり」だ。M君は来週正式に面接を受け、同時並行で荒川区でアパート転宅の作業を開始する。早期に強制収容所からの脱出を成功させよう。

今日は私の職場のパルシステム生活協同組合連合会の地域活動委員会の藤田順子委員長、西村陽子副委員長、連合会とパルシステム東京の職員計8人が「あうん」の事業視察に訪れる。「あうん」の事業は「便利屋・リサイクルショップ・資源買取り・どっこい食堂」と幅広い。一人一人が平等に労働と経営に携わり、「命」と「暮らし」を自分たちで守る共同事業を行なっている。「あうん」とパルシステムの連携をできることから始めよう。

8月27日（木）｜たくさん旅に出かけ猫と暮らしたい

午前は豊島区役所で生保申請同行した20代の青年2人のケースワーカー面談に立ち合う。2人とも生保利用決定通知を渡され、正式に来週月曜日に自立生活サポートセンター「もやい」を訪問し、埼玉県東松山市の劣悪な施設に強制収容されているM君を含め3人のアパート転宅の打ち合わせを行う。2人は携帯電話を持っていない。契約時に間に合うように準備しよう。

お昼前に新宿歌舞伎町TOHOシネマ前で、先週金曜日にSOSを受けて緊急

支援した 20 代の女性 S さんと待ち合わせし、一緒に横浜市伊勢佐木町方面に向かった。軽度の障害があるだけで高校に行かせてもらえず、生きる力をそがれてきた。「学ぶ権利」と「楽しく生きる権利」を奪われた女性だ。一度は自殺を考えたが、やはり生きていようと考え直し、「緊急アクション」の相談フォームにメールした。

今日は本来、S さんが希望した自治体で生活保護申請に役所に行く予定だったが、取り止めた。この自治体の知り合いの女性相談員に事前確認したら、生保申請すると施設に入所させられ、しばらくは携帯電話を取り上げられるという。15 歳の時から狭い部屋に閉じ込められた女性の唯一の楽しみは、大好きなアイドルの動画を見ることとゲームソフトで展開される壮大な物語を通じて旅に出かける夢を見ることだ。

これ以上、彼女を苦しめる訳にはいかない。私の地元では、S さんの障害を理解し専門的に対応してくれる自由な雰囲気のシェアハウスを友人が運営している。就労支援事業所も併設していて居住先として部屋を用意してくれた。S さんは大喜びだ。独りぼっちじゃなくてこれからは友だちがいる。これから焦らずに学んでいけばいい。いろんな体験もできる。S さんの夢はたくさん旅に出ることと大好きな猫と一緒に暮らすことだ。明日、生保申請同行した後に体験宿泊から始める。

今日は、これまで失った時間を少しだけでも取り戻してあげたいと思い、S さんが一度でも良いから旅したいと思っていた横浜市の観光スポットを回ることにした。ゲームソフトに出てくる "聖地" の伊勢佐木町から日の出町を探索し、孤独な時間ではない「優しい時間」を過ごした。車の中で中島みゆきの「糸」を一緒に歌う。S さんは「生きていて良かった」と笑ってくれた。

8月30日（日）｜このままでは力尽きてしまう

今日も 4 人の相談者からの SOS 対応。最初の SOS は 20 代の女性からだ。品川区＊＊駅近くで待ち合わせしたが、コロナの影響で仕事がなくなり、明日にはライフラインと携帯が止まってしまうという。暑すぎる夏は終わらず、携帯が止まると就職活動に影響が出る。「今後の生活再建は後回しでも良いから早く支払いを終わらせよう」と給付金を渡した。とりあえず間に合って良かった。

品川区から 2 人目の SOS をくれた 40 代の青年に会いに赤羽駅に向かう。T

シャツが汗にまみれて汚れていた。長い間、夏の暑い公園で寝泊まりしていたのだろう。2週間以上、公園で寝泊まりしながら、たまにしかない日雇い派遣の仕事で食つないでいたという。昨年末までは正社員で働いていたが、理由があって退職。数年前にくも膜下出血で倒れた影響もあったらしい。

イベント設営の仕事で9月5日に給料が入金されるというが、今はお腹が減り風呂にも入っていない。「このままでは力尽きてしまう」と彼は泣いた。差し当たり9月5日までのビジネスホテル代と食費を渡した。今日はゆっくり風呂に入って汗を落としてご飯をしっかり食べてほしい。私が何回も「あなたが悪いのではない。これからだってやり直せる」と話すと、彼は「死のうと思ったんです。でも死ななくて良かった」。いつまでも泣き続けていた。

自宅に帰ってから、ほっとしていたらパソコンからSOSアラートが鳴った。大阪の女性からだ。昨年11月に会社の業績悪化によって全員解雇され、2カ月分の給料も解雇予告手当ても未払いのまま会社に逃げられた。貯金も底をついた。現在は何とか仕事に就けたが給料日は17日後だ。火曜日までの通勤交通費はあるが、他に使えるお金がない。数週間、お米と具なしの味噌汁だけの生活を送った。飼っている猫だけは助けたいが、キャットフードももう買ってあげられないと言う。

大阪では駆けつけることができない。とりあえず電話して緊急性が高いことを確認。原則は会った上でアセスメントするのだが、電話で今後の生活相談を行いアセスメントを完了させた。緊急振込の上、「反貧困犬猫部」の雨宮処凛さんと協議して2カ月分のキャットフードを宅配することにした。電話の向こうで彼女は泣いていた。彼女から返事が届いた。「今回のことで、ペットと離れるという現実と向き合わねばならなくなり胸が千切れる思いでした。素晴らしいチームに助けていただき、これからもペットと生きていけること、生涯忘れられないです」。東京の空から大阪の空へ、いのちをつなぎ合うわれわれの"野戦病院"にいつ休息の時間は訪れるのか。

COVID-19

2020年
9月

2020 年 9 月 30 日現在
新型コロナウイルス感染症
感染者：83,013 例／死亡者：1,564 名

（※厚生労働省の HP から「新型コロナウイルス感染症の現在の状況と厚生労働省の対応について」

https://www.mhlw.go.jp/stf/seisakunitsuite/bunya/0000121431_00086.html）

2020 年 9 月 8 日に開催された「反貧困ネットワーク全国集会 2020」。

9月1日（火）｜これからも伴走して行こう

　夕方になってしまったが、3年間にわたってサポートしてきた自主避難の
シングルマザーMさんが、大和市から都内東部＊＊区に転居したので会いに
行く。生活保護申請に一人で行って"水際作戦"で撃退され、SOSが「避難
の協同センター」に入った。申請を拒否されたのは長男のバイト代と障害が
あるMさんの軽自動車の保有が理由だったが、なんとか掛け合い生保の利用
を認めさせた。その後も軽自動車の所有についての圧力は続いたがこれも撃
退した。

　長男は世帯分離して、無事に地方の大学に進学した。しかし、コロナ感染
拡大の影響でバイト先の職場が閉鎖され、生活費や光熱費も払えなくなった。
Mさんは生活保護利用者なので経済的サポートができない。苦労して入学し
た大学での生活を経済的事情で断念させたくない。使える給付金はないか、
「避難の協同センター」や「コロナ災害緊急アクション」で支援できないかを
考えながら、これからも伴走して行こう。

9月7日（月）｜地域福祉との連携が不可欠

　今日も練馬区内のシェアハウスを訪問。午前は新宿歌舞伎町でSOSを受け
て生活保護申請に同行した20代の女性Sさんの初めてのケースワーカー訪
問がある。軽度の障害があるSさんが今後、地域で多くの人々の支え合いに
よって自立できるためには、ケースワーカーを通じた地域福祉との連携が不
可欠だ。将来的な一人暮らしをめざして、まず家計管理が一人でできるよう
にしていこう。出会って以降、Sさんから「おはよう」「おやすみ」「今日は
＊＊して過ごしていました。」などのメールが毎日届くようになった。メール
の返信を続けながらたくさんの友達ができるといいなと願っている。

　午後からは昨日＊＊区福祉に生活保護申請して門前払いされた20代の女
性Tさんを連れて、練馬区大泉福祉事務所に生活保護申請に同行する。Tさ
んも友人のKさんが運営する同じシェアハウスに「体験入居」という形で宿
泊している。Kさんが紹介してくれた地域の不動産屋さんを訪問、不動産屋
の近くにTさんもお気に入りのロフト付きのアパートが見つかり早速、予約
することができた。その後、福祉事務所で生活保護申請し、短時間で受理され、
10日後には決定通知が出されるとのこと。その日に住民票を移動しアパート

転宅準備が完了できるようにしていこう。＊＊区の対応とは違う相談員と女性ケースワーカーの温かい対応にほっと一息した。

９月９日（水）｜誰にも気づかれずに死にたかった

　今日は神奈川県＊＊市のＳさんを訪問した。親のネグレクトに耐えられず家を出て６月に生保申請同行し、アパート転宅支援した20代の女性だ。ケースワーカーからの呼び出しが数日間隔で頻繁にあった。「私は麦茶を作って飲んでるので、あなたも飲み物は買わずに麦茶を作ってください」「食器は100円均一でプラスチックなんかのものを買ってください」。話題はこんな生活指導ばかりで会うのがつらういという。

　Ｓさんから「このままなら生活保護をやめて寮付きの性風俗の店で働くしかない」とメールが来た。そこで私がケースワーカーに連絡したところ、それ以降は頻繁な呼び出し連絡はピタッと止まった。とはいえＳさんはいつ生活保護受給をやめて行方不明になってしまうか分からない。そうしことから久し振りに＊＊市に向った。以前から横浜市寿町のドヤ街を見学したいと熱望されていたので小旅行に出掛けた。

　今日の寿町も道路の端にしゃがみ込み酒を酌み交わす男性たちがいる。街を歩く人はほとんどが高齢の男性だ。以前より車イスの人が増えている感じだ。「横浜市寿生活館」では高沢幸男さん、便利屋の「寿クリーンセンター」では森英夫さんが案内してくれた。頑張って働けばまともに生活できる時代はとっくに崩れてしまった。

　20代のＳさんにとって家庭では親のネグレクト、社会にでれば自己責任社会の下での不安定雇用、ケースワーカーには「生活保護利用者はこうあるべきだ」と強いられた。Ｓさんは親や親しい人に頼れないまま、あちこちの公園を移動し、５日間も野宿しながらさまよっていたのだ。「私なんか誰にも気づかない場所で一人で死にたかったんです」。やっと会えた時にＳさんが言ったこの言葉を忘れることができない。

９月10日（木）｜仕事には就かせない

　職場のパルシステムにいたら、お昼ごろに作家の渡辺一枝さんから携帯電話が入った。新宿・高島屋からのSOSだ。職場の新大久保から新宿に向かう。

一枝さんが高島屋に買い物に行って店を出たら、広場のベンチで新聞を読んでいるＫさんがいた。Ｋさんは路上販売の雑誌「ビッグイシュー」を新宿駅西口で販売していた。一枝さんは路上生活者、もしくは元路上生活者だったおじさんたちで結成されたダンスグループ「ソケリッサ」のファンだ。以前にダンサーとして活動していたＫさんと友だちになっていた。

　以前よりも身なりが汚れていた男性は数年前に路上生活を脱出し、私の自宅からも近い＊＊区のアパートで暮らしていたのだが、アパートの大家さんの理不尽な対応に絶望して自宅を飛び出し、再び路上生活に戻ってしまった。通常はビジネスホテル→生活保護申請同行のプロセスを踏むのだが、江戸川橋にある「ビッグイシュー日本」の事務所に連絡すると東京事務所長の佐野未来さんから「シェルターが空いているよ」とうれしい返答。無事に入居できた。月曜に生保利用していた福祉事務所を訪問し、担当ケースワーカーと面談し、生保の継続を確認して再びアパート転宅できるよう支援していこう。

　今日は宮城県＊＊市からＫ君が高速バスで帰還した。先月に新宿駅でSOSを受けた時にＫ君は「数日後に宮城県で寮付き派遣の仕事がある。東京駅集合で出発することになっている」と言った。よく聞くと宮城県のどの場所なのかも聞いていない。私は「危ないからやめたほうがいい。また寮から追い出される可能性があるよ」と４回繰り返し言った。でもＫ君は宮城県に旅立った。

　１カ月が経過し今月７日にＫ君からメールが届いた。「瀬戸さんが言っていたようにやはり宮城はだめでした」。派遣先はＫ君の体温を計測し37.1度だったのを理由に「仕事には就かせない、寮も用意できない」と突き放した。仕方なく＊＊市で生活保護を申請し利用開始したが、役所から「緊急連絡先がないのなら部屋を借りれないから寮付きの仕事を見つけるように」と言われ、市営住宅に一時入居した。期限は２週間。だが、宮城県内では寮付きの仕事がほとんどなく、入居から２週間の金曜日に部屋を出ないといけない。このような理由で福祉事務所が生活保護利用者を路上に追い出すなんて考えられない。Ｋ君に再度聞いてみるよう伝えた。

　その結果、市営住宅の入居延長は認めたが、布団もエアコンも何もない部屋は相変わらずだと言う。Ｋ君は東京都内在住だったので宮城県に縁もゆかりもない。私は東京で生保を再申請してアパート転宅までを支援するから、いったん宮城県での生保をやめて高速バスで東京に戻るよう助言した。こうしてＫ君と新宿で１カ月ぶりに再会した。２人で豚骨ラーメンを食べながら

今後の打ち合わせした。今日から「つくろい東京ファンド」が用意してくれたシェルターに入居し、来週に＊＊区の福祉事務所で生活保護申請に同行することにした。

９月11日（金）｜とにかくもう学校や家には帰りたくない…

　お昼に練馬区内のシェアハウスに入居している2人の20代女性を連れて、生活保護費から支給される家具什器をそろえることを目的に、荒川区にある企業組合「あうん」を訪問した。2人とも親からの管理から逃れて東京に来て、路上生活の寸前で「緊急アクション」にSOSを発し命をつないだ。Sさんは既に最初の生活保護費を受け取った。一人暮らしができることを目標に、当面はシェアハウスで暮らす。＊＊区で門前払いされ、月曜日に練馬大泉福祉で生保申請したTさんは17日生保受給が決定する見込みだ。今日も地元の不動産屋でお気に入りのアパートに正式申し込みした。

　以前、生保申請とアパート転宅支援した18歳の少年も同様だったが、家出してきた若者たちの共通点は尾崎豊が好きなことだ。35年以上前の歌なのにいまだに歌い継がれている。車の中で「15の夜」が流れた。「〜落書きの教科書と外ばかり見てる俺　超高層ビルの上の空　届かない夢を見てる…今夜、家出の計画をたてる　とにかくもう学校や家には帰りたくない…」。世代を超えて3人で歌った。

東京・荒川区にある「リサイクルショップあうん」。

９月13日（日）｜痩せこけた顔に安堵の色

　川口市で今日も相談会を開催している「クルドを知る会」からSOSの電話が入る。かなり緊急性が高い内容なのですぐ現地に向かった。コロナの影響で仕事がなくなり、家賃滞納が続き、来週にも住まいを退去させられそうになっているクルド人家族が待っていた。小さな男の子が１人、お母さんのお腹が大きい。聞いてみると９月末に出産を控えている。母体に危険があるため、ビジネスホテルやシェルターに移すこともできない。家族が住めるシェルター自体がほとんどない。

　「緊急ささえあい基金」の適用基準外ではあるが、生まれてくる小さな命と母体を守りたい。基金運用管理委員会メンバーと持ち回り決裁を電話で行い、その場で家賃の未納分を入金し、とりあえず「いのちをつなぐ」ことはできた。しかし出産費用をどう捻出するかが今後の重たい課題だ。在留資格の関係で健康保険に加入していない家族も多い。これでは、費用の大半が補助される「出産育児一時金」が支給されずに多額の出費となる。母子手帳を持っていれば支援の対象になるはずなのに。なんとかしなければ。

　働いていても真っ先に解雇されるし、短期ビザや仮放免なので働くことが許されない外国人は住居から追い出され、路上や公園で野宿生活を余儀なくされている。今日も家賃未納で追い出しが迫っている外国人からの相談があった。民間支援の範疇を超えるレベルに来ているが「いのちをつなぐ」ためには立ち止まることができない。

　終了後、さいたま市＊＊区に向かう。広域合併でさいたま市は広くなった。最寄りの駅から15キロと、やたらに不便な場所に派遣会社の寮があった。そこで20日ほど前にSOSをくれた青年Ｓさんが待っていた。彼は「派遣会社の寮で待機中。７月22日に赴任してからいまだに仕事が決まらず食料もなく、水を飲んで餓えをしのぎ、虫の息で辛うじて生きていて、寮で餓死か自殺かを考えている」と書いてきた。寮の前で会った相談者は痩せこけていた。

　とりあえず２週間分の生活費を給付し、仕事が決まらなければ一緒に生活保護申請に同行することにして別れた。そのＳさんから先週末に連絡があった。「あれから仕事を探しましたが見つからず退寮が迫られています」。今日から「緊急ささえあい基金」でビジネスホテルに泊まってもらい水曜に生活保護申請に同行することにした。痩せこけた顔に安堵の笑顔がこぼれた。もう独りではない。

9月14日（月）｜所持金ゼロで野宿生活

　朝に深刻な相談メールが来ていた。30代の青年Hさんからだ。所持金ゼロで公園で5日間の野宿生活。既に3日間何も食べていない。先週、仕事中に細菌が足に入ったらしく、化膿が両足に広がってしまった。立っているのもやっとな状態で今は39度以上の熱が出ている。以前の派遣職の月給が13万円ほど入ることになっているが、それまで身体もお金も持ちそうにない。

　相談者Hさんと連絡をとり、無料低額診療をおこなっている病院に行ってもらったが、そこには皮膚科がなかった。紹介された皮膚科病院に傷だらけの足で歩いて向かったらしい。＊＊区の福祉事務所から皮膚科病院に駆けつけた時間は18時、Hさんは横になってうめいていた。昼間は36度台だった熱が化膿が原因で40度を超えていた。Hさんは所持金ゼロで野宿生活をしていたことを担当医に伝えていなかった。私から「所持金も住居もない」と聞いて、担当医は初めて知ったようだ。

　でも特別な対応をしてくれるわけでもなく、医療など知識がない私が考え対応するしかなかった。近くの総合病院に連絡してもらったが、今晩入院できる病床がないという。とりあえず病院横の薬局で抗生物質や解熱剤など処方箋をもらい薬を飲ませ、担当医に「しばらく横になり熱が下がるまで待たせてほしい」とお願いした。

　熱が下がらないとビジネスホテルにもチェックインできない。19時30分をすぎたころ、担当医から病院を閉めるから出ていってほしいと言われた。怒りを抑えながら皮膚科を出た。処方箋が効いたのか熱が下がっていた。自家用車にHさんを乗せて行きつけのチェーンのホテルにチェックイン。とりあえずだが見違えるほど元気になっている。明日の朝に総合病院で診察後に状況報告を聞いて今後の支援方針を決める。Hさんにはタクシーで病院に行くよう助言した。絶対に歩かないようにね。なるべく早めに生活保護を申請して安心できるアパート確保と治療を急ぎたい。

9月15日（火）｜カップ麺だけで暮らせというのか

　13時30分から、先週木曜に宮城県＊＊市から戻り「つくろい東京ファンが用意した区内のシェルターに入居しているNさんの生活保護申請に同行した。杉並区＊＊福祉事務所での女性相談員との面談は当初は順調だった。お

かしな展開に変わったのは「生保決定までの生活費の前借り金額」の件からだった。相談員から提示されたのは「保護決定までの14日間、5,000円でやり繰りしてください」だった。腰が抜けた。生活保護費支給までの間、1日358円でどうやって食べて暮らせば良いのか。カップ麺だけで暮らせというのか。

これまでも多くの自治体で「500円ルール」が横行していて私たちは改善を求めてきた。＊＊区では1日当たり2,400円を渡している。何回抗議しても「私たちの決まりですから変えられません」の一点張り。ここの福祉事務所はフードバンクは常備されておらず、2駅先の社会福祉協議会に食糧をもらいに行くしかない。押し問答が続いた時、相談員の"トンデモ発言"が飛び出した。「言っちゃなんだけど、2カ月も路上で暮らしていたんでしょ」。寡黙なNさんも真っ赤になって怒った。

正確に言えば、前職をコロナの影響で失い寮から追い出されはしたが、2カ月は路上ではなくネットカフェ暮らしを続けてきた。それにしてもトンデモナイ発言だ。謝罪を求めた。すんなり謝ったが、彼らの世代の多くが非正規や派遣でしか働く場所がなく、少ない賃金でアパートを借りることもできず、ネットカフェ暮らしか寮付き派遣の仕事で食つないできた。

コロナの影響で今日のような状況に至ったことをなぜ理解することもしないで「上から見下ろす」発言になるのか。結果的に金額は7,000円まで少しだけ引き上げられたがやっぱり納得できない。ここの福祉事務所は生活保護決定まで平均10日で決定するというので交渉は終わったが、「上から見下ろす」発言だけは絶対に許せない。

9月16日（水）│交通費もなく出勤できない

今日は午後から豊島区＊＊福祉事務所で、さいたま市＊＊区の派遣会社の寮から出てきたSさんの生活保護申請に同行した。福祉の勉強をしてきたが親の病気で進学をあきらめ、22歳で田舎を出て全国各地の寮付き製造業で暮らしてきた。福祉介護職の給料では親を支えることができないからだ。当初、派遣の給料は高かったが、年をへるにつれて下がりはじめ、コロナの影響で仕事がなくなり現在に至った。

20日前にSOSを受けて会った時には、「食料もなく、水を飲んで餓えをしのいでいる。寮で餓死か自殺かを考えている」と話していた男性だ。先週土

曜日に仕事を探したが見つからず、退寮を迫られているとの連絡を受けて迎えに行き、都内のビジネスホテルに泊まってもらい、今日を迎えた。

　豊島区＊＊福祉での対応はとても良いものだった。私が担当した人を3人も担当してくれた相談員もケースワーカーも、Sさんの事情を聴き取り、元々福祉職志望だったSさんに今後の自立に向けて丁寧に助言してくれ、ビジネスホテルを一時宿泊先として提供してくれた。他の区ではほとんど取りやめてしまったアパート転宅も取り合ってくれた。多くの自治体が同じような対応に改善してくれると良いね。

　豊島区＊＊福祉を出て、赤羽駅からSOSをもらったTさんに会いに行く。「コロナ災害緊急アクション」に参画している労働組合に相談したら、私たちにつないでくれたのだと。Tさんは東北出身、小さなタクシー会社に就職したら、直後にコロナ感染で新人から雇い止めされ寮を退去させられたという。やっと清掃の仕事に就けたが、来週の給料日まで所持金が尽きて、今日は交通費がなく出勤できなかった。最近はこのようなパターンが増えている。ネットカフェ代と当面の生活費を渡した。不安定就労とネットカフェ暮らしでは「今後も不安だな」と思いつつ、「生活保護だけは受けたくない」との本人の意思を尊重して別れた。

9月21日（月）｜コンビニ以外の食事は久しぶり

　今日は珍しく新規のSOSがない1日だった。連休明けから怒涛の生活保護申請が控えている。勤務先のパルシステム生活協同組合連合会の応接室を借りて、2人の相談者から詳細な聞き取りを行なった。1人目はアフリカにルーツを持つ日本国籍のAさん。月収8万円程の倉庫作業のアルバイトを続けているが、都内の公園で野宿を続けていることを勤務先の同僚が気づいて連絡してくれた。今日は事業所長さんがAさんを連れてきてくれた。

　Aさんはほとんど話さず、現在に至るストーリーがつかめない。それでも生活保護を利用してアパートを確保してほしい。事業所長さんや職場の同僚たちの願いもありAさんは生活保護申請することを決めたという。職場に通えてアパートも借りやすい福祉事務所で来週、生保申請することにした。

　2人目は70代の男性Pさん。繰り返しの窃盗罪で2年半の懲役を終えて地方の刑務所から出所し東京に出てきた。少年のころから貧しく、スーパーで何度も食料を万引きし刑務所に入れられた。自分一人でいくつかの福祉事務

所で冷たく追い返されたという。その度の福祉の冷たさに怒りを感じ、話を聞いてくれるのは私たちのような民間の支援団体しかないと思ったという。

　70歳を過ぎてそろそろ穏やかに生きていきたいと思っている。今日の2人の相談者の支援は通常より困難を極めると予測している。本来は公助の福祉事務所が真っ先に助けなければいけない人がいる。保護しなければいけない人がいる。しかし現状は、本人を証明する物がないとか、施設に入所しないと保護しないなどと主張し、申請を受理しなかったりする。私たちが見放したら誰も助けてくれる人はいなくなってしまう。私たちに「助けてほしい」と声をあげてくれたことに感謝し、できる限りの支援をしよう。

　夜は蒲田駅まで、30代の青年Hさんに会いに行った。9月14日にSOSが入り、緊急対応した。所持金ゼロ円で公園での野宿生活が5日、既に3日何も食べておらず、仕事中に細菌が足に入り、40度まで体温が上昇した男性だ。今日まで宿泊費と生活費支援しながら体調回復を願った。1週間後に再会したHさんは元気になっていた。連休明けの23日に総合支援資金の貸付金が振り込まれる。とりあえず「いのち」がつながった。少し落ち着いたらネットカフェ暮らしをやめてアパートで暮らしたいという。「長い付き合いでいこう」と話し、蒲田名物の羽根つき餃子を2人で食べた。コンビニ以外の食事は久し振りだと笑った。

9月24日(木) ｜君のそばにずうっといたい

　今日も昨日朝と同じ＊＊福祉事務所での生活保護申請同行から1日が始まった。＊＊は私が最も信頼する福祉事務所の一つだ。「自助・共助・公助」と「自助」を一番目に掲げた菅政権に怒りを隠さない。年配の相談員Yさんは良き時代の「金八先生」のように、若い相談者のさまざまな事情を聞いてくれる。時には叱咤激励しながら人一倍の愛情で「未来への希望はあるんだ」と語り、相談者を励まして申請受理しケースワーカーに引き継いでくれる。今日も本当にお世話になった。

　今日の生保申請者は日曜日に2回目のSOSで再会したKさん。再びの野宿生活を強いられ、私の名刺を見て、「最後のお願いをしよう、駄目だったら死のう」と思ったという。朝の7時30分に休ませてもらっていた交番から最後の電話をしてくれた。死のうと考えた理由は、苦労して立ちあげた事業展開を開始した途端のコロナ感染拡大で多額の負債を抱えてしまい、大好き

だった家族や妻と別れたからだ。

　仕事を求めて東京に出てきた。しかし、期待した仕事などなく、やむにやまれぬ状況でヤミ金数社から少額のお金を借りて食いつなごうとした。1社で2万円程度の借り入れをしたら数週間後には金利含めて10万円以上の返済を強要されるようになった。本人の携帯電話の番号のほか、家族や親族の氏名・住所・電話番号・勤務先などを聞き出されてしまった。支払いが滞ると夜となく昼となく一斉に電話をかけてくる。今日も家族に「今から行く、覚悟しろよ」「ぶっ殺してやる」と繰り返し脅迫電話が入った。

　事態を憂慮した年配の相談員Yさんやケースワーカーの協力で、迅速に生保申請受理と今日からのビジネスホテル宿泊手配、都営パスの発給、1日当たり1,500円の前払い金をもらい、「反貧困ネットワーク」の担当弁護士の事務所へ急いだ。

　待っていた弁護士と短時間での意思一致を行い、暴力的で執拗に家族や家族の職場までに脅しを入れる業者を最優先に電話を入れた。ヤミ金は違法なので支払えないこと、催促電話を入れないことを弁護士名で通告した。悪質業者からの催促メールはすぐに止まったが、1社だけは脅しの電話が続いていることが家族からの電話で分かった。明日以降もヤミ金業者催促がなくなるよう対応するしかない。

　ビジネスホテルに送る車の中で流れた長渕剛の「君のそばに」をKさんと一緒に聴いた。「しあわせが　何であるのかさえ分からなくなってしまいました。…好きで　好きで　好きでどうしようも　ないほど、そばに　そばに　そばに君のそばに　ずうっと　いたい」。コロナで大切な家族と妻とバラバラにされたKさんが好きな歌だ。ヤミ金詐欺を許さない。

9月25日（金）｜「自己責任社会」の犠牲者だ

　先週、都内＊＊福祉事務所で生保申請したKさんから電話で連絡があった。先日に生保利用が決定したが、しかしケースワーカーから連絡があり「この段階でのアパート転宅は認めない。就労先が決まり、就労証明書類提出が必要、それまでの間、自立支援施設に入所してほしい」と言われた。Kさんは9月15日の生保申請時に、保護費支給までの間、「1日358円で過ごせ」と言われて抗議した男性だ。「つくろい東京ファンド」のKさんも、今日担当する相談者のアパート転居で必要としていた生活保護費受給証明書を出さな

いと言われたらしい。＊＊福祉事務所は本当にひどい。

　コロナで仕事や住まいを失い、生活保護を申請した大半の人々は、新自由主義と「自己責任」社会の被害者だ。被害者に対して福祉事務所が国家権力と変わらない権力を行使して、居住の権利を制限する。私たちがアパート転宅を行使したら、保護費で決められている「転宅費用」「家具什器費」の支給をしないと主張するのだろうか。週明けに事実確認と必要な抗議と撤回を迫る予定だ。

　この2週間の間に23区内で生活保護申請同行してビジネスホテルに一時宿泊している相談者複数から連絡が入る。退去期限が来たら以降の宿泊先を用意できないので早くアパート転宅を急いでほしいとケースワーカーからの連絡だ。焦った。希望居住エリアの選択から不動産物件照会、内見、家賃保証会社審査、家具什器調達、入居までの全てを私たち民間団体が担わなければならない状況だ。

　都内の自治体の幾つかで一時宿泊先として提供されてきたビジネスホテルが、少しづつ宿泊客が戻りつつあるという理由で、10月以降は提供されない事態となっている。既に提供空き室がなくなっていると聞いている。私たちの連携団体のシェルター確保も限界に来ている。来週以降の生活保護申請同行は非常につらい。生活保護法第30条で「居宅保護の原則」「生活扶助は、被保護者の居宅において行うものとする」と示されている。無料低額宿泊所（無低）など貧困ビジネス施設に入所させるのでなく、公営住宅の活用や、自治体がアパートを借り上げ、直接アパート転宅するよう徹底すべきだ。住居確保給付金の期限が切れる年末に向けて恐ろしい事態が予測される。

　今日の昼間は、8月中旬に八王子でSOSが入り生活保護申請同行し支援を続けてきたI君のアパート入居が決まり、今日は荒川区の企業組合「あうん」で家具什器選びに同行。埼玉県東松山市の劣悪な無低から脱出し、都内で就職内定が決まっているM君のアパートの内見にも同行した。今日の物件はM君も気に入ったようだ。後は保証会社の審査待ちだ。あともう一歩だね。

9月28日（月）｜穏やかに生きていきたい

　土日にピタリと止まった「コロナ災害緊急アクション」の新規相談だが、やっぱり今日から再び増加し始めた。新宿→三多摩地域のNPO→別の多摩地域の某福祉事務所→赤羽→押上→池袋と都内をまさに東奔西走の1日だった。

東新宿で在日コリアンで70代の男性Pさんと待ち合わせし三多摩のNPOに向かう。貧しかった子ども時代は犬肉や山羊肉がご馳走だったという。親や家族を養うために仕事のトラック運転手で全国を駆け抜けた。自分なりに頑張ってきたけれど「お前なんかチョーセンに帰れ！」と罵倒され差別された悔しい経験が多くあり、暴力を行使してしまい、何回も警察に捕まった。

　自分一人でいくつかの福祉事務所を回ったが冷たく追い返された。その時の福祉事務所の冷たさに怒る。70歳を過ぎてそろそろ穏やかに生きていきたいと願ったが、民間の支援団体を含めて信用できる機関に出会うことができなかった。そしてようやく私たちにたどり着いた。

　このまま生活保護申請しても施設送りの可能性が高いので、この分野では信頼できる三多摩のNPOに相談したら「アパートを先に借りた後に生活保護申請する」方針で意思一致。今日から1週間はカプセルホテルに泊まってもらい、その間にアパートを探す。アパートに入居できたら今度こそ「穏やかな生活」が送れるといいね。

　多摩地域のNPOを出発して＊＊市の某福祉事務所に向かう。20代の女性Nさんの件だ。「DVで親から逃げて都内＊＊市で生活保護を開始したが、無低に入所させられた」。抗議して退所し、現在は別の住宅に一時居住しているが、期限が来たということで退去を求められ、希望していない施設への引っ越しを役所から通告された。早速、担当ケースワーカーと保健士さんと事実確認と今後の方向性について共有して役割分担を決めた。今晩から泊まる場所がないので住宅扶助の特別基準を使い、1週間ビジネスホテルに泊まってもらい、その間にアパート転宅を含めて本人の意志を尊重して決めていきたい。

９月３０日（水）｜「住まいは人権」、ここだけは譲れない

　今日も、都内湾岸区域の福祉事務所で生活保護申請同行からスタートした。先週金曜日に、代々木公園で出会ったバイクで暮らすホームレスの青年。沖縄からミュージシャンをめざして上京し、大工をしながら夢を紡いできたがコロナで失職してしまった。4日間ほど公園で野宿していた。対応した女性相談員さんは先週の申請同行の際にも対応してくれた優しい人だ。今日から簡易宿泊所でも奇麗な方の〇〇旅館に宿泊し、保護決定とアパート転宅に備える。

しかし物腰は柔らかいが、先週と明らかに違う対応があった。決定後すぐのアパート転宅には否定的で、①金銭管理ができるか ②コミュニケーションはとれるか ③ゴミ出しができるか――などの見極めをさせてほしいと言う。見極め期間は３〜６カ月間かけたいと言う。まずいことに、このような対応をする福祉事務所が最近増えている。

　とりあえず１カ月以内にアパート転宅の作業を開始させてほしいと相談員さんに要求し、今後は担当ケースワーカーとの協議となった。「住まいは人権」、ここだけは譲れない。

　午後は江戸川橋の自立生活サポートセンター「もやい」に向かう。この10日間で生活保護申請同行して既に決定通知が出された５人の相談者が集合し、「もやいの住まい結び　入居支援事業」を通じたアパート探しの個別相談会を、居住支援コーディネーターの土田功光さんらと開催した。杉並区ではビジネスホテルも提供しない。「つくろい東京ファンド」が用意したシェルターに一時入居してもらうしかない。豊島区はビジネスホテルを提供しているが、政府の「GOTOキャンペーン」などの取り組みで一般宿泊客が戻りつつある。今日の相談者の入居期間は10月９日までで、「それまでに何とか目途をつけたい」と考えているようだ。

　アパートでの生活は生活保護法第30条にある「居宅保護の原則」だ。きちんと守ってほしい。今日は「反貧困ネットワーク」と「コロナ災害緊急アクション」で一緒に活動している作家の雨宮処凛さんも同行してくれた。インタビュー終了後に、皆で近くのファミリーレストランで食事する。少なすぎる生活保護費の前貸しでカップ麺ばかり食べていた５人は久し振りのハンバーグを美味しそうに食べていた。

このまま消えてしまうのではないか──

フリージャーナリスト　藤田和恵

　2020年9月、瀬戸大作さんの車の後部座席に乗り込んできた20代女性の第一印象である。華奢な体、青白い顔。か細い声は途中から涙声になっていく。瀬戸さんの聞き取りにより、両親から虐待を受けていることや、生活保護を申請したところ悪質な無料低額宿泊所（無低）に入居させられたことなどがかろうじて分かった。

　この日は予定が立て込んでいた。瀬戸さんはその女性に、まずは自分が担当ケースワーカーと話をしてみることと、二度と無低には行かせないから安心していいという旨を伝え、30分ほどでいったん相談を切り上げた。同じ日の夕方、瀬戸さんの携帯が鳴った。先ほどの女性からだ。首都高を走行中だったので、瀬戸さんはスピーカーで通話を始めた。

　女性がケースワーカーに対する不満や、今後入居する施設の立地条件や人員配置に関する希望を話すのが、私にも聞こえてくる。電話を切った瀬戸さんは少しうれしそうだった。「聞いてたでしょ？　さっきと全然違う。自分の要求をちゃんと言えるようになった」。

　瀬戸さんは、女性が意思表示できるようになったことを喜んでいるのだ。意外だった。なぜなら私は女性の話を聞きながら「ちょっとわがままなのでは……」と思っていたから。

　でも、瀬戸さんからそう言われ、なるほどと思った。女性の希望がわがままかどうかはたいした問題ではない。大切なのは、「安心していい」と言ってくれる人とつながったことで、女性が「生きる力」を取り戻しつつあることなのだ。同行取材を始めてから1カ月がすぎたころ。私にとっていわゆる「目からうろこ」の出来事だった。

　瀬戸さんの活動による“成功例”は本書で数多く紹介されているだろう。だからここでは、支援活動は美談ばかりでは語れない、という話をしたい。SOS対応の現場では、事例としては少ないものの“裏切り”に遭うこともある。

　生活保護を利用しながら、アパート転宅のための費用を手にしたとたん行方が分からなくなった人、アパートで暮らしているのに「公園の土管で寝ている」というすぐばれる嘘をついて宿泊費が必要だと言ってくる人（昭和の漫画の世界じゃあるまいし、今日日、土管のある公園を見つけるのは至難の業だ）、「死にます」「もう限界です」というメールに何十回も対応したのに、小口のお金を受け取ったきり連絡が取れなくなった人──。

　生活保護費の持ち逃げはいうまでもなく悪いこと、というより犯罪だ。

一方で私は、彼らが子ども時代に虐待に遭ったり、非正規労働者や"名ばかり個人事業主"として搾取の対象にされたり、悪質無低をたらい回しにされたりしてきたことも知っている。SOSの現場に現れる人たちのほとんどはお金も住まいもなくし、文字通り命からがらの状態でやってくる。彼らから「生きる力」を奪ったのは、政治の無策であり、ゆがんだ社会構造だ。
　同行取材が半年を迎えるころ。こうした難しいケースについて、私は時に支援当事者に近い形でかかわることもあった。ある日、私が電話で瀬戸さんに「〇〇さんとは連絡つかなくなってしまいました」という報告をしていたときのことだ。瀬戸さんが「ほんと、困っちゃうよな」とこぼす。でも、口ぶりはそれほど困っているように聞こえない。瀬戸さんと私は苦笑いしなら同時にこう言った。「みんな、生きてるって感じするな（しますよね）」。
　初めて会った時のような死にそうな顔をされたままでいるくらいなら、ずるい手口を使われても、嘘をつかれても、アポをすっぽかされても、生きたいとあがく力を見せてくれるほうがずっといい。私は、そして多分瀬戸さんも同じことを思っている。
　「生きててくれればいい。困ったらまたいつでも連絡してきていいよ」。

2020年8月19日衆議院第一議員会館で開催。

COVID-19

2020年
10月

2020年10月31日現在
新型コロナウイルス感染症

感染者：100,392例／死亡者：1,755名

（※厚生労働省のHPから「新型コロナウイルス感染症の現在の状況と厚生労働省の対応について」

https://www.mhlw.go.jp/stf/seisakunitsuite/bunya/0000121431_00086.html）

2020年10月29日、東京・荒川区の「どっこい食堂」で支援者と共に。

10月2日(金) ｜疲れを癒して今後の生活を考えよう

　今日も生活保護申請同行からスタートした。月曜日に会っている20代の女性だ。野宿生活に陥る寸前にSOSを発信した。コロナの影響で仕事も住まいも失った。とても誠実で礼儀正しい女性だ。月曜日からビジネスホテルに宿泊して、1日当たり2,000円の生活費を支給し今日を迎えた。

　今日の申請先の＊＊区福祉事務所は、都内でもトップクラスの丁寧な対応をしてくれる。今日までのつらい日々を気遣い、「疲れを癒してゆっくり今後の生活を考えていきましょうね」と話し、相談者の緊張を和らげる。次の面談日までの前払い金は1日当たり2,500円、今日から1カ月間のビジネスホテル宿泊も提供してくれた。アパート探しも私たち民間団体に丸投げすることなく、「居宅支援」も自主事業で取り組んでいる。他の福祉事務所も見習ってほしいなと思う。生活保護利用の際に「施設入所」が条件とされ、そこで非人間的な扱いを受けて脱走することが繰り返されている。本当に本当に考えてほしい。

　通い慣れた＊＊福祉事務所では一時期、通い過ぎて嫌がられたこともあった。でも一方で、都内23区福祉事務所長会議では私の作成した問題提起文書を配布してくれ、福祉事務所間の対応格差を改善するよう提起してくれた。今日は顔見知りの職員が「TBSの特集見ましたよ。頑張ってください」と激励してくれた。フードバンクからの大量の食料も車の後部座席一杯に提供してくれた。

　相談室の隣の部屋から見慣れた女性から声がかかる。「つくろい東京ファンド」の小林美穂子さんではないか！　昨日、都内の公園で私がSOS対応した男性の生活保護申請を「コロナ災害緊急アクション」の仲間である小林さんが担当してくれることになっていたが、まさか＊＊区で一緒になるとは思わなかった。職員は「勢揃いですね」と苦笑。素晴らしい対応で同行者も穏やかな時間だった。そして世話焼きの地元区議も駆けつけ、早速、面接申し込みまでお手伝いできた。

10月3日(土) ｜来週は必ず会おう

　最近、上野駅周辺からのSOSが続いている。一般社団法人「あじいる」から紹介された男性のSOS電話で目覚めた。東京・湯島にある移住連の会議室

で『西暦2030年における協同組合』（社会評論社）出版記念シンポジウム「格差社会において協同組合は何が出来るか」の打ち合わせを終えて待ち合わせ場所に向かった。男性は給与振り込み日まで残金がほぼゼロになり生活困難に陥った。最近、こうした相談が増えています。

　「つくろい東京ファンド」のシェルターに居住している相談者に会いに行く。予想以上にアパートが決まらず、精神的にもつらい思いをさせてしまったね。昨日いい物件が内見できて正式に申し込み、今度は決まるといいね。決まったら回転寿司食べて大好物のサーモンの握りを2人で食べまくろう。

　今日は少しうれしいことがあった。一昨日に神奈川県内の＊＊福祉事務所で生保申請の待ち合わせに来なかった青年が連絡してくれた。メールには丁寧なおわびと来れなかった事情が書かれていた。「自分のような人間は支援してもらえるような人間じゃない」と…でも私のサポート日誌に「また連絡が来たらすぐに駆けつけるからあきらめずに連絡してほしい」と書いたのを読んでくれた。青年とは全く違う地域の駅で会った。「人生、何度でもやり直せるよ」。来週、生活保護申請に同行する。今日は思いっきり伝えたよ。「来週は必ず会おう。もう独りじゃないよ。心配なし」。俺は待ってるぜ。

10月4日（日）｜小旅行の夢を実現しよう

　今日は穏やかな秋晴れ。夕方から、親の管理を逃れて路上からSOSをくれた2人の20代女子と個別にお会いしてアフターフォローした。その1人、Aさんは＊＊区で生活保護申請に同行した際、家出していたことを理由に警察官を呼ばれ追い返されるという前代未聞の経験をしていたが、地元＊＊区で問題なく生保利用ができた。今週のアパート引っ越しに向けて、一緒に地元の不動産屋に行って私を緊急連絡先にして正式契約。正社員の就職先も決まりそうで未来が開けてきた。所持金5円で泣きながら＊＊公園で待っていた時からの1月は激動の日々だった。

　もう1人のBさんは路上生活の寸前でSOSをくれた。失われた10年を取り戻す横浜への小旅行に行き、生活保護申請した。今は一人暮らしができることを目標にシェアハウスで暮らしている。今日は1月に予定している小旅行の夢を実現するための家計簿作りを一緒にやってみた。少ない保護費を上手にやり繰りして計画的貯金を成功させ、旅行の夢を実現しよう。

　今晩は「愛するパートナーさんとの世界の料理ツアー」を6カ月半ぶりに

再開した。「新型コロナ災害緊急アクション」を立ち上げてから、連日、路上からのSOSが続き、土日も関係なく飛び回ってきた。パートナーにもストレスを相当かけてきたと思う。これからも長期間にわたって続く困窮者支援と路上からのSOS対応。自分自身のストレス軽減を含めて可能な限り両立を図ろう。常に感謝の気持ちを忘れない。

再開第一弾はあえて自宅から徒歩30秒での所に一昨日オープンしたばかりのインドネパール・レストラン「ロージ」を選んだ。住宅街の中にあり座席は7席という小さな店。オープン後も客がたくさん入っている形跡もない。地域の仲間として、この時期に開店させた若きネパール人のマスターを絶望させたくないとの思いから行ってみることにした。私が選択したのは「ロージディナーセット」と「ポークチョーミン」。新宿や後楽園のインド料理店でシェフを務めたマスターの作る味はやさしい。立地さえ良ければたくさん客が入るレベルの料理だ。これからも通い続けます。

10月5日(月) | 母国に帰れば投獄される

朝から＊＊駅近くのビジネスホテルで、若い女性相談者Cさんと面談した。担当ケースワーカーと保健士も同席している。10日程前にSOSを受け対応した。親の暴力から逃げて＊＊市で生活保護を利用しているが、現在まで居所を転々としている。結果論だが＊＊市は、無料低額宿泊所に入所させてしまったことをはじめ、Cさんの要望に応じた支援をできていない。生きづらさを抱える若者の複合的な困難に対して、結果的に「施設ありきの保護」のような単線的なスキームでは無理があるのだ。

孤立することへの恐怖と集団で生活することへの恐怖の狭間にいるCさんに明確な支援方針を持ちえず今日に至っている。結果的に、SOSを受けた私が先週からビジネスホテルで預かることとなった。どうしたら、泣いてばかりの状態から自己を肯定して笑うことのできる「居場所」をつくることができるのだろうか。今日は日中から夜まで過ごすことができ、孤独に陥ることなく安心して泊まれるグループホームの見学を、ケースワーカーと分担して申し込むことにした。それまであと1週間ビジネスホテルで預かることにした。

都内＊＊区に移動して、以前からサポートしている外国人のBさんと会う。母国から「良心的徴兵拒否」で日本に来て難民申請した。民族紛争が絶えな

い国では自国民を殺すこともある。Bさんは「殺したくない」と考え徴兵を拒否した。難民申請から4カ月を経過したが、現段階でも就労可能なビザは下りていない。働いてはいけないので収入ゼロが続いているが、2カ月後には就労可能となると入管から連絡を受けた。それまでは「生き続けたい」。母国に帰れば投獄される。あともう少しで働ける。

10月12日（月）｜凍りついた体が温まってきた

　先週月曜に続いて、今日の朝も、＊＊駅近くのビジネスホテルに一時避難させている20代のCさんと面談。担当ケースワーカーと保健士も同席した。土曜日夜に「安心して居られる場所」を一緒に訪問したが、とても気に入ったようで「独りで寂しい」と泣いていた姿が嘘のようだ。20時ごろに電話をかけると「ありがとう」ととてもうれしそうな弾んだ声が返ってきた。

　Cさんと出会ってから既に20日間が経過したが、ようやく「凍りついた身体が温まってきました」と話してくれるようになった。私一人では限界があるので、地域の支援団体とのチームプレーで対応していこう。後は「独りでも寂しくない住まい」探しです。凍りついた身体をゆっくり温め続けよう。希望を信じていこう。

　午後からは＊＊区福祉事務所で、先週、離島からSOSを発信し東京まで飛行機で来たMさんの生活保護申請に同行した。今日の相談員とケースワーカーも迅速で、ビジネスホテルもすんなり提供してくれ、支援者は見守っているだけで良かった。初めての東京で独りぼっちにならないように、福祉事務所の近くで「一蘭の天然とんこつラーメン」を一緒に食べる。ホテルに向かう道中で「東京ドーム」と「東京スカイツリー」が見えると歓声を上げた。いつでも事務所に遊びにおいで。

10月13日（火）｜上から見下す姿勢は許せない

　今日は雨宮処凛さんと一緒に、この間支援しているKさんに会いに行った。驚いたことに、都内＊＊福祉事務所は既に保護決定しているKさんのアパート転宅を拒否したのだ。あくまで6カ月を基本に、家計管理やコミュニケーション能力、ゴミ捨てなどができるかを判断したうえで、アパート転宅を認めるという方針に終始してのことだ。いかなる理由であっても路上に1度で

も出たことのある人には同じ対応しているという。Kさんだけでなく、同時に生活保護申請に同行したTさんに対しても同じ対応を行なっていた。

　私たちは「ホームレスの状態にある人が、第一に必要としているのは安定した住居である」という「ハウジング・ファースト」の理念に基づき、相談者が待つ場所に出向いている。緊急宿泊費と生活費を渡しながら、その場でアセスメントを行い、数日後に生活保護申請に同行する。施設入所を避けながら迅速な利用決定を促し、ビジネスホテルなどで一時宿泊する1カ月の期間中にアパート転宅に向けた「居宅支援」を行なってきた。

　私は緊急事態宣言以降、約200人の当事者と関わってきた。生保申請同行しアパート転宅した人は安定した住居で暮らすことができ、平穏な日常を取り戻している。KさんもTさんもアパート内見を始めている。今さらの「アパート転居拒否」は認められない。私が同行した都内23区の福祉事務所では前例がないことだと撤回を求めた。対応した係長は「私には決められない。10月28日の検討会議で論議したい」と逃げ腰だったが、私たちは「待てない」と主張し、今週金曜日に回答するよう強く求めた。撤回しなければ区議を絡めて要請・抗議行動も行うと通告した。

　＊＊福祉事務所の対応で許せない理由がもう一つある。9月15日にKさんの生保申請に同行した際、相談員から「保護決定までの生活費の前借り金額」として「14日間で5,000円」という額を提示された。1日358円でどうやって食べて暮らせば良いの？　何回抗議しても「私たちの決まりですから変えられません」の一点張り。押し問答が続いた時に相談員から例の「言っちゃなんだけど、2カ月も路上で暮らしていたんでしょ」の問題発言が飛び出したのだ。謝罪を求めるとすんなり謝ったが、彼らの世代の多くが非正規や派遣でしか仕事がなく、少ない賃金でアパートを借りることもできず、ネットカフェ暮らしか寮付き派遣の仕事で食つないでいる。

　彼らはコロナ禍の影響で今のような状況に至っているのに、なぜ、それを理解しようともしないで「上から見下ろす」ような発言ができるのだろうか。結果的に保護決定までの前借金は7,000円まで引き上げられたが、「上から見下ろす」ような＊＊福祉事務所の姿勢だけは絶対に許せない。

10月14日（水）｜「失踪」とみなし保護決定を廃止

　都内＊＊福祉事務所が既に保護決定しているKさんのアパート転宅を拒否

し続けている問題で、「今週金曜日にいったん回答するよう」求めたが、今日になってケースワーカーから連絡が来た。結果は昨日とほぼ同じ。要約すると「この段階でのアパート転宅は認めない。就労先が決まり、就労証明書類提出が必要な2カ月は様子を見る。その中で状況を見て早まることはある。そのためにも27日にハローワークに行ってほしい。家計簿を付けてほしい」

　私たちは既にアパート入居に向けた準備を進行させているのに、アパート転宅だけは認めようとしない。役所に頭を下げてお願いするのではなく、堂々と「住まいは権利」であることを認めさせることに決めた。近いうちに緊急申し入れ行動を起こすことにした。全国で生活保護を利用しながら、当たり前の権利を奪われた虐げられた人たちと連帯して進めていくことになる。貧乏なめんな！

　もう一つ信じられない案件が発生し、事実関係を調査している。＊＊区で生活保護申請同行したAさんが一度は生保決定が出ていたのに廃止された。決定して10日も経過していないのに、決定廃止のうえ一時宿泊先のビジネスホテルからも退去させられた。私たち支援者に所在確認の連絡先も聞くこともしない。Aさんは公園で野宿生活を強いられながらも、現在は、毎日働いている。

　そのことは＊＊区福祉事務所に伝えてある。携帯電話を失ったので連絡手段はメールのみだ。ケースワーカーがホテルのフロントに電話しても本人はいつも不在であることから「失踪した」とみなし、保護決定を廃止してしまった。Aさんは昼間働いているのだから不在なのは当たり前だ。なぜ、メール送付くらいできないのかと思うと本当にやるせない。昨日から「新型コロナ災害緊急アクション」の「緊急ささえあい基金」で緊急給付を行い、ビジネスホテルに泊まってもらう。明日の夜、Aさんと面談して事実経過の確認と今後の方向性を決めることになった。

10月15日(木) ｜ もう二度と野宿生活はさせない

　今日は「失踪した」とみなされ保護決定を廃止されたAさんと面談し、経緯を確認してきた。明らかに不当な決定であり、「新型コロナ災害緊急アクション」として、「廃止撤回」を求める申し入れを行うことにした。特に一時宿泊先のビジネスホテルから退去させ、野宿生活を強いた責任は極めて大きい。

Aさんは日本国籍を持つアフリカ出身者だ。早朝から物流センターの倉庫作業のアルバイトで1日も休まずに働いている。コロナ感染拡大で4月以降から仕事がなくなり、8月から今の仕事に就いた。Aさんは物流センター近くの公園で野宿を続けていたが、勤務先の同僚がそれに気がつき、事業所長さんから「生活保護を利用してアパートを確保してほしい」と「コロナ災害緊急アクション」にSOSが入った。

　Aさんと一緒に生活保護申請同行したのは9月28日。10月6日に保護決定が降り、10月12日に廃止された。たった6日間でのことだ。区はAさんが宿泊しているビジネスホテルに連絡しても本人と連絡がとれないことから一方的に「失踪した」と判断した。どこの事業所で働いているのかは生保申請の際に伝えてあった。一緒に同行した区議会議員や私に所在確認することもなく、一方的に生保を廃止しホテルからの退去を求めた。あまりにもひどい対応だ。「廃止撤回」を認めるまで「緊急ささえあい基金」でビジネスホテルに宿泊してもらっている。もう二度と野宿生活は絶対にさせない。

10月17日(土)｜そんな会社で働いてはいけない

　午後から文京区の文京シビックセンターで「研究所テオリア」主催のシンポジウム「『コロナ時代』を生き抜くために」で、国立環境研究所の五箇公一さんと一緒に講演させていただいた。「研究所テオリア」は「新型コロナ災害緊急アクション」で共に活動している立川市のNPO法人「さんきゅうハウス」の吉田和男さんが所長を務めている。会場にいた「季刊ピープルズ・プラン」編集長の白川真澄さんが、私の親父の思い出を語ってくれた。

　千葉・三里塚の撮影現場で親父が制作した映画『襤褸の旗』のこと、白川さんと一緒に闘ったという1974年の戸村一作三里塚空港反対同盟委員長の参議院選挙などだ。親父は戸村選対の一員だった。管制塔占拠被告団の中川憲一さんも来てくれた。柘植書房の『管制塔 ただいま占拠中』での中川さんとお連れいの道子さんとの決戦直前の置き手紙のやり取りが悲しくも美しい。実はロマンチストの中川さんが、若い頃の私の隠れたヒーローだった。管制塔戦士は管制塔をぶっ壊したが、管制官など空港公団職員を安全な場所に逃がし、傷一つ与えず生命を守った。

　今日の講演会中にSOS電話が3件もダイレクトに入った。1件は公衆電話からだ。携帯電話もメールも喪失している相談者が多い。質疑応答中だが中

座させてもらう。緊急案件だが明日会う約束をした。集会終了後に浅草から SOS をくれた 20 代の青年に会いに行く。以前にも SOS 対応したが、派遣の仕事が決まっているとの事で宿泊費と生活費を給付して別れた。しかし、その後も派遣の仕事が不安定で所持金がなくなったとのこと。素朴で実直な青年で小・中高の時のつらい体験を話してくれた。生活保護申請後も伴走するからと説得して、来週に生活保護申請同行することを約束した。

群馬県境の埼玉県北部の街から SOS が入った。「反貧困ネットワーク」のメールに「助けてください」と短いメール。その後、電話が入った。20 歳の若者で所持金は 10 円。電話の向こうの声が泣いている。夜遅いが向かうしかなかった。浅草から 104 キロの辺境の地に車を走らせた。彼も幼少期から壮絶でつらすぎる家庭環境で生きてきた。高校卒業後に市内の会社で働くも厳しすぎる環境で、退社すると同時に退寮し住まいを失った。

生活保護は幼少期からの生活保護生活でバッシングを受け続けており強い抵抗感がある。来週から他県の住み込みでの仕事が決まっているが、その場所まで行くための交通費も食費もない。その会社は大丈夫なのだろうかと私でさえ心配になる。とにかく何かあったらすぐ連絡するように伝え、交通費を含む給付金を渡した。自宅に帰ってその会社を検索すると福利厚生や休日も無茶苦茶だ。廃炉作業含む原発作業員の仕事も請け負っている。彼は持病を抱えている。これはまずい。本人には明日電話しよう。そんな会社で働くのはやめた方がいい。

10 月 21 日（水）｜自らの非を認めようとしない足立区

アフリカ出身の A さんが生活保護決定後の 4 日後に、きちんと所在確認をしないまま「失踪」を理由に保護廃止にされた件について、「新型コロナ災害緊急アクション」として、直ちに保護廃止決定を取り消し本人に謝罪するよう求め、足立福祉事務所に申し入れをした。私のほか、A さんの生活保護申請に同行した足立区議の小椋修平さん、「つくろい東京ファンド」の稲葉剛さん、生活保護問題対策全国会議の田川英信さん、A さんの職場の事業所長、それに A さんも福祉事務所との話し合いに臨んだ。

しかし、足立区は「生活保護廃止決定の判断は間違えていない」と保護廃止決定取り消しに応じようとしなかった。生活保護の決定が 10 月 8 日で、保護廃止は 10 月 12 日。たった 4 日間での廃止決定というのは前例がない。

申請に同行した支援者や勤務先に何の事前確認もなく、一方的に一時宿泊先のビジネスホテルから追い出し野宿生活を強いた。足立区の責任は大きい。

足立区は、Aさんが宿泊しているビジネスホテルにメモで連絡しても本人と連絡がとれず、ホテルに荷物もなかったので「失踪した」と一方的に判断した。Aさんは連日ホテルに宿泊し、早朝からの物流センターの倉庫でのアルバイトに出かけており、区が事実を誤認したのは明らかだ。Aさんは携帯電を持っておらず、朝から働いているのでホテルに昼間に連絡しても連絡は取りづらいのは当たり前だ。

所在不明なのかどうかは勤務先への電話確認でも十分に分かるはずだ。私が勤務先を伝えているし、支援者への連絡も可能だった。本人は家財道具もなく、所持品もリュックサックを一つしかない。リュックサックは職場に持っていっているので部屋に荷物はなくても仕方がない。一時宿泊先のビジネスホテルを退去させられたため、その後は「新型コロナ災害緊急アクション」の支援で別のホテルに宿泊している。

しかし、今日も足立区は非を認めようとしなかった。保護廃止処分も取り消そうとはしない。「生活保護を利用するなら最初から申請をやり直してほしい」と自らの非を棚に上げて言い張った。本人の希望もあり、再度の生活保護申請に同行し、ビジネスホテルも宿泊し直した上、早期のアパート入居をめざすことにした。私たちはこのような顛末で終わらせることができない。今後は行政不服審査法に基づく不服申立てを行い、「認容裁決（処分が取り消しまたは変更される裁決）」を求める方針だ。

10月26日（月）｜ケースワーカーに連絡してやり直そう

午前は、先週に生活保護申請同行した青年と会い悩み相談を受けた。13時に＊＊区の福祉事務所に向かい、Cさんの生活保護申請に同行、12時46分にメールが届いた。「今日は事情があり行けなくなりました」。さすがに参った。同行するはずだった青年は＊＊区で生活保護を申請し、受理の条件として埼玉県の劣悪な無料低額宿泊所に入所するように言われた。そこは生存権すら奪われるような場所だ。逃げ出すしかなくてSOSをくれた。今日は再申請の予定だった。理由は知っている。体調が心配だ。でも彼は携帯を持っていないから状況を把握できない。「心配しています。何かあれば連絡ください」とメールで返信した。

生きづらさを抱えて行き場所を失っているＡさんに会いに行く。親からの虐待を受けて一人で生活保護申請したが、無料低額宿泊所に入所させられた。逃げ出してグループホームに転居したが、そこは期限付きのホームで、次に福祉事務所が提案したホームも彼女の精神的状況から見て耐えられる住環境ではなかった。その後、福祉事務所から提案が出てこない。当面、生活保護費の住宅扶助費の範囲内で泊まれるホームを私たちが提供し、今後どうしていくかを一緒に考えるしかない。でも決めるのはＡさんだ。

　夕方は、車を大宮駅に走らせる。神奈川県＊＊市で生活保護を利用しているが、簡易宿泊所から東北まで逃げ出したＴさんと会う。私と同い年で、ぶっ飛んだ人生を生きてきた。一緒にビビンバを食べながら「帰ってきなよ、ケースワーカーに連絡してやり直そう」と話した。夜は、都内に戻り＊＊フードバンクを訪問、宅配型フードバンクと無料スーパー型常設パントリーの視察を行う。

　ここは行政からの受託を受けず、行政の安全網から構造的に抜け漏れている家庭を支援しており、カップ麺や鯖缶とアルファ米ばかりでなく、低カロリーの高栄養素食品の品揃えも整っている。事務所内には業務用冷蔵庫・冷凍庫が並んでおり、冷蔵車も購入し引き取りや宅配を行っている。外国人のための協同組合型支援センターで考えている「外国人のためのフードバンク構想」のイメージがより鮮明になった。

10月29日（木）｜東京のシェルターで孤立を深める

　午後はSOS対応して、生活保護申請同行した2人の青年を連れて家具什器購入を目的に荒川区にある企業組合「あうん」を訪問した。「あうん」に到着したら自立生活サポートセンター「もやい」の皆さんが「どっこい食堂」前で記念撮影していた。

　2人はアパート入居まで2カ月以上を費やし苦労したので感慨深い。それまでの間に精神的に不安状況にさせてしまって連絡が途絶えることもあった。Ｙ君は地方の工場で働いていてコロナの影響で雇い止めにあい、右も左も分からず友人もいない東京のシェルターの部屋で孤立を深めた。これではまずいと思い、回転寿司を食べに行って励ましたことがあった。今日も帰り道に立ち寄った浅草雷門に感動していたようだ。もうすぐアパート暮らしだ。何かあったら一人で悩まず連絡してね。

夜は江東区東雲に向かう。国家公務員宿舎に住んでいて経済的事情で退去できない原発事故避難者に家賃2倍請求が昨年4月から福島県に請求され続けている。当事者5人の方に状況を聞いた。今日は久し振りの福島県避難者支援課主催の住宅相談会があったらしい。江東区は民間住宅が高い。仕事を辞めて他の地域に移る事は避難者の皆さんにとって負担が重い。

最大の問題は、入居費用・転居費用が工面できない方が多いこと。非正規雇用でコロナで収入減少に追い込まれた方もいる。そのような困難に対して「避難者への支援を終了しました。そろそろ自立をお願いしたい。」と言って、二倍請求で更に追い込んでいる状況で、住宅相談会開催を既成事実化して退去強制を強要しないか危惧は深まるばかりだ。

夜になってSOSが届く。猫を抱えて住まいを失っている青年からだ。とりあえず知人の家に緊急避難しているが、退去してほしいと迫られている。一人で生活保護の相談に行ったが、本人は無料低額宿泊所入所、猫ちゃんとは離れ離れになる。来週に生活保護申請に同行して、「反貧困犬猫部」が猫ちゃん含めて支援に入る予定だ。

10月30日（金）│人生はまだこれからだから

午前は＊＊区福祉事務所での生活保護申請に同行した。月曜日に申請同行する予定だったが、直前にメールでドタキャンしてしまった青年と今日は会えた。青年はS区に生活保護申請した際に、埼玉県大宮市の無料低額宿泊所（無低）への入所が申請受理の条件とされた。宿泊所の施設費が53,300円、食費が45,000円。手元に残るお金はほんのわずかだ。あまりのひどさに耐えられずに逃げ出し、S区福祉事務所に出向いて、住む場所を変えてほしいと訴えた。

しかし、S区は聞き入れず、気付いたら無低の施設職員が迎えに来て連れ戻されたという。こんなやり方はおかしいと思いSOSをくれた。S区に申請取り下げの手続きを行い今日にいたっている。以前は雑誌のライターとして働いており、激務で病を発症してしまった。首都圏4カ所で生活保護を利用したが、どこも本人の希望は尊重されず、劣悪環境の無低に入所させられ、その度に逃げ出した。

私からは、責任を持ってアパート転宅を行うので協力してほしいと伝え、今日から1カ月間を上限にビジネスホテルで宿泊しアパートを探すことになった。青年に会えなかった夜にメールを送信していた。「やっぱり、君のこ

とが心配だよ、生きていてほしいんだ。人生まだこれからだから」。今日は会えて本当に良かった。これからだよ。

埼玉県川口駅前のキュポ・ラ広場で、クルド人を含む外国人向けの相談会が開催される。2020 年 11 月 1 日。

COVID-19

2020年

11月

2020年11月30日現在

新型コロナウイルス感染症

感染者：146,760例／死亡者：2,119名

（※厚生労働省のHPから「新型コロナウイルス感染症の現在の状況と厚生労働省の対応について」

https://www.mhlw.go.jp/stf/seisakunitsuite/bunya/0000121431_00086.html）

2020年11月3日、国会前で「平和といのちと人権を！11・3大行動」。

11月5日(木)｜猫と支え合って生きてきた

　今日の午前は9月末に＊＊区の30代の青年S君とアパート探し。＊＊駅からのSOSは危機感溢れる内容だったことを記憶している。一週間前に所持金がほとんどなくなり路上生活に。日雇い派遣でけがをしたのに放置したため悪化した。病院にすぐ行ってもらうことを約束して宿泊費と生活費を渡し、数日後に生活保護申請同行したが、区の方針でビジネスホテルは一時宿泊先として提供されなかった。

　何とか頑張って比較的、奇麗な簡易宿泊旅館を一時宿泊所として提供してもらって現在に至っている。住宅扶助費の範囲内で泊まれるので長期間宿泊できる。＊＊区は杉並区よりはひどくないが、路上経験がある場合は、生保受理後1カ月間の生活状況を観察して判断するようだ。1カ月以上が経過してケースワーカーからもOKが取れたので、今日はS君を連れて地元のお世話になっている不動産屋を訪問、事前に物件照会をしていたので、早速二つの物件を車で回り内見した。S君も気に入ったようで早速申し込み！　やっぱり簡易宿泊所よりアパートの方がいいよね。S君は微笑んだ。

　午後からは10月初旬に野宿生活を強いられる寸前でSOSを発信した20代の女性を連れて企業組合「あうん」で家具什器をそろえた。来週にアパート転居が実現するので冷蔵庫、洗濯機、電子レンジ、炊飯器などをそろえた。コロナの影響で正社員の仕事を失い住まいも失った。今日で会うのは3回目だ。いつも誠実で礼儀正しい女性だ。こんな女性が路上生活に追い込まれる「自己責任の社会」を何とかしたいよね。後はゆっくり仕事を探せばいいよ。

　夜は、先週木曜夜に、猫を抱えて住まいを失いSOSを発信した青年と会う。地方から一緒に上京して飼い主の苦しみや悲しみをそばで見て励ましてくれたのだろう。猫はどこかの保護猫だ。猫と支えあって生きてきたんだろう。離れ離れにするわけにはいかないよ。

　「つくろい東京ファンド」の稲葉剛さんに相談。猫の話になると炎の如く燃える稲葉さんは速攻でペットと一緒に泊まれる個室シェルター「ボブハウス」に入居できるよう手配してくれた。即日受け入れ準備を完了。私は青年を連れて＊＊区で生活保護申請同行しスピード受理された。今晩は自家用車で2往復の引っ越し作業だ。「ボブハウス」に到着すると稲葉さんと連れ合いの小林美穂子さんが仲良く、爪研ぎ防止シートを貼る作業に没頭していた。著名な反貧困活動家なのに、猫のことになると何でもやってくれる。ペットキャ

リーから飛び出してきたのは3歳の黒猫ちゃんだった。

11月9日（月）│人間の尊厳を回復すること

　足立区が、生活保護の利用が決まっていたアフリカ出身の日本国籍男性A
さんが失踪したとして、男性の生活保護を取りやめた問題で「新型コロナ災
害緊急アクション」などが10月27日に①生活保護の廃止処分を無効と認め、
取り消すこと②足立区長としてご本人に謝罪すること③管理職を処分するこ
と④生活保護制度や人権研修を充実させること──を内容とする抗議・要請
書を区に提出したが、今日、長谷川副区長が区を代表して「生保廃止は誤っ
た処分だった」と認め取り消した。

　私自身は「コロナ禍で多くの人が住まいを失う中、路上に出た相談者に疑
いの目を持った対応が他の自治体でもある」「日本国籍であってもアフリカ出
身で日本の生活保護制度をよく知らない本人に対して丁寧な制度説明をする
どころか偏見の考えがあったのではないか？　でないと保護決定から4日で
廃止決定するなんてありえない」と思う。研修徹底の前提として、①生活保
護は権利であることの意味②特にマイノリティ差別を許さない人権の徹底と
配慮──を求めたい。

　このようなことを書くに至ったのは、本人が持っていた足立区の「生活保
護のしおり（受給者版）」の内容に生活保護利用者の偏見思想が見事に表現さ
れているからだ。「しおり」の表紙に、「不正受給の増加」「医療機関の不適切
な受給」「自立促進の遅れ」が書き並べられている。中面でも1ページを割
いて「不正受給は許されません」と赤字で強調されています。

　近隣の北区の生活保護申請を行う相談ルームで相談者が座る机の全面に
「不正受給禁止」のシールが大きく貼られている。相談に来所された一人一人
がどのような過程や背景があって現在に至り、苦しい思いをしながら勇気を
持って福祉事務所に相談しにきたのかを考えてほしい。

　努力をしていても、真面目に働いていてもうまく行かない時もある。コロ
ナ災害で想定できなかった多くの方が貧困に追い込まれた。そういう時に支
えとなるのが福祉だ。生活保護を利用し、ゆっくり休めるアパートでいった
ん休み、英気を取り戻し、また社会へと戻って行く。そういう存在になって
ほしい。　実際には職員らも心に余裕がない。追い詰められた人間が追い詰め
られた人間を門前払いしてしまう。現場の福祉職の一人一人が「やり甲斐」

を持てるように区全体が変わってほしい。

　今日の結果を踏まえて、金曜日にAさんと一緒に不動産屋に行ってアパートの内見に出かける。生活保護制度がよく理解できなかったAさんに、生活保護制度を利用することで「アパートに住むことができるんだよ。家具や電化製品もそろえて新しい生活のスタートができる。ゆっくり歩いて行けばいいさ」と説明したら、初めて笑ってくれた。日本がこれ以上冷たい国と思われないようにしたいものだ。現場の福祉職の一人一人が「やり甲斐」を持てること。相談者一人一人が「人間の尊厳を回復すること」、そこから始めて前に向かって歩き出そう。

11月11日（水）│9日間、水と塩だけで生活

　午前は、生きづらさを抱えて行き場所を失っている20代のAさんに会いに行く。SOSを受けてサポートを開始して2カ月が経過した。親から逃れて1人で生活保護を申請したが、入所した施設やグループホームはAさんの精神的状況から見て耐えられる住環境ではなかった。私や知り合いの若者や女性支援のNPOからも、携帯が使えるグループホームやアパート、シェアハウスなど数カ所を紹介したが入居に至らなかった。

　そもそも生活保護申請受理後に、福祉事務所が無料低額宿泊所（無低）に入所させてしまったことから、現在までの困難が始まった。今日は福祉事務所のケースワーカーと保健士と一緒に今後の方向性を相談しようと本人が宿泊している居所で待ち合わせしたが、本人は発熱で欠席した。孤立しないように、さまざまな居場所を紹介したがなかなか難しい。私とは細い線でつながり続けている。長期戦になりそうだ。でもあきらめない。

　自宅に戻る最中に、公衆電話からSOSが来て新宿駅に引き返す。川柳活動家の乱鬼龍さんが心配して声かけしてくれて、私の連絡先を教えてくれたのだ。お会いした男性は40代前半でまだ若い。4月に勤めていた会社が倒産して、貯金を取り崩して夏から新宿中央公園やバスタで野宿した。1カ月間バスタ周辺で「助けてください」と書いたボードを出して助けを求めていた。

　さらに京王デパート前でボードを出して助けを求めたところ、2日目に乱さんに出会え、3,000円をカンパしてもらった。6月ころに3つの福祉事務所で生活保護の相談に行ったが、「働けるだろ」と言われて追い返されたという。ジーパンの両膝が擦り切れ、前面がむき出しになり、靴もボロボロだった。

9日間水と塩だけで生きてきた。思わず涙がこぼれてきた。

　「助けて」の意思表示を見ても助けてくれない冷たい街角の風景がつらく寂しい。生活保護相談で冷たい仕打ちを受けたことから「福祉事務所が恐い」と言う。とりあえず「ジーパンと靴も買って、ご飯食べよう」と給付金を渡した。今日からはベッドで寝よう。その上で生活保護申請する場合は責任持って同行して、2度と「死んでしまう」ような状態にならないよう「衣食住」を確保しよう。全力で頑張るから。乱鬼龍さんに感謝！

11月13日（金）│年末に誰も路頭に迷わせない

　今日も朝からフル稼働。午前は＊＊区役所で火曜日にSOS対応したHさんの生活保護申請同行だ。重篤な病の後遺症に苦しみながら公園での野宿とネットカフェで暮らしていた。なんとか福祉制度に頼らずに働き続けてきたが、盗難に遭い現金だけでなく保険証まで盗まれてしまった。服用しなければいけない薬も切れ体調不良で仕事にも行けなくなり、「TOKYOチャレンジネット」が提供しているホテルに現在も宿泊している。その宿泊期限が今週末で切れる。

　今朝の血圧計測でも危ないレベル。治療を最優先するためにも生活保護を利用し、安心して暮らせるアパートに住んでゆっくり歩いて行こう。今日の＊＊区は、相談部屋の相談机に「不正受給にならないために」とデカデカと張り出し、無料低額宿泊所（無低）や施設入所を長々と説明するタフな福祉事務所だ。気合いを入れて臨み、現在泊まっている「TOKYOチャレンジネット」のホテル延長を要請し、住宅扶助費日割り分の範囲内でビジネスホテルに一時入居する判断を私に一任してもらうことで合意した。生活保護指定病院にケースワーカーから予約を入れて治療最優先で進めることも受理された。今日の相談員は私たちの支援方針を既に理解してくれている。アパート入居まで急ぎながら丁寧に進めていきたいと思う。

　夕方は、足立区から神奈川方面に車を走らせた。SOSをくれた20代の青年が泣きはらしていた。コロナで仕事がなくなり、振り込め詐欺の被害に巻き込まれていた。「お金をプレゼントするから口座と暗証番号を教えてください」との手口。彼の口座は盗まれ悪用されて、結果的に口座は凍結されてしまった。「反貧困ネットワーク」代表の宇都宮弁護士に連絡を取りながら今後の対処方法を助言した。とにかくもう独りじゃないからね。何回も励ました。

126

今日は重篤な案件の電話相談が移動中に続いた、何回も車を停車させる。今日だけで3件の「住まいからの追い出し」案件が続く。公的支援を受けられない外国人への退去強制、高齢に母親が亡くなり単身の女性が、都営住宅の入居要件外（60歳未満の単身者は対象外）で退去通告、民間賃貸からの追い出し案件、来週から対応が始まる。家賃が払えず退去させられる世帯が激増している。大変な状況になることが予想される年末年始に「誰も路頭に迷わせない」体制をつくるしかない。

11月16日（月）｜同志バンビよ支えておくれ

同志だった愛犬バンビが虹の橋に旅立った翌日のわが家は寂しい。スタスタと歩く足音も、どこからか見つめてくれる眼差しも、そして抱きしめた時の温もりもない。帰宅した時の出迎えももうないんだ。予想以上につら過ぎるな。またバンビに会いたいよ。私が虹の橋を超えた時には、すっ飛んできてまた胸の中に飛び込んでくれよ〜

今晩は「反貧困ネットワーク」の全体会議。議案書づくりに気合が入らず困ったが、事務局長の責任を果たさなければならない。会議開始時間1時間半前に何とか準備完了した。今日の全体会議では「住まいからの追い出し案件」が急速に増加していることを報告した。公的支援を受けることができない外国人への退去強制、高齢で母親が亡くなり単身になった女性の都営住宅からの退去通告、民間賃貸からの追い出し案などが立て続けに起きている。

今週から本格的に面談して対応が始まる。住居確保給付金の支給期限を迎える人が年末年始以降に続出する。住居確保給付金から普遍的な住宅手当へ、定額給付金や特例貸付から新たな生活保障制度、特に緊急要請として、年末年始の役所が閉庁されている時の一時住宅の提供を求めていく。並行して、この8カ月間支援してきた当事者が孤立しないよう当事者同士の交流を進めること、良い仕事が見つかるよう就労支援の場づくりの会を12月中に開催することを確認した。

今晩も21時30分を過ぎて所持金150円の青年からのSOSが届く。「TOKYOチャレンジネット」の一時住宅に居住していた青年が持病の関係で働けなくなって生活保護を申請したら、逆にホテルを追い出され、私たちで緊急宿泊対応した。私たちの支援活動はしばらく大変な状況が続く。悲しいことばかりだよ。だから同志バンビよ、これからも支えておくれ！

11月18日(水)｜これからたくさんいいことあるよ

　バンビの思い出に浸る時間すら許されない朝から夜遅くまでの支援活動。バンビも「最後までやり抜け！」と虹の橋から応援してくれている。議員会館に到着したら立憲民主党の尾辻かな子議員が寄ってきて、バンビとの別れを心配してくれた。福島瑞穂さんからも電話があった。バンビとは国会周辺でも一緒に歩いた。デモにも参加した。アイドルだったんだ。

　今日は朝から土曜日に所持金1円とペイペイ505円の状態で東京駅近くから連絡を受けた20代の女性を連れて、＊＊福祉事務所で生活保護申請に同行した。相談員との面談が想定外の3時間も掛かり、かなりの消耗戦になった。アパート入居までの間は「宿所提供施設」への入所にこだわる相談員。以前、＊＊区はビジネスホテルを提供していたのにおかしいと抵抗を続け、何とかホテルは確保できた。

　大学を卒業して夢見た業界で働き続けてきたが、驚くほどの低賃金と激務が続いて精神的に病んだ揚げ句にコロナ禍で仕事を失い、わずかな貯金も底を尽き、公園などで野宿していたという。「コロナ災害緊急アクション」が用意したビジネスホテルの個室のベッドで久し振りに熟睡できたと言ってくれた。彼女の壮絶な人生の経緯を考えると、一時宿泊先としてのビジネスホテルを支援者が粘らないと提供してもらえないのだろう。でも「今日からゆっくり休めるね」と話したら、「土曜日に宿泊したホテルでもらったクーポン券でボロボロになった靴から新しい靴に買い替えたんですよ」とうれしそう。これからたくさんいいことあるよ。希望を信じて行こう。

　夕方にやっぱり届いたSOS、何と埼玉県の東武越生線沿線からだ。遠い。とりあえず電話がつながっていたので連絡したら池袋まで戻るとのこと。残りの所持金は100円、待っていたのは私と同年代の男性だった。9月まで寮付き警備の仕事をしていたが、熱中症で倒れ雇い止めにされた。指を骨折したが病院にも行けず、指は曲がったままだ。来週に生活保護申請に同行する。直後に八王子方面でSOS、「コロナ災害緊急アクション」の仲間の片山薫さんや自治体議員が駆けつけた。総力戦の様相を呈してきた。

　夏ごろに家出して歌舞伎町からSOSをくれて駆けつけた20代女子、生活保護申請同行して、その後もずっと見守ってきた。彼女自身の意思で新たな旅立ちをしたいとのことで、一緒に見守ってきてくれた友人の支援者と一緒に話を聴いた。送り出すことに不安があるが、新たな旅立ちを応援すること

にした。もうすぐお別れだけど笑って「さよなら」しよう。これから何かあったら遠慮しないで相談するんだよ。

11月19日（木）｜どうか助けてください

　今晩もSOSが来た。新宿駅から池袋駅に徒歩で移動している。携帯電話は喪失している。どこにいるのか分からない。メールも契約が切れているスマホだけど、Wi-fiをつなげばメールのやり取りは可能なのでコンビニからメールが来た。良かった。ZOOM会議を20時30分で中座して池袋の待ち合わせ場所に向かった。

　壮絶で涙が出るようなメールだった。「神奈川県央地域で個人で居酒屋を経営していたが、コロナの影響でオーナーから閉店を告げられ、8月に店舗兼住居を失い、それからずっとホームレス生活を続けていたという。県央の＊＊市から歩き続け、あちこちをさ迷い、東京にたどり着いた。仕事を探しながら、面接などの前日だけ漫画喫茶などでシャワーを借りて身だしなみを整えるという生活を続けてきた。住所も連絡の取れる携帯番号もないのでどこにも雇ってもらえず、先週とうとう残金も尽きた。

　労働意欲もさまざまな資格もあるのに、遂には履歴書や証明写真を買うお金すらなくなった。「もう1週間ほど何も食べず水道の水だけの生活が続いています、どうか助けて下さい…」。本当に会えて良かった。今晩は本当に実感した。このような支援活動をしていて良かった。生きて会えたからだ。

　もう死んでしまうことはない。これからやり直すことができる。来週、生活保護申請に同行するよ。アパート探しまで頑張るよ。落ち着いたら居酒屋の料理を作って食べさせてね。本当に間に合って良かった。

11月20日（金）｜偏見と排除を許さない

　Mさんとうれしい再会ができた。成田空港の近くのビジネスホテルの清掃業務に従事していたが、コロナ感染拡大で雇い止めと寮からの追い出しにあった。成田空港構内で寝泊まりし、5月3日にSOSを発信し、「反貧困ささえあい千葉」の第1回相談会に来てもらい、連休明けの7日に＊＊区福祉事務所で生保申請同行した。＊＊区は都内で唯一ともいえる自主事業で東京援護協会と連携して、アパート入居支援を行う。無事にアパート入居し、独

りぼっちだったMさんはおせっかいの地元区議もフオローを続けてくれていた。真面目なMさんが某清掃事業所の責任者として就職が決まったとの報告があり、諸手続きを一緒に行った。最初に会った時のMさんは服は汚れ、顔面蒼白、多くを語ろうとしなかった。今日はよそ行きの格好いいジャケットを着て、少し雄弁になっていて、5月のころには1度も見ることがなかった笑顔を見せてくれた。本当に良かった。

おせっかいの地元区議さんと一緒に区内の都営団地に向かう。SOSをもらった50代の女性Cさんは泣いていた。80代の母親と2人で暮らし、働きながら介護を続けていた。10月に母親が急死した。悲しみが癒えるのを待つこともなく、JKK東京（東京都住宅供給公社）より、来月4月までに都営団地を退去するよう通告された。Cさんもコロナ災害の影響を受けて月収が10万円程度に減ったため転居する費用もない。以前は、名義人と同居していた親族は継続して住むことができた。

しかし、国土交通省は2005年に「承継の条件」を厳格化した。そのため名義人の配偶者と高齢者、障害者しか継続して住めないことになった。都営住宅に入居するためには、世帯の所得が一定の水準以下であることが求められる。一般世帯で月収が15万8,000円以下、高齢者・障害者がいる世帯で21万4,000円以下だが、60歳未満の単身世帯は入居資格がない。東京都の公営住宅戸数は世帯数の3.9％と、貧困率の関係から見ても圧倒的に不足している。でも公営住宅を新設しようとしない。そのため多くの若者を含む都民が入居できず、高齢者だけが暮らす都会の「限界集落」になりつつある。

一方、神奈川県では、低所得の非正規雇用者等の生活不安が社会問題化していることを踏まえ、60歳未満の単身者の方が県営住宅に申し込めるよう、県営住宅条例を改正し、11月13日より入居申込みを受け付け始めた。私たちは同様案件で継続入居を認めさせた事例も聞いているので、その事例を学び、来週から働きかけを開始する。

夜は埼玉県＊＊市に向かった。「新型コロナ災害緊急アクション」の外国人支援で知りあった外国人家族が、現在住んでいるアパートを「12月末で退去せよ」と家主から一方的に通告された。家族には生後6カ月の赤ちゃんもいる。家賃を滞納していない。賃貸契約書を見せてもらった。通常の契約条項に以下の事項が解約条項に追加されていた。①パーティーをやらない ②日本人文化に基づいたゴミ出しを行う──以上2点にも違反していない。この世帯もコロナ感染拡大の影響で収入がなくなり困窮し、「緊急ささえあい基金」

でサポートしている。12月末の寒空で赤ちゃん含む家族を路上で暮らさせることはできない。偏見と排除を許さない。来週から働きかけを開始する。

　埼玉から移動して20時半の池袋の＊＊公園、2週間前に生活保護申請同行して決定が下り、アパート転宅の打ち合わせ寸前に、ビジネスホテルからいなくなってしまった青年から連絡があった。ずっと探していた。彼は「死んでしまおうと思ったが死ねなくて助けをもう一度求めようと思った」と言う。区の福祉事務所は生活保護の廃止手続きをしないで「しばらく待つ」と言っていてくれた。

　彼から聞いた以前に生保申請したら入所させられた悪質な貧困ビジネスの無料低額宿泊所（無低）のこと。いつの間にか無低の職員にさせられて生保費は全額預けることを強制され、街頭でホームレス状態にある人に声をかけて無低に入所させる。手元に残るお金はわずかだ。今回のことは詳しくは書かないが、彼にトンデモナイことをしたヤツがいる。彼に非はないことが分かった。来週にもう一度、福祉事務所を訪問してアパート入居に向けた活動を再開する。絶対に見捨てない。

　夜遅くに帰宅したらアパート入居を準備している20代の青年から電話があった。純朴な青年なのに酒に酔っているようだ。よく聞くと「君のアパート入居など認めていない」とケースワーカーに突然言われたという。私が同行した時には「アパート入居の実務は瀬戸さんにお願いします」と言ったはずだ。またこの展開か！　こうやって心に傷を持った相談者を追い込むのだ。相談者と支援者の分断、相談者の精神をズタズタにしてしまう可能性を秘めている生活保護行政。本当に一時も目を離せない。

11月23日（月）｜明日からも共に闘おう

　午後から自立生活サポートセンター「もやい」主催の「コロナ禍の困窮者支援：もやいとパルシステムの現場から」に、ゲストスピーカーとして参加させていただいた。パルシステム連合会とパルシステム東京が企画協力している。スピーカーが4人で持ち時間が7分ずつという無理がある展開にもかかわらず、それぞれが分かりやすく活動の要点を報告した。どれも中身の濃い内容だった。

　私の職場でもあるパルシステム連合会では、地域団体や「ジーピーエス」「パルブレット」と連携して食材を支援している。欠かせない継続的支援に感謝

するとともに今後もよろしくです。「新宿ごはんプラス」に24日間4,600食分、東池袋中央公園のNPO法人「TENOHASI」の炊き出しに10日間3,000食分、「あじいる」などの隅田公園炊き出しと食材提供に420食分、府中緊急派遣村に260食分、厚木市生活困窮学生緊急支援(フードバンクあつぎ)に120食分を提供した。上半期で8,400食分になる。11月には外国人相談会にも200食分の提供もいただいた。

　東京新聞記者の中村真暁さんは「私が歩いたコロナ禍の困窮者支援の現場」を報告。「お腹をすかせた人、誰にも助けてもらえないと感じている人、ずっと一人で生きてきた人、もう死のうと決意した人、色んな人に会ってきた。記事の一つで何が変わるのだろうとはがゆさや悔しさを感じることも。困窮していたりホームレスだからこその生きづらさもある。そうした大きな視点を持つことと並行して、一人一人にフォーカスをあてた情報を届けることで他者への想像力を持てる社会にしたい」。取材現場で記者なのに誰よりも怒り涙を流す中村さんの姿を見てきた。明日からも共に闘おう。

　その後、20代の青年と待ち合わせた場所は中野駅近くのドン・キホーテ前。彼を後部座席に乗せて出発し100メートルほど車を走らせたところで、パトカーが「そこの車、停車しなさい」と大音声。何も交通違反なんてしていないぞ。車を止めてに理由を聞くと「職務質問だ」と言う。理由をなかなか語らない。私は任意であることを確認して「職質を受ける理由はない」と反論したが、なかなか引き下がらない。理由は「不審な行動の雰囲気を感じた」からだという。上野駅周辺でもSOS対応中にパトカーにマークされたことがある。私たちの支援活動を邪魔するな、弾圧するな！　本当に嫌な社会になったもんだ。

11月24日（火）｜支援者のあなたに答える必要はない

　深夜の4時頃に携帯電話が鳴った。すっかり寒くなってきたので、最近急増している女性からのSOSかもしれない。やっぱり電話に出ることにした。都内＊＊警察署からだ。昨晩のSOS対応中の不可解で不当な職務質問に猛然と抗議した後なので、「次は任意出頭か！」と思ったが、こんな夜中にさすがにありえない。半年くらい前にSOSが入り生活保護を一緒に申請して近隣県でアパート暮らししている20代女子だった。都内にふらりと出てきてしまい、自宅に帰る所持金もなくなり、終電時間も過ぎた寒い夜にさまよったところ

を警察に保護されたのだ。

　今日の朝10時からの＊＊区での生保申請同行の前に待ち合わせして、一緒に珈琲と朝食を食べながら昨晩の事情と「最近の生きづらさ」を聞いた。本来は地域での相談先やつながりの場が必要だと思うが、相談者のそれぞれの困難事情の受け皿へのマッチングは至難の業だ。「経済的な貧困」と「関係性の貧困」、特に若い世代は難しい。「細い線」でもいいからつながっていこう。今日も「生きていてほしいんだ」を何回も言いながら自宅に帰る後ろ姿を見送った。

　午前の＊＊区の生活保護申請同行は信頼できる数少ない福祉事務所で行った。相談者は50代男性で警備の仕事を雇い止めされ、2カ月間30社に応募したがすべて不採用に。年齢と健康問題が理由だと本人は言う。血圧は180を超え、転んで骨折した指は曲がったまま。保険がなく治療ができなかったのだ。＊＊区が用意したビジネスホテルで1カ月間、一時宿泊し、その後のアパート入居を目指すが、治療最優先で伴走していこうと確認し合った。

　＊＊区で1カ月前に生保申請同行して保護決定がとっくに決定したTさんのアパート入居作業を進め、物件申し込みをしていた段階で、担当ケースワーカーが「現段階ではアパート入居はまだ認めていない」と回答してきた。Fさんは動揺し落胆している。今日、私が電話で抗議する。申請同行時にアパート入居を私たちが進めると＊＊区も確認したはずだ。なのに、ケースワーカーは「そんなことは知らないし、相談員はそんな話をするわけがない」と言う。「それでは12月に決まるのか？」と聞いても「支援者のあなたに答える必要はない」と電話を一方的に切られる。

　Tさんは既に働いている。＊＊福祉と同じ展開、受給者証も発行されていない。他にも生保決定していてアパート入居を準備している相談者が明日、面談するので影響大だ。厚生労働省社会・援護局保護課は2020年3月10日付け事務連絡で、「居宅生活が可能と認められる者」については「自立相談支援機関や住宅部局、不動産関係団体と連携し、必要に応じて住居に関する情報を提供」すべきとしている。＊＊区では、私たちに一時住宅も用意させておきながらアパート早期入居を拒んだ。明日以降またやり合うのか！

　福祉事務所が「家に住むこと」についての決定権を持ち、路上経験がある相談者を「アパートに住むための準備期間が必要」という考えを改めてほしい。住居のない人が生活保護申請を行った際には居宅保護の原則にのっとり一時利用住宅を提供し、その後、アパート入居が速やかにできるようにしてほしい。

COVID-19

2020年
12月

2020 年 12 月 31 日現在
新型コロナウイルス感染症
感染者：230,304 例／死亡者：3,414 名

（※厚生労働省の HP から「新型コロナウイルス感染症の現在の状況と厚生労働省の対応について」

https://www.mhlw.go.jp/stf/seisakunitsuite/bunya/0000121431_00086.html）

2020 年 12 月 19 日。東京・日比谷公園で、「コロナ災害なん
でも相談会」が開かれた。

12月2日(水) │ いつ死んでもいいと思っている

　女性からの SOS が急増している。11 月以降の私自身の対応件数の半数を占める。その 80％以上が 10 代と 20 代だ。昨日の NHK「クローズアップ現代」で「急増！　コロナで派遣切り。生活苦から性風俗に転じる女性たち」が特集されていた。女性の多くが非正規や派遣、サービス業を解雇され、生きるために性風俗の仕事に足を踏み入れる。未成年の少女たちが大きな危険にさらされている。家族との関係がうまくいっていない少女がコロナによって孤立している。今日の SOS 対応で出会った女性 2 人とアパート入居面談で支援継続中の 1 人の計 3 人も 10 代と 20 代だった。

　午前にお会いした女性は、私が登場した NHK BS1 スペシャル「東京リトルネロ」を見てくれていた。昼間は大学に通いながら、夜は性風俗の仕事を掛け持ちして学費を自ら払い、病身の親と弟たちの生活費も支えている。世帯分離したうえでの親の生活保護申請の相談に行ったら福祉事務所から追い返されたという。

　ひたすら家族を支えるだけに一生懸命生きる 19 歳は小さな幸福すら経験してこなかった。家族を支えることだけが人生のモチベーションだという。でも「崖からいつ落ちて死んでも不思議じゃない」「いつ死んでもいいと思っている」と言いながら彼女は笑った。彼女のツイッターを読ませてもらった。涙が止まらない。家賃未払いで来月には追い出されると書いてある。でも彼女は今日、この話題には触れなかった。

　昼間にアパート入居に向けて対応した 20 代の女性はテレビ業界で働いていたが、業界特有の激務と低賃金で精神的な病を患い、仕事を続けることができなくなった。もう非正規の仕事しかない。コロナで仕事を失い、住まいも追い出された。所持金 1 円の状態で SOS。会った時は死ぬのが恐くて泣いていた。とりあえず今日はうれしそうだ。新たなアパート暮らしの希望が芽生えてきた。

　夜、SOS でお会いしたのは女子高校生だった。コロナ感染拡大以降、親との関係が悪化して家を出た。詳しくは書かない。親も貧困で頼れないというケースが多い。シングルマザーの家庭も少なくない。親自身もイラつくことばかりの日常だ。急速な親との関係悪化、こうした事実を見ると、やはり「家族」は急速にセーフティネットとしての機能を失っているのが分かる。

　今日は他に自立生活サポートセンター「もやい」を訪問し、生活保護申請

に同行した2人の40代男性のアパート入居の打ち合わせをした。Sさんは路上からSOSを受けた時に高血圧で体調が悪く、医療優先で対応した。今日初めて聞いた。長い間、困窮状態で暮らしてきたが、ある教会の高齢シスターの生活サポートを陰で続けていたのだ。出会ってから人一倍人懐っこく頼りないと感じていたSさん。自分自身の身体がヤバイ状態なのに高齢シスターの身の回りの世話を続けていたのだ。人一倍の寂しがりやのSさんとは長い付き合いになりそうだ。

12月6日（日）｜今日行かないと相談者が倒れてしまう

「移住者と連帯する全国ネットワーク（移住連）」の稲葉奈々子さん、原文次郎さんと午後から常磐高速道をぶっ飛ばして茨城県＊＊市に向かった。仮放免中のMさんは2年前に脳梗塞で倒れて片麻痺で失語症の障害が残っている。同胞のKさんが自分自身も仮放免で経済的に厳しい状況にもかかわらず、居住や生活の全ての面倒をみている。今後も面倒をみるといってもKさん自身の経済的事情が許さない。問題は日常生活支援や医療対応だ。

　日本人の支援者からのSOSを受けて駆けつけたのだが、仮放免の場合は働くことも県外に移動することも許されていない。医療も保険がないので高額診療となる。10年以上も仮放免で放置して生存権を否定して心身共にボロボロにする。同胞の支え合いがなければ異国の地で野垂れ死ぬ。このような状況下で支援者もできることは少ない。できることといえば公営住宅の入居を認めさせることくらいしかない。

　私たち、「新型コロナ災害緊急アクション」の計3回の政府交渉で「仮放免者や短期滞在者などの場合、家賃が生活を圧迫している。住宅を喪失しないために公営住宅あるいは宿泊施設を提供してください」と要請してきたが、これに対し「目的外使用を認めている」との回答を国土交通省から得ている。地元支援団体に連絡を取り県営住宅入居の働きかけを開始することにした。

　「渋谷区ホームレス女性殺害に抗議する。野宿者に対する排除と暴力を許さない。12.6デモ」が開催されているころに、私たちは東京・六本木にいた。携帯電話がないので会うまで時間がかかった。帰りの常磐高速道走行中に飛び込んできたSOSは所持金は320円の30代男性からだ。「今現在、食べ物なくて住む所もありません。どうしたらいいのか分からないのです」。渋谷には向かわずに六本木に直行した。

地方から東京に出てきて、建築の仕事を先月解雇された。全ての荷物を盗まれ、身分証明書もキャッシュカードもない。数日間、公園で野宿し、ホームレスのおじさんに防寒ジャンパーをもらって大事そうに抱えていた。本当に寒くならない間に会えて良かった。生活保護申請に同行して必ずアパート入居できるようにするよ。

　六本木から北品川に向かった。「映像祭〈ドキュメント〉」のゲスト参加を依頼されていた。登壇時間は 21 時 30 分の大トリだった。NHK BS1 で放映された「東京リトルネロ」を制作した松井至さんからの依頼なので断れない。闘いの同志のような存在だからだ。会場に到着した時には、NPO 法人「POSSE」の渡辺寛人さん、山本健太朗さんの「私たちは闘うことにした」のトーク、「革命やるんだ！」と決起宣言のような発言が続く。私は最後に『優しくない社会を生き抜くために』をテーマにトークさせていただいた。

　かなり遅い時間なので呂律も回らず、話も壊れたトークになってしまった。ブルーハーツの「TOO MUCH PAIN」の気分だ。でも連日の SOS 対応で現場に向かい続けているのは、「今日行かないと相談者が倒れてしまうかもしれない」という想像力と痛みを分かち合おうとする思いからだ。2017 年 5 月に原発事故で母子避難中のお母さんを自死させてしまったことがある。SOS に気付けなかった無念を繰り返したくない、それだけは胸に誓っている。

12月9日（水） ｜劣悪な貧困ビジネスに耐えられず退所

　朝の 9 時 56 分に友人の中村奈保子さんからメールが届いた。奈保子さんは『放射能測定マップ＋読み解き集』を出版した市民団体「みんなのデータサイト」の事務局で頑張っている心優しき女性だ。事務局長の小山真弓さんも私にも知らせずに困窮状態にある人たちへの物資支援を内緒で続けてくれている。原発事故避難者の人たちや福島の友人たちが困窮者や公的支援を受けれない外国人の窮状を悲しみ、食糧や物資支援を次々と行ってくれている。涙がでるほどうれしい。

　奈保子さんからのメールにはこうあった。「先ほど仕事に行く途中の渋谷交差点で困ってる男性と出会い、『反貧困ネットワーク』の電話番号と瀬戸さんの名前を紙に書いて渡しました。わたしの名前も伝えました。もしかしたら、その男性から相談の電話があるかも知れません。40 代くらいと思います。家がないとのこと」

男性は渋谷駅ハチ公前の交差点近くで座り込んでいた。通信手段はまったくない。私と同年代のＡさんは＊＊区で以前生活保護を申請したが、利用条件は無料低額宿泊所への入所だった。そこで生活保護費は施設費としてほとんど吸い取られた。劣悪な貧困ビジネスに耐えられずに退所。２カ月間、公園で野宿していたので身体中が汚れきっていた。いつも事情を理解してくれるフロント係がソーシャルワーカーのように対応してくれる＊＊ホテルに連れて行き、生活保護申請の同行日まで安心して泊まってもらう手配を完了した。久しぶりのお風呂に入っておいしいご飯を食べて明日は髪を切って、少しだけ服を買って着替えたら、イケメンオジサンに様変わりするよ。

今日は緊急アクションに届くメールフォームに多くのSOSが届いた。相談対応チームが分担して対応を急ぐ。私は川崎のSOS対応が予定されていたが、本人から勇気を振り絞り一人で生活保護申請したとメール。「今日からアパートも一緒に探してくれて、前払いとして支給された保護費でホテルに泊まります」とうれしい内容だ。こんな対応をしてくれる福祉事務所が川崎市内にあったんだね。

八王子市は元市議の陣内泰子さんが駆けつけている。私は文京区民センターで開催されている「最高裁判決後の格差是正、均等待遇実現の手がかりを求めるリレートーク」集会で現状報告を行い、新宿からのSOSに向かう。24歳の青年で所持金は1,000円のみ。大学卒業してIT企業に就職したが、コロナ禍の影響で雇い止めになった。２カ月間ネットカフェ暮しを続けているが、次の仕事は見つからない。「生活保護を若者が受けることは恥」との意識が強く、生保申請をちゅうちょしている。

明日、「TOKYOチャレンジネット」に行くが、チャレンジネットの支援はホテルのみ。仕事が全くない状態なので生活資金どうするのか。仕事が全くない状態では難しいので取りあえず給付金を渡した。もう一度SOSがくる可能性がある。渋谷からのSOS対応は翌日に持ち越された。朝の段階ではその日がどんな１日になるかさっぱり分からない。日程が真っ白でも１日の終わりを振り返ってみたらとんでもなく忙しく、帰宅が深夜になる、そんな生活が９カ月続いている。

12月15日（火）｜家族を支えることがモチベーション

菅首相が突然発表した「Go To トラベル」の全国一律停止で個人的には困っ

た状況になっている。福祉事務所に同行して、生活保護申請が即日受理されるが、アパート入居までの一時宿泊先として、ビジネスホテルを紹介する自治体は東京 23 区でも 4 区しかない。他の 19 区は無料低額宿泊所や更生施設への入所を強要に近い状態で押し付けてくる。「住まいは基本的人権」なのだから、アパートを希望する当事者には、まず無条件でアパートを提供するのが基本だ。アパート入居前であっても「施設収容」は認められない。

　ビジネスホテルの提供を頑として認めない福祉事務所での申請時には、住宅扶助費特別基準の日割り金額である 2,100 円以内のビジネスホテル（またはネットカフェ）を相談者と一緒に探しておいて、それからケースワーカーと交渉する。ホテル代は「Go To トラベル」とクーポンチケットを組み合わせて 2,100 円以内に収める。

　朝、2 人の相談者から電話が来た。12 月 28 日を過ぎたら「行き場がなくなる。どうしたら良いですか」と言ってきた。本当に困った。過去の経歴の関係などで家賃保証会社の審査が通らずにアパートが決まるまでに時間がかかる場合がある。何とか間に合わせたい。でも何で支援団体がここまで苦労しなければならないのだろう。「Go To トラベル」の全国一律停止は、家を持たない多くの困窮者を「路上への恐怖」へと追い込んでいる。

　ここ数日間、北は北海道から沖縄まで全国各地からの深刻な相談が「反貧困ネットワーク」経由で相次いで届いている。基本は相談者の居住地の支援団体を紹介するが、空白地域が多い。家賃滞納による追い出し案件、生活保護追い返しなどで、多くの相談者が深く傷ついている。返信メールで励まし続けるしかない。取りあえず一人ではないことを伝える。

　午前、昼間は大学に通いながら、夜は性風俗の仕事を掛け持ちして家族の生活費を稼いでいる女性と再会した。彼女は「家族を支えることだけが人生のモチベーション」だという。月 40 万円を稼ぐ生活で、再会した彼女は疲れていた。溜まっていた家賃を支払ったばかりで所持金は少ない。コロナウイルス感染第 3 波で、年末の収入はさらに減少するだろう。前回会った時は「崖からいつ落ちて死んでも不思議じゃない」「いつ死んでもいいと思っている」と言いながら彼女は笑っていたが、今日は笑っていない。「これ以上、身体を酷使しない生活を送らなければ」と一緒に今後の生活設計を考えた。来月にはお母さんに「一緒に会いに行こう」と決めた。

12月18日（金）｜ニャンコの命を守りぬけ

　昨晩深夜に来たメール。「現在、住んでいる部屋を来週に退去しなければなりません。猫が一緒です」。20代の青年で所持金もごくわずかだ。住所を確認したら自宅に近い。先月の猫と一緒の青年も自宅に近かった。「新型コロナ災害緊急アクション」ではペット連れの困窮者を支援する「反貧困犬猫部」を結成している。「ニャンコの命を守り抜け！」という雨宮処凛部長の指示を待たずに朝になる前に返信した。「午後にお会いしましょう」

　この青年は働いていた飲食の仕事がなくなって久しい。猫は1歳、来週に私のクルマに引っ越し荷物を積んで、猫も連れて、＊＊福祉事務所に生活保護申請同行する。通常ならばビジネスホテルで一時宿泊して1カ月をベースにアパート入居を目指すが、ペットと泊まれる一時宿泊できるホテルなど東京都は用意していない。

　「つくろい東京ファンド」の稲葉剛さんは全力を挙げてペットと住めるシェルターを探してくれると言ってくれる。空いてない場合はわが家で預かることができるかパートナーに聞いたら「預かるよ！」との答え。虹の橋の向こうに行ってしまった愛犬バンビも背中を押してくれている。でもこれでは飼い主さんと一時的にでも離れてしまう。早くシェルターが空くといいな。

12月19日（土）｜仕事と居場所がづくり必要

　今日は11時から17時まで日比谷公園で「コロナ災害なんでも相談会」が開催された。全労連を中心に20団体が参加する実行委員会の主催で「反貧困ネットワーク」と「コロナ災害緊急アクション」は生活保護と住まい相談のブースを担当した。私は8人の生活相談と5人の緊急給付を行った。

　職探し相談に訪れた30代男性。「生活保護を利用していることで世間に申し訳ない。周りから偏見で見られたり、バカにされたこともあった。生きていく価値なんかない。死のうと思うことがよくある」。小さな声で何回もつぶやく。だから「早く仕事がしたい」という。労働相談と言っても私たちは何と答えたら良いのだろう。単純にここに行けば職探しできるよ！と簡単に終わらせる相談なんてできないと思った。例えば寮付き派遣で雇い止めを受けた人に、もう一度、不安定な寮付きの仕事など安易に紹介したくない。助け合い協働できる職場を創り出すことも必要なのだとつくづく思う。

居所がない人の相談が6件あった。全員が仕事がない状態なので「TOKYO
チャレンジネット」のビジネスホテルなど一時利用住宅の提供の対象外だ。
このうち高齢者以外の5人は「生活保護は利用したくない」と明確に意思表
示した。共通している理由は「生活保護を利用することが自尊心やプライド
を傷つける」や「親や家族の扶養照会によって自分の現状や所在を知られた
くない」だった。「親に心配をかけたくない」とも言う。生活保護は「権利」だ。
本当に苦しくなった時に、誰でも利用できるはずだ。扶養照会なんかもうや
めてほしいと思う。

　17時に相談会を終了後、「コロナ災害緊急アクション」のSOSが2件入り、
新宿で待ち合わせした。ここでも2人ともに、仕事がない状況で生活保護申
請にはちゅうちょしていた。「緊急ささえあい基金」はあくまでつなぎであっ
て、数日後には給付金は尽きてしまう。Aさんはそれでも昨日行った派遣会
社の採用可否に希望を見出そうとしている。Bさんは元パンクロック・ミュー
ジシャンで「生活保護はオレのプライドが許さない」と言う。自家用車でア
ナーキーやモッズ、ARB、ブルーハーツを流しながらのアセスメント。80年
代の反体制ロックムーブメントの話で盛り上がった。「今日会えて久し振りに
ポジティブになれた」と喜んでいた。連絡待ってるぜ！

　電話相談会の現場から連絡が来た。今日の電話相談会で対応した所持金
100円の男性宅に向かってほしいとのこと。21時に到着。コロナで収入がほ
とんどなくなり家賃も滞納状態になっている。生活保護利用も選択肢とのこ
となので、丁寧に説明したが、ここでも扶養照会の件が「立ち止まる理由」
となっている。一緒に同行するから平気だよ！と伝えた。来週に連絡が来る。

　今日は14時〜15時30分の間だけ「コロナ災害なんでも相談会」の会場
から池袋に向かい、ワーカーズコープの一般社団法人「日本社会連帯機構」
の総会記念フォーラムで連帯スピーチをさせていただいた。困難な状況にあ
る多くの人たちは「こうなったのは自分が悪いのです。私みたいな存在が生
きていていて良いのでしょうか」と思い詰めている。

　「自己責任」と「自助」が声高に叫ばれる社会にあって、「連帯と協働社会」
の重要性が高まっている。私たち「コロナ災害緊急アクション」でつながっ
た人たちの多くも孤立し悩んでいる。仕事がない。真剣に力を込めて「連帯
と協働社会」に向けた仕事と居場所づくりが必要だ。連帯のネットワークと
協働連携事業を広げて準備していく。

12月24日(木) | これって「住まいの貧困」だ

　先週、20代男性からSOSメールが届いた。「現在、住んでいる部屋を来週に退去しなければなりません。猫が一緒です」。働いていた飲食の仕事がなくなって久しい。猫は1歳のチッコイちゃん。猫のことになると100万馬力のように動き出す「つくろい東京ファンド」の稲葉剛さんが誰にも止められないパワーで、ペット可の部屋を確保し、昨日、布団や家電を搬入してくれたのだ。

　今日の私は追い出されたアパート前で待ち合わせして自家用車に荷物を積み込み、チッコイちゃんと一緒に＊＊福祉事務所に直行、車窓から見える街の風景を見入る猫ちゃんがかわいい。聞くと保護猫で、生後3カ月で捨てられていたらしい。命をつないでくれて飼い主さんに感謝だね。猫ちゃんは車でお留守番。＊＊事務所ではシェルターが確保されているので問題なく保護受理され、年明けには保護決定される見通し。2月にはアパート探しが厳しくなるので早めにアパート探しを勧めます。

　福祉事務所を出発して、稲葉さんが待つシェルターに向かう。先に到着していた稲葉さんもチッコイちゃんと会えて、普段は見せない笑顔でうれしそう。私はすぐに次の緊急支援に向かうのでお任せして、今日はお別れをした。年明けのアパート探しまでチッコイちゃんとの再会はお預けだ。

　都内の＊＊駅でSOSを発信したYさんと会う。コロナの影響で職を失い家賃が払えず、明日で追い出される。12月に入り、追い出し案件が急増している。来週月曜に生保申請同行を緊急アクションのメンバーにお願いしたが、驚く話を聞いた。Yさんが長年、住んでいた場所はレンタルオフィスで、2畳部屋で家賃は38,000円。同じ場所に20人が住んでいるとのこと。これって新たな「住まいの貧困」じゃないですか。

12月27日(日) | 親が死んだら子は出ていけ

　午後は板橋区議の五十嵐やす子さん主催の緊急相談会に参加した。数多くの板橋区で生保申請同行した当事者の皆さんのその後をしっかりフォローしてくれている。今日も路上にいたジェントルマンTさんも来訪し、その後のアパート暮らしについて状況報告。「自分が助けてもらったから今度は助ける側に回って手伝いたい」と言う。とってもうれしいね。

今日の最大の参加目的は都営団地からの退去を求められている50代後半の女性の継続相談だ。10月に80代の母親が急死してしまい、娘である女性が6カ月後の退去を求められている。コロナの影響で収入が半減している状況だ。東京都にも折衝したが、「例外は認められない」との返答だった。私は生活保護制度を使い、アパート転居を勧めるしかなかった。でも彼女は受け入れることができない。当然だと思う。

　都営住宅の使用承継制度は住宅の名義人が亡くなった場合、かつては同居の子に名義を承継して住み続けることができたが、2007年に、「原則、配偶者のみ」に改悪された。名義人の死亡または転出の日から6カ月以内に退去させられる。期間を過ぎても退去しない場合は、猶予期限の翌月から家賃相当額を負担させられ、最終的には訴訟を提起される。親が死んだら子は出て行け！となっている。

　公営住宅の使用承継を2007年8月から「原則配偶者のみ」となった後、昨年9月までに都内で母子世帯、生活保護世帯、軽度な障がい者世帯等も含む2,361世帯が追い出された。ある母子世帯はアパートを借りたが、家賃が払えなくなり、生活保護を受けることになった。20年間親の介護をしていた50歳の男性は仕事が決まらず、転宅もできず、電気、ガス、水道を全部止められ、餓死寸前に自治会の役員に救われた例もある。このように承継できない世帯が新たな住宅困窮者になって深刻な事態を引き起こしている。

　多くの政令都市はこのような厳しい制度を適用していない。何とかしないといけない。仮に「退去」を求めるとしても、退去費用と転居時の入居費用補助などを制度化すべきだ。コロナで収入が減少している人に対し、引っ越し費用も全部負担させて、駄目だったら生活保護を利用すれば良いという安易な誘導はしたくない。「住まいは人権」だ。政治を変えないと、制度を変えないとダメだ。

　帰宅して「今日は任務終了！」と思ったが、身体を休める間もなく、新宿からSOS。もう20時30分だし、明日に対応できないかなと思ったが、所持金500円で今日から野宿だと言う。外はかなり寒い。「1日だけ野宿してください」とはさすがに言えるわけがない。到着した時間は22時00分過ぎ、再度の感染拡大影響で夜の新宿駅西口は真っ暗だ。待っていたのは20代男性。支援団体もない地方の出身で、支援団体が多い東京に助けを求めた。地方では一度仕事がないと再度、仕事に就くことが難しく、野宿生活寸前で最後の望みをかけて東京に来た。明後日までの宿泊と生活費の給付を行い、福祉事

務所に同行する。帰宅時間は 23 時 30 分。今日の任務終了！

12月29日（火）｜年末年始を越えられない

　今日から年末年始の昼間は、ほぼすべての時間を仕事や住まいを失った方の相談会、夜はあちこちの路上から届く SOS 対応に時間を費やす。

　今日は、「TOKYO チャレンジネット」横の大久保公園での「年越し支援・コロナ被害相談村」の生活相談を「新型コロナ災害緊急アクション」が担当した。主催は日本労働弁護団、全労協や全労連、連合に参画する地域労組、派遣社員ら非正規雇用労働者が加入するユニオン労組の有志らでつくる実行委員会。開催が決まり記者会見での発表が昨日だったにもかかわらず、初日の相談は 56 件、弁当などの食料提供は 60 件もあった。

　「TOKYO チャレンジネット」でのビジネスホテルの一時提供は 1 月 4 日朝が退去日になっている。1 月 4 日以降はどうするのか？　仕事もなく所持金もほとんどないのに生活保護を拒む人が大半だ。「生活保護で施設に入れられて尊厳を踏みにじられた。アパートでも孤独でつらかった。それならば路上で暮らした方が気が楽だ」。本当に本当につらい答えばかりだ。生活保護は権利と言ったところで、傷つき過ぎた相談者の心には届かない。空しい。

　今日は豊島区などいくつかの福祉事務所が生活保護申請受付とビジネスホテル提供を行なっている。─昨日夜に北千住ではあった F さんが大久保公園に来てくれた。でも今日はスタッフ不足で生保申請同行できない。私の名刺を持って一人で福祉事務所に行ってもらった。スピード受理してくれたらしい。1 月 4 日に再度、福祉事務所を訪問しケースワーカーとの面談という手順だという。アパート入居まで無事に進むよう年明けからサポートしていきたい。80 代の野宿生活が長いおじいさん、命からがらたどり着いた。新宿区議さんに生活保護申請同行をお願いした。

　今日はとてもうれしいことがあった。生活相談で対応させて頂いた路上生活が長い 50 代の Y さんはかなり長い時間説得して年明けに生活保護申請同行してアパート入居を目指すことになった。私たちの活動に感動してくれ、新宿駅地下で寒空で寝ている人たち約 30 人に相談会のチラシと弁当を 24 時から配布してくれた。何とか年末年始はホテルに泊まって可能であれば生活保護を利用しようとも呼びかけてくれた。Y さんと出会えたことに感謝！

　一緒に生活相談を担当していた雨宮処凛さんがチャレンジネットや新宿駅

周辺で参加の声掛けをした人が心臓の痛みを訴え、救急車に同乗した。最低でも2週間の入院が必要と言われ、入院となったようだ。長い野宿生活で身体が壊れた人も多い。

　最後に、「戦争させない・9条こわすな！総がかり行動」の菱山南帆子さんと会う。明日に地元自治体ではじめて生活保護申請同行を行う。地元自治体は"水際作戦"で追い返し、生活保護申請なのに自立支援に回すハードルが高い場所、対処方法を伝授した。小さな声で連帯のシュプレヒコールで送り出した。

　相談会を終えて3件のSOSに向かう。1件目の新宿のマンガ喫茶からのSOSは途中で通信が途切れた。2件目の埼玉県＊＊市からのSOSは家賃未納の追い出し案件、明日中に振り込まないと追い出される。途中に電話でお話して明日以降に会うことにした。3件目は日比谷の相談会でお会いした埼玉県＊＊市からの男性、「今日死んでもいい」とのメールが来たので自宅まで向かう。会えた。所持金が少なく年末年始を越えられない。緊急給付を行う。根本的対策は年明けに考える。

12月30日（水）│このままでは死んでしまう

　今日は大久保公園での「年越し支援・コロナ被害相談村」2日目だ。今日の相談は115件で1日目と合計して170件になった。10時から17時までの間、途切れることのなく生活相談に応じた。私だけでも15件、昨日と同様に生活保護を拒む方が大半だった。

　生活保護でなく。一時的宿泊の利用の場合は「TOKYOチャレンジネット」を経由するが、1月4日朝が退去日、4日以降は本人が再び窓口にいき、再申請するしかない。今日は、相談者が多く、細かな事情を聞かずにビジネスホテルを提供していた。4日以降は仕事がない方の場合は拒否される可能性は多い。所持金も居場所もないのに生活保護を拒む困窮者は寒すぎる野宿生活を再び強いられる。生活保護利用を丁寧に進めよう。福祉事務所を経由すれば1カ月のビジネスホテルを利用しながら生活保護決定を待ち、アパート入居を目指すことができるからだ。

　私が相談を受けた中で、ベトナム、エチオピア、インドネシアの人たちがいた。ほとんど所持金が底を尽いている。就労資格がない。就労資格があっても真っ先に雇い止めになっている。1人でなく友人同士で駆け込んでくる

パターンも多い。このような風景はかつてないことだ。しかし、公的支援を受けられない外国人はどうやって生きていくのだろう。政府よ、答えをください。このままでは死んでしまいますよ。

　今日もこれで終わりではなかった。新宿から遠く離れている葛飾区から2件のSOS対応で車を走らせる。閑散としている首都高速は強風にあおられて怖い。アフリカの仮放免の女性は家賃滞納でこのままだと退去が必至だ。日本に来て10年以上、在留資格が取り消され仮放免となり、難民申請しても認められない。就労資格が与えられず、このままだと死んでしまう。取りあえず緊急給付を行った。4月以降、命をつないできた外国人は1,200名に達する。政府はどうする気なのか。

　同じ葛飾区から来た単身男性のSOSに向かう。1週間以上も水だけで暮らしてきた。この人もこのままでは死んでしまう。緊急給付を行う。21時、長い1日が終わった。

12月31日（木）｜大晦日の夜も東京を駆け抜けた

　今日は「新型コロナ災害緊急アクション」主催の「池袋緊急相談会＠東池袋中央公園」を開催した。「つくろい東京ファンド」「ビッグイシュー基金」「POSSE」「反貧困ネットワーク」との協働主催だ。パルシステム生活協同組合連合会が食料支援したほか、「世界の医療団」が医療、企業組合「あうん」が備品を提供してくれた。多くのボランティア参加の皆さんに感謝です。

　私は相談コーナーの司令塔として、給付金支給と福祉事務所誘導手配などを担当した。全体集計で約100人に食料配布し、31人に生活相談を行い、うち6人が豊島福祉事務所を通じて生活保護申請の仮受理とホテル宿泊、6人が「TOKYOチャレンジネット」のホテル宿泊にこぎ着けた。また11人に「緊急ささえあい基金」で当面の生活支援金を給付した。

　今回は豊島福祉事務所の頑張りがあったからこそ、寒い野宿暮らしを強いられた宿泊希望者全員が大晦日や正月をホテルの温かい部屋で過ごすことができる。さらに1月4日、5日に今後の生活について相談対応してくれる。豊島福祉事務所には5月以降、毎週のように生活保護申請同行で訪れていた。傷つき疲れきった相談者が無事にアパート入居できて、新たな人生をスタートするためには、福祉事務所の温かい丁寧な対応と伴走が必要だ。これからもよろしくお願いします。

大晦日の夜も SOS があった。調布市からの SOS で池袋から中央高速で向かい 20 時にやっと到着した。難病で移動困難の単身者で 1 日、1 回ご飯かパンを食べているだけという。その状態が 3 週間続いていた。給付金を渡して命をつないでもらった。年が明けたら 1 月 4 日に生活保護申請同行し、医療最優先で応援していく。2020 年の大晦日の夜も東京の夜を駆け抜けた。新年も東京の夜を駆け抜けます。

2020 年の大晦日、「池袋緊急相談会・東池袋中央公園」が開催された。

瀬戸さんと協同組合運動と共生の社会づくり

生活協同組合パルシステム東京顧問　野々山理恵子

助け合いの組織の中で

　協同組合は相互扶助、助け合いの組織と言われています。が、今大きな組織となった生活協同組合で、日々の業務に追われる中、言葉だけでなく助け合いを本当に実践している者はどのくらいいるのでしょうか。そのような中で、パルシステムの中に瀬戸さんのような仲間がいることをとてもうれしく思いますし、その活動を認めている生活協同組合の組織ってなかなかいいな、と考えています。

瀬戸さんの想いで

　パルシステムにて瀬戸さんといっしょに活動してきましたが、いつからだったでしょうか、思い出せません。10 数年前からパルシステムの運動委員会などの社会活動の委員会に一緒に属していたこともありましたし、その他にも平和や環境のデモなんかでも一緒だった気がします。
　とにかく、あっちこっちでいつもすぐ見つけられる瀬戸さんを見かけて、一緒に語り合ったり行動したりしてきました。
　その中で特に記憶に残っているのは、原発事故後の福島での活動です。福島市や郡山市などでの集会に放射能に気を使いながらも参加し、発言したり交流したりしてきました。ある日の帰りの新幹線でとっても疲れた様子だったのを覚えています。その後、病気で倒れたと聞き、本当に心配しました。お見舞いに行った時には、内部広報誌などの情報が欲しいと強く言われ、病気中でも現場が気になって仕方ない様子に、根っからの活動家なんだと感心しました。

瀬戸さんと韓国の市民運動

　一緒にパルシステムのメンバーで韓国の社会連帯経済の状況を見に行ったのは一番楽しかった思い出です。カナック連帯や社会革新パーク、イムシル・チーズ村やクレの協同組合村など、計画時から本当に生き生き紹介していました。その後の韓国との交流や社会連帯経済の活動につながっています。
　瀬戸さんは韓国の協同組合や市民活動の人々との付き合いも長く深く、色々な企画をグループ内で計画したり、外の企画に誘ってくれたりしました。韓国の市民活動や協同組合基本法上での活動、学校給食無償運動、ソウル宣言などの連帯経済の活動は私たちに希望を与えてくれた気がします。

「新宿ごはんプラス」への関わり

　私はパルシステム東京の理事長を2年前に退任しましたが、理事長時代にもよく瀬戸さんと社会問題について話し合いました。共通の土台があって色々話せる人は協同組合の中でも少なく、とても貴重だったと思います。その中で、7年前現在私も参加させていただいている「新宿ごはんプラス」の中での運送業務に組織的に関われないかとの相談もいただきました。私の組織ではうまく受けることができず、関連会社であるロジカルさんが受けてくださり、本当にありがたかったです。理事長時代は多忙で参加する時間も持てなかったのですが、今はボランティアとして関わることができ本当にうれしいです。

　8年目となる「新宿ごはんプラス」は食料の配布にプラスして生活相談や医療相談、労働相談、法律相談なども行っています。以前は月2回の配付でしたが、コロナ禍の現在は毎週土曜日にお弁当や缶詰などの非常食、パン、衛生用品、カイロなどを都庁前で配っています。1時間以上前から300人以上が列に並び、女性や若者も増えてきました。

　パルシステムではバナナやトマトの青果等を提供しています。瀬戸さんも時々来て、重めの相談や住まいの紹介、生活保護申請同行などを行っています。

今回の企画に寄せて

　瀬戸さんのその経験から積み重ねた言葉は知見と体験のピラミッドであり、後世に残るものだと思います。瀬戸さんの記録は大変貴重であり、今回の書籍は現代の日本社会をあぶりだす「飛び出し絵本」のようなものになるのではないか、と感じています。

　そして、瀬戸さんのような仲間がいることを、助け合いの組織である生活協同組合の同じ生協人として、本当にうれしく思います。

　というと、瀬戸さんの照れた子犬のような笑顔が目に浮かびますが、内外の仲間で手をつないで、パルシステムの理念である「共生の社会をつくる」ためにこれからも小さな力を寄せ合っていきたいですよね。協同って楽しいね、って思いながら。

COVID-19

2021年
1月

2021 年 1 月 31 日現在
新型コロナウイルス感染症
感染者：386,742 例／死亡者：5,654 名

（※厚生労働省の HP から「新型コロナウイルス感染症の現在の状況と厚生労働省の対応について」

https://www.mhlw.go.jp/stf/seisakunitsuite/bunya/0000121431_00086.html）

2021 年 1 月 3 日、東京・四谷の聖イグナチオ教会で「大人
食堂 2021」が開かれた。

1月1日（金）｜ どれでけ命が救われたか

「新型コロナ災害緊急アクション」主催の「年越し大人食堂 2021（四谷）」を東京・四谷の聖イグナチオ教会で開催した。「つくろい東京ファンド」「ビッグイシュー基金」「POSSE」「反貧困ネットワーク」との共同開催だ。「世界の医療団」、「パルシステム生協連合会」、企業組合「あうん」、そして多くのボランティア参加の皆さんの力をいただいて 1 日目が終了した。

全体集計で、340 人に「チーム枝元なほみ」手作りのお弁当配布、45 人が生活相談、うち 4 人が豊島福祉事務所との連携で「TOKYO チャレンジネット」のホテルに宿泊、14 人に生活給付金支給、医療相談が 12 件だった。

配食チーム「チーム枝元なほみ」は、パルシステム東京の組合員理事を中心に、枝元なおみさんをサポートし、肉味噌やそぼろご飯、酢の物、野菜の煮物など、枝元さんが前夜から準備したというさまざまな料理を用意した。ジャガイモのポタージュ、野菜スープなど温かいものも食材の提供はパルシステム生協連合会、計 15 品はすべて小分けにして提供した。受け取った人は教会近くの土手に並べられたいすに座り、温かい料理に舌鼓を打っていた。当初は 200 人の予定だったが、足らなくなりそうだったので緊急買い出しを敢行し、超おいしい「かき揚げ蕎麦」を作り、「誰一人取りこぼさない」配食をやりきった。

今日の相談の特徴は以下のように整理できる。①世代は 30 代〜 70 代と多岐にわたる。野宿生活が長い人が多い。緊急アクションの SOS メールは 20 代、30 代が多いが、その層は対面相談会には来ていない ②女性が 2 割、外国人の相談が 7 人、医療相談が今日は多く、かなり病状が深刻 ③昨日は生活保護申請が 6 件あったが、今日はゼロ、生活保護利用による「尊厳の否定」と「孤独」より野宿生活の方が気楽なんだと——。私たち支援のネットワークの次なる課題は支援ネットワークの重層化だ。

今日も多くの報道陣が取材に訪れた。テレビ局の取材では「コロナの影響ですか？」という質問ばかり。そんな質問はもうやめてほしい。単線的な報道にもうんざりだ。10 年以上前から非正規雇用しか働き口がなくアパートすら借りられない若者たちの希望を政治や社会が奪ってきたんだ。そう何回も自分でつぶやく。モンギリ型で一過性ではないもっと掘り下げた報道を願うばかりだ。

TBS の金平茂紀さんが励ましてくれた。「緊急ささえあい基金はすごいこと

なんだ。みんな必要性は論じるけれど誰もやろうとしなかった。どれだけ命が救われたか」。フォトジャーナリストの安田菜津紀さんや東京新聞の望月衣塑子さんなど闘うジャーナリストも集結。今や支援者同志となった藤田和恵さん、和田静香さんらは取材というよりボランティアスタッフとして頑張ってくれていた。

　元旦の夜も SOS があった。藤田さんと一緒に都内某所に向かった。私より少し年上の女性。長い間、自分を犠牲にしながら見ず知らずの人を助けてくれていた品がある女性だ。ガスと電気がもう長い間止まっているが家賃だけは払っている。キャベツやブロッコリーのカケラを拾いながら暮らしている。それなのに見ず知らずの人を今でも助け続けていた。生活保護を利用しないとアパートの中で死んでしまうのは時間の問題。でも役所には絶望していて生活保護は利用したくないと言う。

　2 時間かけて色々な話をした。私の価値観に近いことが分かった。私はこう言った。「最近、支援しても失敗することが多いんです」。この言葉を聞いて、「近寄れたような気がする」と彼女は少し笑ってくれた。元旦の夜に駆けつけてくれるとは思わなかったも言った。

1月4日（月）｜一緒にアパート探しを再開

　朝一番の任務は福祉事務所での生活保護申請同行。私自身、6 日間も生活保護関連の相談ブースで対応していたこともあり、同行依頼が相次いでいる。今週は全て福祉事務所に直行する。今朝は切れ目ない相談会と大人食堂で最大貢献いただいた豊島区福祉事務所に向かったら、入り口には NHK の取材クルーが待ち受けていたのでビックリ。昨日の大人食堂の時に NHK から「明日はどこにいますか？」と聞かれて答えただけなのに…

　福祉事務所同行終了後は、11 月末に猫ちゃんを連れたまま、住まいを追われた男性が現在住んでいるシェルターを訪問して近況を聞く。支援団体に頼らず、自分でペットと住める生活保護基準内で探していたが、やっぱり無理だった。一緒にアパート探しを再開することにした。

　明日から連日、相談会で出会った相談者の生活保護申請同行が続く。いずれも路上生活が長く、携帯電話などない高齢者、「TOKYO チャレンジネット」を通じて宿泊しているホテルのフロントに電話して所在確認、フロントは個人情報を理由にして直接、電話をつないでくれない。「チャレンジネット」に

確認したうえで再度の返信待ち。切れ目ない相談会で多くの相談者に会っているので絶対抜け落ちがないようにしたい。夜には外国人の女性の方から今週中に強制退去させるとの悲痛な電話、特別対応に入る準備も完了させた。

1月5日（火）｜もうすぐ壊れてしまう

　NHKニュースウオッチ9の特集「生活困窮者の新年」に私のSOS対応の現場や年末年始の取り組みなどが放映された。12月中旬から毎日のように追いかけてくる担当ディレクターのOさん、最初はどこまで分かって取材しいているのか不安だった。クリスマスの夜も大晦日の夜もついてくる。でもOさんは取材を続けて多くの当事者と会うことで学び続け、私も驚くほどの内容の番組を放映してくれた。

　「生活保護は権利」だが、なぜ困窮に陥った人たちの多くが野宿生活を強いられてもかたくなに生活保護を拒むのか、その理由の一つが親族に援助の可否を問う「扶養照会」であることもしっかり取り上げてくれた。生活保護におけるさまざまな制約と、その後の「施設収容型」の居宅保護（？）が徹底的に「人間の尊厳」を奪い、「自律」を阻害しているという重い現実がある。そして引き下げられ続けた生活保護基準金額の問題も考えていかなければ現状は変わらない。

　今日もテレビ放映後、東京の路上からだけでなく、北海道や沖縄からも悲鳴のようなメールが届いた。支援団体がない地域からSOSをくれた離島の女性とのやり取りを続けて1カ月。生活保護申請時のすさまじい偏見に満ちて高圧的な言動、もう倒れそうな貧困状態にあるのに仮払いすら1円も出さない。カップ麺ばかりのフードバンクで食つなげと！　未払いの家賃で追い出しも迫る。それでも助言すらしない。

　彼女は生活保護を取り下げたいと言っている。所持金はもうない。彼女がコロナ感染で絶望に陥る前は、弱き人々に支援し続けた人であることも知った。離島でテレビを見てくれていて「涙が出て止まりません。ありがとうございます」と。私は「東京においでよ。何とかするから」とメールする。でも感染爆発の東京になんか来れないよね。電話相談会の猪股正弁護士を通じて、なるべく近くの弁護士を探してもらっている。何とか生きていてほしい。誰か助けに行ってあげてほしい、もうすぐ壊れてしまう。殺すな！

1月6日(水) ｜これから長い付き合いになるよ

　昨晩のNHKニュースウオッチ9での特集を見てくれたYさんからSOSメールが届いたのは24時ごろだった。40代で所持金500円。「とりあえず寒さをしのぎ温かい場所で身体を休めたい。今は＊＊駅周辺のコインランドリーで暖を取っているが、いつ追い出されるか分からない」。13時にすぐ近くの福祉事務所で別の相談者の生活保護申請同行が予定されていたので1時間前の12時に待ち合わせした。Yさんは6月にタクシー会社を解雇されて以降、仕事が見つからず、先月家賃滞納でアパートを強制退去させられた。

　明日は警備の派遣面接があるからと生活保護は利用したくないという。「面接結果で駄目だったら連絡ください」と伝えた。当面の宿泊と生活給付金を渡した。とっても誠実そうな人だ。夜、Yさんから丁寧なメールが届いた。明日から倉庫派遣で働くとのこと、私はこのように返信しました。「倉庫の派遣業務、決まりそうでとりあえず良かったと思いますが、不安定就労であることに変わりません。今後も困難事項があればいつでも相談してください」。やっぱり心配なのです。

　13時からは12月31日の池袋相談会で私の相談ブースに来てくれたFさんと＊＊区の福祉事務所へ行く。路上生活6年で「今回は生活保護を利用したい」と言ってくれた。身分証明書も銀行口座も携帯電話も持っていない。年末年始も休まずに生活保護申請を受け付けてくれていた豊島福祉事務所を通じてビジネスホテルに泊まっていた。私は昨日散髪したので、Fさんは待ち合わせ場所にいた私に気付かずにずウロウロしていたらしい。このため30分遅れで生活保護申請の開始となった。

　以前は大阪の元旅行代理店に勤めており英語も話せるという。代理店がつぶれたことで人生転落したと。昔のパチンコ台の話で盛り上がる。「私なんかを救ってくれた」と何回も頭を下げる。今日から1カ月間のホテル暮らしだ。Fさんは「簡易宿泊旅館もいいね」と言う。この辺りは環境が良くてそのまま定宿にする方も多い。そこで「新たな住所つくってもいいね」と話す。Fさんは言った。「瀬戸さんと会えるのは今日までですか？」。「これから長い付き合いになるよ」と伝えたらホッとした様子だった。

1月8日（金）｜平気だよ、僕らが守るから

　今日も朝から初めての＊＊福祉事務所での生活保護申請同から始まった。区内在住の72歳の警備員のNさんとは大晦日の池袋相談会で出会った。足裏を痛めて歩くのもつらそうだ。加えてコロナ禍で仕事がなくなった。年金も支給資格がない。切羽詰まって、社協の貸付金を申請したが待てども振り込まれない。所持金が35円しか残らない。水しか飲めない状況となって池袋の公園まで歩いて私と会った。その時の給付金で今日まで命をつないだ。無事に生活保護申請が受理された。

　午後に＊＊福祉事務所近くの相談者の女性Tさんが住むマンションに向かう。Tさんは東南アジア＊＊国籍の女性でコロナの影響で仕事を失い6カ月が過ぎた。外国人から先に首が切られるのが現実だ。家賃が払えず、大家がアパートの室内に土足で押しかけ、「年内に退去しろ」と迫られた。定住資格を持っていたが、困窮状態も重なり更新に間に合わなかった。年末に相談を受けた時に、生活保護を利用したいとの意思を聞気、入管の年末最終日に申請に行った。

　しかし、発行されたのは3カ月の特定活動ビザだった。でも住民票はマンションの住所にある。いちるの望みをかけて生活保護準用が認められるよう申請同行したが、受理されなかった。住民票が既に消されていたからだ。来週月曜に部屋の鍵が交換される。Tさんは泣いていた。福祉事務所を出て対策を急ぐ。定住資格が復活するまでどのくらいかかるか誰にも分からない。帰る故郷もない。可能性のあるシェルターに電話しまくるがどこもいっぱいだ。横でTさんが泣いている。「平気だよ、僕らが守るから」と根拠ない慰めを繰り返す。

　そうだ。尊敬する東京・山谷地区の「ほしのいえ」のシスター中村訓子さんに連絡してみよう。シスターは「任せなさい」と答えて電話を切った。何と5分後に電話が来た。山谷ではなく、女性でも安心できる街の個室シェルターを準備してくれた。「無料でしばらく住んでいていいよ」。Tさんはうれしくて泣いていた。日曜日に迎えにいってビジネスホテルに泊まってもらい、月曜日に入居する。またもや私の車で荷物を運んでの引っ越しだ。生活費は「緊急ささえあい基金」で当面のいのちをつなぐ。

　帰宅したらTさんからメールが届いていた。「感無量で胸がいっぱいです。外国人の私に手をさしのべていたたき誠にありがとうございます。この恩

は一生忘れません」。困った時はお互いさまだよね。

1月9日(土)｜どこまでも長い段ボールの列

　夕方に向かった神奈川県の＊＊駅で待っていた40代の女性は、東北の過疎の村から上京し、性風俗の仕事を続けてきたが、それもコロナの影響が重なり雇い止めになった。寮を追い出されてネットカフェ暮らしになり、年末年始で仕事が見つからず途方に暮れていた。やっと警備員の仕事が決まったが、所持金も枯渇して、交通費がなく現場に出勤できない。所持金は400円。警備の仕事は寒くてつらい。「緊急事態宣言」発令で警備の仕事もさらに厳しくなる。

　定まった住まいを確保してほしいな。お決まりの生活保護の話をするしかない。特に利点を話す。私たちが同行することでアパート入居までサポートすると話す。警備会社と契約してしまったことと、故郷の村の役場は知り合いばかりだから「知られるのが嫌だな」と言っていた。当面の生活費とネットカフェ代を給付した。連絡を待ってます。

　多摩川を超えて都内に入り、環七を走り出してすぐにYさんからSOSメールが来た。「昨年中は何度も助けていただきありがとうございました。本当にありがとうございました。これ以上生きていくことはできそうにありません。死のうと思います」。以前、＊＊区に相談に行き、精神疾患があること、集団生活ができないことを伝えたのに、無料定額宿泊所（無低）のベニヤ板で仕切ってあるだけの不衛生な部屋に押し込められた経験があった。生活保護申請に同行してアパートが決まりかけたのだけど、住民登録が抹消されていることが分かり絶望して年末に失踪してしまった。

　「死んだら駄目だ」と短いメールを入れたころに"弾圧事件"が起きた。パトカーがやってきて「車の中に不審物があるかもしれないから調べさせろ」と抜かす。任意捜査なので拒否し、押し問答が続く。その時にYさんから電話が来た。背後から私の活動を聞いていた警官は急に平謝りした。「ホームレスの人を見かけたら排除するのでなくちゃんと助けろ」と言ってパトカーを追い返した。

　遅れに遅れて21時に新宿西口でYさんと再会した。年末年始は横浜寿町の越冬闘争に参加して炊き出しを手伝い、事務局長に世話になっていたという。そこで私は考えた。無理してアパートで独りぼっちでいるより、寿の仲

間たちがいる街がいい。個室の簡易宿泊旅館でも良いとＹさんも言う。事務局長に電話したら「世話するよ」と、Ｙさん、何度でもやり直せるよ、生きていこう。

　新宿西口から自宅に戻る時に都庁周辺を車で回った。すさまじい量の段ボールハウスが道端に伸びている。どこまでも長い段ボールの列、寒すぎる夜の新宿、屋根がない人がこれだけいるのだ。つらいな。悲しいな。

1月11日（月）｜いっぱい友達増えたね

　東南アジア＊＊国籍の女性Ｔさんの個室シェルターへの引っ越しが多くの人たちの協力で無事に終了した。何回も部屋にやってきて暴言を浴びせてきた家主が指定してきた明日の強制退去日。好き好んで家賃滞納を続けたわけではない。外国人だから真っ先に雇い止めされて仕事が見つからなかった。好き好んで定住資格を失ったわけではない。異国の地の路上で野宿生活になる寸前でSOSをくれてありがとう。もう一人ではありません。ここ数日で多くの仲間ができた。

　今日は「緊急ささえあい基金」で1泊だけビジネスホテルに泊まってもらった女性を迎えに行き、東京・山谷地区の「ほしのいえ」でシスターの中村訓子さんと会う。住まいを失った女性の受け入れ先が決まらず困っていた私のSOSにシスターが速攻で問題解決してくれた。

　困窮者支援を続けている「ほしのいえ」は、お互いの水平な関係の中に自己の自立と回復をはかり、「山谷から」の視点で社会的に不利な立場に置かれた人々の生活や人権や命を守るため連帯を大切にしている。毎週火曜日には炊き出しを行い、火、木、土曜日には作業所と福祉生活相談などを行っている。

　今日は明日の炊き出しに向けておにぎり作りで忙しそうなのに、一緒にシェルターを提供してくれた教会に行ってくれた。「移住者と連帯する全国ネットワーク（移住連）」の原文次郎さんが合流し、入居説明を受け、都内某所のシェルターに向かった。シェルターと言ってもワンルームマンションの1室だ。窓から富士山とスカイツリーが見えた。

　女性なので、私の車では積めなかった荷物は企業組合「あうん」の中村光男さんにお願いしたら、当日中の引っ越し作業を快諾してくれた。沖縄から東京・山谷地区の泪橋ホールのイベント「牧瀬茜の『泪橋劇場』第五夜」に来ていたノンフィクション・ライター渡瀬夏彦さんと打ち合わせで少し話し、

「あうん」に向かう。荷物を預かってくれていた区議の事務所を経由して全ての引っ越し完了。Tさん、もう一人じゃないよ。いっぱい友だち増えたよね。

1月12日（火） | 劣悪な施設に丸投げするな

　今日も朝から＊＊福祉事務所での生活保護申請同行から始まった。先週木曜に上野からのSOSをいただいたFさん。福島県出身で所持金は45円。建設業で働いてきたが、以前にリウマチと診断され治ったと思っていたら 傷みだし、仕事ができず家賃も払えなきなった。1月4日にアパートを強制退去させられ、公園で寝ていたという。もう死んでしまおうかと考えたが、ギリギリ思い留まり、「新型コロナ災害緊急アクション」に連絡してくれた。

　今日の保護申請は無事に受理された。ビジネスホテルに1カ月間宿泊しアパート入居を目指すが、Fさんから以前、失踪するしかないような劣悪な無料低額宿泊所（無低）の実態を聞いた。運営するのは千葉市内のNPO法人だ。上野公園などで野宿している人たちに声をかけ、生活保護申請をすすめ同行する。そのまま無低に連れていくパターンだ。施設料を引かれ手元に残る金額は2.7万円のみ。連れていかれた施設は6畳の4人部屋と劣悪で、部屋ごとに責任者が置かれるがFさんはよく殴られたという。

　問題なのはハローワークなどの就労活動をさせようとせず、無低の職員として働かせ、食事の配膳や片づけなどの労役を課す。入所者の自立支援を促進するのではなく、入所者を酷使し、退所させないように躍起になっているという。これこそ貧困ビジネスだ。極限の貧困状態にある人々はNPOということでだまされてしまうようだ。自治体福祉事務所はこんな劣悪な施設に丸投げするのではなく、実情を今すぐ調査して対策を講じてほしい。困窮者に「生活保護なんて2度と利用したくない」と言わせるような状態を放置するな！

　「年越し支援・コロナ被害相談村」のメンバーが、「TOKYOチャレンジネット」によるスタッフの同席拒否問題についてホームページで支援の具体的内容を記載するよう要望書を出した。その後、メンバーから呼びだしを受けたので定期通院している病院から駆けつけた。年末の大久保公園での相談会で「TOKYOチャレンジネット」を経由してビジネスホテルに宿泊支援を受けた相談者は「若いので働きたい、生活保護は利用したくない」と言う。チャレンジネットの就労支援で仕事をしたいが、携帯電話がない場合は1月14日

でビジネスホテルを退去してもらうというのが、チャレンジネットの基本スキームだ。携帯電話の未払い金額を支払うことができれば14日以降もホテル宿泊が延長される。仕事が見つかれば一時利用住宅も提供される。携帯電話の滞納分を給付し、若者の今後に期待することにした。ここでも若者たちは生活保護をちゅうちょしている。ちゅうちょさせてしまう社会と政治の責任、この現状を変えなければと思う。

1月20日（水） ｜否定された尊厳を回復しよう

　午後から初めての＊＊福祉事務所を訪問。出会ってから1年以上の女性Sさんは＊＊福祉で生活保護を既に利用しているが、居所がない放浪生活になっている。家計管理ができないとの理由でアパート転宅を許可されず、無料低額宿泊所（無低）や更生施設に入所すべきと＊＊区は頑な姿勢だ。Sさんは施設収容のような対応について拒否を続け、生保を利用しながら都内や横浜の支援団体にも協力を得ながら各地を転々していた。

　家計管理ができないというが、なぜ出費が必要だったのかの理由や重要度も本人しか分からないと思う。そして一度つけられたレッテルはそう簡単にははがれない。Sさんは嘆き悲しみ、ケースワーカーや婦人相談員に怒りをぶつけた。だからと言って無低に入れてはダメだ。もうSさんには安定した居所で暮らしてほしいから今日は頑張るしかない。生保利用中なのでホテルではないけれど、個室で集団生活でもなくピンハネされることもない「生活保護法」に基づく「宿所提供施設」の提供を提案した。明日、＊＊区福祉から回答が来る。Sさんの昨日のブログに書いてあった。「明日、瀬戸さんに会える」。信頼されていることは分かっている。僕も辛抱強く付き合うよ。

　東京・山谷地区の映画喫茶「泪橋ホール」の店主で写真家の多田裕美子さんと打ち合わせし、上野からのSOSに向かう。50代の男性Mさんからだ。自立生活サポートセンター「もやい」の稲葉剛さんらにお世話になったのだという。所持金が500円しかない。生活保護を利用していて仕事が決まったとのことで、無料低額宿泊所（無低）を出て生活保護も廃止した。だが、コロナ感染の再拡大で仕事を失った。Mさんは言う。「稲葉さんはもう一度会ってくれるかな」。平気平気！　明日、稲葉さんが会おうと言ってくれたよ。

　今晩もSOS対応案件が続いている。待ち合わせ場所の新宿駅に2人の青年に会いに行った。昨晩、Kさんからメールが届いた。「もう何も望まないから

死なせて下さい」。生活保護申請に同行してアパートが決まりかけたのに行方が分からなくなった。年末の横浜・寿町の越冬闘争にKさんは現れて越冬ボランティアとして参加していた。実家の親族が倒れて久し振りに帰郷した。ひどい言葉を浴びせられたという。生保を利用してアパートに住んでも孤独は癒せない。寿町の仲間と一緒にいたいと言う。私から寿町の仲間に連絡した。「待っているよ！」。Kさんに明日の交通費と今晩のネットカフェ代を渡した。

　今日最後のSOSは20代の青年Cさんで神奈川県内から来てもらった。SOSを受けた「フードバンクかわさき」の高橋実生さんから丁寧に引き継ぎを受けた。経済的に困窮して住まいも失い、年末に生活保護支援や居住支援を標榜するNPO法人に連絡して法人が経営する無低のアパートに入居させてもらい、生活保護申請したが、＊＊市の福祉事務所から住民票を出すように言われた。でも所持金がないため住民票がそろえられなかったので「申請をあきらめましょう」と言われた。

　生活保護申請には住民票なんかいらない。とても信じられない追い返しの〝水際作戦〟を受けて、申請が受理されなかった。この無低も食事付きをうたっているのに食品を頼むと嫌な顔をされたという。ギリギリまで所持金を吸い上げて搾取したのだろう。青年はこのアパートから逃げ出した。

　このとんでもない福祉事務所は数年前、原発事故避難のシングルマザーの生活保護申請でもひどい扱いをし、なんとか生保を認めさせた経験がある。対応の経過と無低の実態を検証して責任を追及するにしても、このままではCさんがつぶれてしまう。私が生保申請同行とアパート入居まで行うことを確認し、申請同行日までの宿泊費と生活費を給付した。否定された尊厳を回復しよう。

1月27日（水）｜とりあえずゆっくり休もうね

　午前は東京から遠く離れた離島でつながり続けている女性相談者と電話でやり取りした。彼女のフェイスブックを読むと、コロナ感染拡大以前はさまざまな情景が思い浮かぶ投稿だった。それがその後、コロナ禍で深刻な影響を受け、ここ数カ月はメールだけでは伝えられない苦しみに満ちた言葉に溢れていた。直接話すことで伝えたい気持ちが伝わる。経済的苦しさだけでない。独りぼっちでないことを何回も伝える。励ます。なるべく明るく話そう。「笑って、笑って、もう頑張り過ぎることはない」

午後からは私が東京では一番の「共感力」がある＊＊区福祉事務所に向った。日曜日にある繁華街で SOS 対応した 20 代前半の男性 K さんの生保申請同行だ。「お金が底を尽き死にたいと思ってます。助かる方法がありますか？」。自死の寸前で思い留まった。10 代のころにスカウトされて上京してみたら勤務先はホストクラブだった。稼ぐだけ稼がせ搾り取る。毎日のようにアルコール漬けにされ依存症となり身体を壊した。

　すさまじい業界の実態を聞く。若者たちの「自殺願望者」の LINE グループの話を聞く。グループの中で何人が既に自死したという。今日の面談中も「生きていく価値がない。皆さんに迷惑をかけたくない」と繰り返す。福祉事務所の相談員や支援員それぞれが「いままで充分頑張ってきたんだから、とりあえずゆっくり休もうね」と声をかけ続ける。今日からビジネスホテルで休んでアパート探すだけじゃなくて連絡を取り合おう。本当に本当にもう独りじゃない。

　K さんの生保申請立ち会いの最中に、先月に保護申請同行、保護決定後に失踪した N さんが私が＊＊福祉事務所にいることを知り駆けつけてきた。「もう 1 回だけ助けてください」。私は相談部屋 1 と相談部屋 4 を掛け持ちして生活保護申請に立ち会う。N さんは無事に受理されてビジネスホテルへ向かう。相談員は「私たちの福祉事務所で責任持つからもう逃げちゃ駄目だよ」と声をかけてくれた。

　フェイスブックでつながった友人から新宿西口に「助けにきてほしい」との連絡が入った。助けを求めているおじさんは 73 歳。約 60 年前に東北の貧しい実家から出稼ぎに出て以来、各地を転々とし飯場暮らしと貧困ビジネスのタコ部屋で暮らしてきた。気弱で優しく朴訥だけど品のある紳士だ。

　アパートで暮らす話を持ちかけると、目がキラキラ輝くがすぐにうつむいて「自分にまともなアパート暮らしなんてできるわけないよ」と意気消沈してしまう。よく聞くと＊＊福祉事務所で生活保護を利用しているが無低に入所させられたようだ。明後日におじさんと福祉事務所に向かい、担当ケースワーカーと状況確認する。

　私たちでサポートするのでアパート入居を認めてもらう。でもひどいのは居場所がなく住民票のないおじさんを連れて、あるビジネスホテルのフロントに行ったら、「電話も住所もない人間を宿泊させるわけにはいかない」と言い放った。私が責任を持つからと言っても撤回しない。おじさんが私にささやく。「泊まれるホテルがあるんです」。一緒に歩いて向かうと着いた所は何

とラブホテルだった。今日から一人で2泊する。明後日の福祉事務所でアパート入居の第一歩を踏み出そう。

1月28日(水)｜"水際作戦"に対抗するため全国ネットを

昨日、韓国大邱在住の小池やよいさんからSOSメールが届いた。かなり前だが、2016年11月にカトリック大学社会的経済大学院の招請で原発事故被害者救済運動をテーマに講演させていただき、大邱市の社会的企業の実践現場の多くを視察させてもらった。その際にお世話になったのが小池さんだ。現在は大邱の専門大学で日本語講師をしている。メールの内容は「卒業生が就職で日本の派遣会社に行ったのですが、急な解雇に遭い寮も追い出されて行く場所がなく困っています。どこか居られるところを紹介できませんか」だった。

今日の午後に早速、「移住者と連帯する全国ネットワーク(移住連)」の原文次郎さんと一緒に23歳の青年J君宅に向かい事情を聞いた。1月6日に来日し1年の就労ビザで請負派遣会社を通じて設計の仕事に就く予定だった。ところが、2週間の隔離が終わり会社に行く全く違う単純労働だった。「話が違う」と抗議したら首を切られ、寮も2月6日に追い出されるという。韓国からの友人を苦境から守らないといけない。2月7日以降の住まいを用意し、仕事を一緒に探すことにした。それにしてもトンデモナイ請負派遣会社の責任を追及し補償させないと。日韓民衆連帯だ！

今日は外国人支援が続く。＊＊区に住むバングラデシュ国籍のDさんからのSOSを受けて向かう。3人家族で娘さんは今春に高校進学の予定だ。しかしDさんは仮放免の状況が続いている。就労資格が奪われ、家賃未納が続いている。娘さんの入学費の納入も迫っている。とりあえず家族全員を路頭に迷わすわけにはいかない。家賃支援を「緊急ささえあい基金」から拠出し、命をつないだ。これだけでは娘さんが高校に行くことはできない。解決策が見いだせない。ここからは政府の責任だと思いつつ期限が迫っている。

千葉県＊＊市に住むスリランカ国籍のMさんからSOSを受けて向かう。Mさんも仮放免、10年以上も難民申請し却下され続けている。スリランカ国内の民族紛争に起因した人権侵害があり母国に帰れない。Mさんが安心して生きるために難民申請するしかなかった。しかし日本政府も生存権を認めない。スリランカにいる妻と子どもに思いをはせる。こちらも家賃支援を「緊急さ

さえあい基金」から拠出し、命をつなぐことにした。

　月曜日に、群馬県桐生市から SOS をくれた M さんはコロナ感染拡大の影響で職を失い、所持金も 2 万円になり、生活保護に相談に行くと「働けるなら働きましょう」と言われ、「ハローワークに同行します」と言われた。「反貧困ネットワークぐんま」の仲道宗弘さんに連絡したら生活保護申請同行してくれ、即時、申請受理された。仲道さんの報告によると、窓口で本人が「先日と同じ話をしているのに、あの時は申請できなくて今日は申請できるんですね。なぜ前に一人で来た時は申請できなかったんですか？」と問いかけたが、職員は何も答えられずただ黙り込むだけだった。

　K さんからお礼のメールが届いた。「仲道さんと同伴で福祉課に行ったら申請できました。『反貧困ネットワーク』の活動資金に寄付します」。K さんは自分の体験について報告書も書いてくれる。行政の窓口による “水際作戦” に対抗するため反貧困の全国的ネットワークを張り巡らせよう。

2021 年 1 月 3 日、「大人食堂」で弁当を配る支援者たち。東京・四谷の聖イグナチオ教会に於いて。

COVID-19

2021年

2月

2021 年 2 月 28 日現在
新型コロナウイルス感染症
感染者：431,740 例／死亡者：7,860 名

（※厚生労働省の HP から「新型コロナウイルス感染症の現在の状況と厚生労働省の対応について」

https://www.mhlw.go.jp/stf/seisakunitsuite/bunya/0000121431_00086.html）

「大人食堂」の相談会。

2月1日（月）｜新宿南口の悲しすぎる情景がつらい

　朝一番で、73歳で野宿状態のおじさんGさんが泊まっている新宿歌舞伎町の少し古びたビジネスホテルに向った。しかし、Gさんは待ち合わせ時間に現れなかった。先週水曜の夜に新宿駅南口から支援者の友人を通じてSOSを受けてお会いしたのがGさんだった。Gさんは携帯も本人証明も持っていない。旅館業法で証明書のない人はビジネスホテルに泊めてはいけないルールになっているそうだ。水曜夜からラブホテルに2泊した。

　しかし、金曜日に私の連絡ミスで待ち合わせに失敗し、その後、連絡不能かつ居所不明になってしまった。その日の夕方、Gさんが寒い時間に過ごしていた新宿駅南口やバスタ、高島屋周辺を捜したが、見つからずに絶望的になった。そこでGさんがよく休んでいるベンチに再度向かったところ、奇跡的にGさんがそこにいてくれた。ホッとした。

　月曜午前にGさんが憧れていたアパート暮らしが実現できるように福祉事務所に同行することを約束した。新宿歌舞伎町の少し古びたビジネスホテルはGさんの宿泊を快く引き受けてくれた。金、土、日曜と3泊分の宿泊支援を行い月曜日に備えた。その間にいろいろ考えた。東北の貧しい実家から出稼ぎに出て以来、各地を転々とし飯場という雑魚寝暮らしを続けてきたGさんは＊＊区で生活保護を申請したが施設入所が前提だった。一度は入所したが、きれい好きのGさんは集団生活と不衛生な環境に耐えられず失踪してしまった。

　週末に知り合いの居住支援法人に聞いたら、サポート付き高齢者住宅に入居できるとの情報をもらった。Gさんは高齢だし独りぼっちだ。安否確認もできて看取りも可能で、独りぼっちにならないように生活保護費で暮らせる個室の部屋に入居してもらい生活保護申請に行こう。だが、Gさんは待ち合わせ時間に現れなかった。昨日の昼前にホテルから買い物に行くと出たきり帰ってこないとのこと。優しいホテルの支配人に了解をもらい部屋を確認すると、中身が空っぽのカバンと傘とショートホープの空箱だけが残されていた。Gさんはどこにいるのだろう。生きていてほしい。Gさん、ごめんね。

　今日はもう一つ重要なミッションがあった。年始の新宿・大久保公園の相談会に来てくれたフィリピン国籍のシングルマザーのMさんだ。日本で働きながらフイリピンにいる家族に仕送りしている。コロナの影響で雇い止めされて住まいも失った。「TOKYOチャレンジネット」を通じてビジネスホテル

に宿泊しながら、某ホテルの清掃の仕事に就けたが、アパートを借りるお金もなく、今朝、ホテルの退去日を迎えた。

　この間ずっと寄り添ってくれたのは東京新聞の望月衣塑子さんだ。新聞記者としてでなく彼女の相談相手となってきた。望月さんに頼まれてMさんが今日から住めるシェルターを探す。今回も東京・山谷地区にある「ほしのいえ」の中村訓子シスターが協力してくれた。Gさんの同行がなくなったので「移住者と連帯する全国ネットワーク（移住連）」の原文次郎さんがMさんのホテルのチェックアウトに立ち会い、連れてきてくれた。私の自家用車に荷物を積んで、一度も行ったことのない浅草をミニ観光してシェルターの入居を済ませた。夕方に仕事を終えた望月さんが駆けつけてくれた。新聞記者としてでなく一人の支援者として。望月さんと私との共通点は計算なしの突破力だ。本当にありがとう！

　望月さん、中村シスターと別れた後、新宿駅南口とバスタ、高島屋周辺に向かい、失踪してしまった73歳のおじさんGさんを探す。しかし今晩は見つからなかった。Gさんへのおわびを込めて、原さんともう一度周辺を捜した。「緊急事態宣言」で20時すぎにほとんど人のいない状況だ。高島屋2階入り口前のベンチ周辺に座っているのは7割が居場所を失った人たちだ。その風景にあぜんとしてしまう。

　やっぱりGさんに会えずに帰ろうとした時、一人でベンチに座っている女性が気になり声をかけた。年齢は私より少し年上で所持金は400円。物づくりアーティストで一定の稼ぎがあったが、コロナの影響でイベントがなくなり、収入がなくなったため居場所を失った。4日間も野宿を続けていた。明日再度会って生活保護申請を含めた今後の相談をする予定だ。彼女は泣いていた。「新型コロナ災害緊急アクション」のSOS対応や相談会だけでなく、このような現場で声をかける重要性を実感した。新宿南口の悲しすぎる情景を見るとつらすぎて、悲し過ぎて、通り過ぎることができない。1日一人でもいいから声をかけようと思う。

２月７日（日）｜闇金利用で地獄の日々

　9日前、わが家にやって来た生後7カ月の豆柴のゆい君。ペットショップで売れ残りの状態だったのを見付けて救出した。幼少期を狭い檻の中で暮らしてきたので、オモチャとの遊び方も知らず甘え方も知らない。人間の指を

甘噛みし続ける。小さい動きと音に警戒し狂ったように走り回る。まるで猛犬と化したゆい君と対峙する日が続いた。これではお互いに身が持たない。ゆい君が穏やかに笑顔で暮らしていけるように、ドッグトレーナーに来てもらった。1時間後には穏やかなゆい君に変貌していた。

大事なことは①上からなでずに下から優しくなでる②甘噛みしてきても否定せずに受け止める——等々。ほかにもさまざまなアドバイスをもらった。おかげでゆい君は素晴らしく愛らしいパートナーになった。結局は対話を続けることが重要なのだ。日々続くコロナで犠牲になった相談者の支援にも共通することばかりだ。次はお散歩することが目標だ。ゆい君、これからも一緒だよ。一緒に歩いて行こう。

夜は東京・山谷のドヤからのSOSで20時30分に待ち合わせした。先月の下旬まで仕事はしていたが、コロナのせいで仕事がなくなったという。所持金は500円、以前利用してしまった闇金の返済でさらに困窮に追い込まれた。コロナ災害で突然の困窮に追い込まれて闇金を利用してしまい地獄の日々を強いられた相談者に対応してきた。取り締まり規制が必要だと思う。死にたくないのに死んでしまう。明日も朝の9時30分から21時まで予定が埋まっている。

2月8日(月)｜このままでは支援崩壊は間近だ

今週のスタートも朝から福祉事務所。先週木曜に新宿駅でSOS対応した40歳の男性Nさん。1年前に上司の振る舞いに追い詰められ退社し、離婚。マンションも強制執行となり、首吊り自殺も試した。駅のトイレの中で休み、居眠りを続けた。「コロナ災害緊急アクション」のSOSメールフォームを発見して微かな「生きる希望」を託した。先週段階では、「扶養照会で親に知られることが恐い」と話していたが、今日を迎えるに当たってNさんは今後の人生を前を向いて生きていこうと親にも経緯を伝え、理解を求めて今日を迎えた。

見違えるほど元気になっていた。新しい生活の希望地は私の住む町だった。練馬福祉事務所の対応は半年前に比べてすさまじく良くなっている。相談者の傷ついた心を気遣う。今日も生活保護申請が40分でスピード受理された。年配の男性相談員は「無理して扶養照会をする必要もなくなります」と優しい対応。ビジネスホテルを予約後に現れたケースワーカーからも「アパート

探しも私たちが行いますよ」とうれしい申し出があった。板橋区に続いて練馬区もアパート入居支援に取り組み始めたことに感謝した。私たちは生活保護申請同行だけでなく、アパート探しも支援する実務を担っており、負荷が重なり疲弊している。このような自治体や福祉事務所が増えてくれると本当にうれしい。

　1時間以上かけて、都内某所での今後の支援ネットワーク作りの作戦会議に向かう。長野県駒ケ根市議の池田幸代さんの呼びかけだ。池田さんは20代から女性野宿者の支援を続けてきた大先輩だ。困難を抱える少女が搾取や暴力の被害に遭わなくてもよい社会と人権を守るための活動をしている東京・渋谷の女子高生サポートセンター「Colabo」の仁藤夢乃さんと稲葉隆久さん、それに東京・山谷などに支援物資を送っている「こぎつねの森の家」の辛淑玉さんも途中で参加してくれた。

　共通課題はコロナ禍で困難に陥った人たちが激増を続ける中、人員的にも限界を超えていることだ。そんな中であっても相談者一人一人の状況を考えると中途半端な支援はできない。でもこれってかなり大変なことだ。Colaboは4月〜12月半ばまでで相談者950人以上から3,000回もの相談を受け、一時シェルター利用者60人以上、400泊以上を世話している。中長期シェルターも15室確保し、ホテルと連携したシェルター70部屋を確保している。

　児童相談所の対応が平日8時30分〜17時までで、夕方以降に保護を求めても、即日保護されないという深刻な問題があり、職人3人というColaboの活動負荷は高い。何とか厚労省に働きかけたいので政府交渉含め一緒に取り組もうと話す。私たちが取り組む外国人支援も政府に放置された。どうして民間団体が7,000万円以上の給付金を使ってシェルターを開設し、野宿させない取り組みをしなければならないのか。このままでは支援崩壊は間近だ。一緒に働きかけていこう。

　15時に都内某所を出発してK市に住むイラン人Sさん宅に向かう。7月依頼の訪問だ。Sさんは来日して30年、以前は就労資格を持っていた。日本国籍のパートナーと離婚後に仮放免にされて働くことが禁止され、コロナでさらなる貧困に追い込まれた。食事は全てフードバンク、家賃は未納が続き、追い出しが迫る。僕らの支援は当面の生活費給付、命をつなぐことしかできない。今日も中国の方、ベトナムの方が野宿している。「反貧困ネットワーク」で住まいも含めて支援できないか問い合わせが来た。落ち葉拾いの支援が続く。

2月16日（火）｜きっとまた会えるよね

　午前に会う約束をしていた男性は体調不良ということで、家を出た後にキャンセルメールが届いた。この男性のアパート探しをお願いしていた不動産屋と同じ場所で契約書署名の待ち合わせをしていたので仕方なく向かったが、不動産屋も体調不良とのことでお休みメールが届いた。午後には＊＊福祉事務所に移動し、先週に東京・光が丘公園でお会いした沖縄出身のUさん（51歳）の生活保護申請同行だったが、Uさんは来なかった。携帯電話もメールなど連絡手段は全くない。11年間空き缶回収しながら野宿生活してきた。アパート暮らしできるかもしれないと喜んでいたのに…。きっとまた会えるよね。

　股関節が痛くて歩けなくなった40代の女性Mさんからメールが届いた。今日の午前に早速、病院で診断してもらったが、股関節はちょっと折れていて腰の骨にも異常があり、入院しないといけない症状の結果だった。他にも悪い症状がある。飲食店の仕事をコロナで奪われ、慣れない夜警の仕事をネットカフェから通い続けた結果なんだ。申請同行がキャンセルなので、ホテルに迎えに行って福祉事務所に向かい、入院に向けての打ち合わせをした。金曜日に入院できるよう準備を進める。1カ月以上の入院になりそうだが、退院後は早めにアパートに入居できるよう優しきケースワーカーと意思一致した。退院後もしばらくビジネスホテルを確保してくれる。心配ないよ。Mさん　笑って笑って！　Mさんは笑顔だった。

　夜は「ほしのいえ」の中村訓子シスターと東京新聞の中村真暁さんと、生活保護を利用していてドヤから一方的に追い出されたSさんのことで集まった。中村さんは今日は記者としてではなく、1人の支援者として来てくれた。Sさんが追い出されてのは施設の管理規約が守れなかったからと聞いていたが、土曜日の追い出しを＊＊福祉事務所は追認していたたようだ。抗議しないといけない。「反貧困ネットワーク」のシェルターでの一時受け入れを行うことしたが、Sさんは「まだいいよ」と断り、信号の向こう側に歩いて行き姿が見えなくなった。＊＊福祉事務所が経緯を確認しておきながら、野宿生活になることを放置した責任は重いと思う。追及する必要がある。

2月17日(水)｜「助けて」と言っていいんだよ

　今日も朝から＊＊区で日曜日の夜にSOSを頂いた40代の青年の生活保護申請同行から始まる。東北の町で、コロナの影響によって仕事を解雇になり、東京にたどり着いた。問題なく申請が受理された。

　昨日も報告した股関節が痛くて歩けなくなった40代の女性Mさん、優しきケースワーカーさんから連絡が入る。「今日、入院させたいと思います。病院から一刻も早く入院が必要と連絡がありました」。ビジネスホテルにいるMさんにメールした。1時間以内に救急車を向かわせて、総合病院に緊急入院した。夕方に病院からの結果報告がケースワーカーから入る。「かなり重い病気でした。2日遅れたら脳内出血なども併発する可能性の高かったのです。3カ月位の入院が必要ですが、今のところ命の心配はありません」

　川崎のネットカフェのMさんからSOS。敢えていちばん信頼できる福祉事務所に無理を承知で生活保護申請して、ビジネスホテルに泊まってもらい翌日には病院で検査し、今日に至った。居場所も携帯もなく保険もない状態だったので迅速に支援してきた。でもこんなに病状が重いとは考えていなかった。一人で歩くこともできずにいたMさんと車で移動しながら、いつも腹ペコ状態だったので久し振りの「安楽亭の焼肉」と「揚州商人の担々麺」を食べた。

　地方から出てきて東京では独りぼっち、コロナ禍で仕事を失い、長期間のネットカフェで暮らし、身体が弱いのに夜間の警備、経済的貧困で身体を酷使してしまったんだ。もっと早く出会うことができればと残念でならない。現在の病院はコロナでお見舞いや時々会いにいくこともできない。でもメールで励まし続けよう。花を病室に届けよう。退院したら安楽亭でなく東上野でおいしい本場の焼肉を一緒に食べよう。アパート入居に向けて頑張るつもりだよ。元気になって帰ってきてね。ずっと待っています。今は祈り続けます。

　「生きていく自信がない」とのメールが来て駆けつけた20代の青年Kくんと今日も福祉事務所で待ち合わせした。闇社会から脱出したのにやつらは容赦なく追いかけてくる。恐怖から逃れられないK君をケースワーカーと一緒に徹底的に守ることを確認した。

　K君の今後の目標プランを作成する。「他人に自分の弱さをさらけ出していいんだ」「格好悪いことはとても格好よかったりする」「今までとは違う出会いをたくさん作る」など書き加えた。K君が初めて私にメールで語ってくれた。「人生で初めて助けてくれた。帰ってきて泣いてしまいました。それだけです。

これからも迷惑ではなければよろしくお願いします」。「助けて」と言っていいんだよ。少しずつ明日の希望が見えてきた。でもまだK君は私の前で笑ったことがない。いつか「笑って、笑って」。そんな日が来ることを願っている。

　夜は「移住者と連帯する全国ネットワーク（移住連）」の稲葉奈々子さんと一緒に千葉県船橋市に向かう。現地で船橋在住の阪上武さんと合流。「反貧困ネットワーク」3人組でフィリピンの5人家族宅に向かう。9歳の長女がSNSで窮状を発信したことをきっかけにパルシステム生協連合会の元職員や熊本県のフェイスブック友達から「助けにいってほしい」との連絡が深夜に舞い込んだ。所持金60円。持っているのはお米だけと聞いた。駆けつけた時には地元のフードバンクから食材が届いていた。

　永住許可申請書に父親の名前を記さなかったことにより、約6年後に国から在留資格を取り消された。父親を記さなかった原因の一つは同申請書の記載が日本語と英語で違う表記だったことだった。申請時、フィリピン国籍の両親は婚姻関係がなく、同居もしていなかったため、英語を第二母国語とする母は申請書に父の名前を書かなかったという。

　長女は入管から「不法滞在の父の存在を隠していた」として在留資格を取り消され、出国を求められたが、その後も滞在を続け小学校に通っている。在留資格はなく、仮放免の状態だ。収入を得ることも県外移動もできない。現在は裁判が続いていると聞いた。とにかく当面生き続けるために必要な水道光熱費と家族5人分の生活費を支援して命をつないだ。

2月19日（金）｜コロナで息絶え絶えの日々に

　徹底した現場主義の身近な友人がコロナの陽性になり入院したことを受けて、「お前がいちばん危ない！　PCR検査を受けろ！」とあちこちから言われ続けた。嫌々だったが検査を受けた。陰性の結果報告が届き、めちゃくちゃホッとした。これから私も徹底した現場主義を続けよう。

　午後から＊＊福祉事務所での生活保護申請。東北出身のPさんは紳士服の上着にサンダル履きの姿で現れた。ヘルニアが悪化して靴が履けない。神奈川県で仕事をしていたが腰痛がひどく（サンダル履きはそのため）仕事ができなくなりクビになった。一昨日の私が出演したテレビを見て翌朝、SOSメールを発信したという。さまざまな過去の話を聞きながらひやひやしたが無事に生活保護申請を受理された。ビジネスホテルに泊まり、アパート入居をめ

ざしながら通院を開始する。

　夕方に新宿歌舞伎町にある「TOKYOチャレンジネット」に向かった。昼間に中央線の＊＊駅からSOSをくれたNさんはネットカフェなどで2年間生活し、日雇い派遣の仕事をしていたが、「緊急事態宣言」によって仕事がなくなり、貯金も所持金も底をついた。Nさんはそれでも今日も明日も湾岸エリアで夜勤の倉庫業務で働くことになった。日雇い派遣会社で週払いの場合、給料支払いがルーズな場合が多い。20日が給料日なのに週明けの22日か最悪は24日になるとの会社から連絡が入る。その間を埋めることができないのでSOSを出したという。

　Nさんはとりあえず来週からも仕事があるので、チャレンジネットにすぐ来てもらうことにした。ビジネスホテルを経由して一時利用住宅に入居して自立をめざせるからだ。ただし、Nさんのように所持金がない場合は、少額でも緊急給付支援がないので屋根はあっても食べることができない。職場への交通費がない状況となる場合が多い。営業時間内に駆けつけたNさんは明日からビジネスホテルに宿泊できることになった。私とも待ち合わせできて当面の宿泊に加えて生活費も給付し、Nさんの当面の不安は解決！　「これからも相談に乗るね」と言って別れた。

　夜は練馬区内からのSOSに向かう。50代のTさん、住まいはあるが派遣の仕事が数日しかない。総合支援資金の振り込みを待っている。それまでの期間の交通費も食べる物もない。「緊急ささえあい基金」でつなぐことにした。息絶え絶えの日々で不安におびえる人たちがコロナの長期化で増加している。その後、家賃が払えずに3月初めに住まいから追い出される男性が泣きながら電話してきた。本当にヤバイ。

2月22日（月）│アパート入居の次は生活再建と自立だ

　今日も朝から＊＊福祉事務所の生活保護申請同行。昨晩夜に新宿西口でSOS対応した所持金ゼロの30代男性Kさんの同行の予定だったが、朝起きたら未明の4時に30代男性Gさんからの相談メールが届いていた。コロナで困窮状態になって以降、持病の通院ができず痛みが激しいという。所持金50円、早急の治療が必要だと思い、＊＊福祉事務所に来てくれるように伝えた。2人同時並行の生活保護の申請同行となった。相談員に協力をお願いし、Kさんは4番相談室、病気を抱えるGさんは3番相談室に入る。私は両方の

部屋を行き来しながら重要局面ごとに対応する。

　結果的に午前中に生保申請は受理され、同じビジネスホテルに今日から1カ月間宿泊した上、アパート入居をめざすことに。Gさんは3月中旬に失業給付が入金される。生活保護廃止対象となるが、現在収入がないので生保申請が受理された。最優先でアパート入居をめざす。生活保護費として入居費用も扶助されるからだ。アパート入居を実現したら今度は生活再建と自立だ。午後イチで病院に向かい治療と切れていた処方箋をもらってとりあえず一安心した。

　午後から、難易度が高い＊＊福祉事務所に移動し、生活保護申請に同行する相談者を40分待つが現れない。いったん自宅に戻り残務処理しようと思ったらたくさんSOSメールが届いている。「つくろい東京ファンド」に2件お願いし、私は残る2件のSOS現場に向かう。上野で50代の男性が待っていた。自ら経営する会社が倒産して公園での野宿生活になってしまったという。6カ月間、苦しかった思いを打ち明ける相手もいなかった。1時間話を聞く。少しだけ派遣の仕事があるからと生活保護はちゅうちょした。とにかく「TOKYOチャレンジネット」に行ってビジネスホテルに泊まるようにアドバイスした。でも本当に苦しくなったら生活保護を利用してほしい。権利なのだから。後日、連絡をとりあうことを約束して給付金を渡して別れた。

　明日は祝日。祝日の前日はSOSが増える。埼玉県南部からの男性からのSOSが来ている。生保申請同行は地元支援団体にお願いするとしても、役所は明日閉まっている。21時待ち合わせで向かう。しかし待ち合わせ指定場所に来なかった。彼がすっぽかした訳ではない。携帯の充電が切れてしまい、待ち合わせ場所の連絡が途絶えたからだ。今晩は空腹状態なのかな。ゴメンね。明日の昼間に会うことにした。

2月23日（火） | ようやく聞き取れた言葉は「助けてください」

　午後から埼玉県南の＊＊駅で20代の青年Yさんと会う。昨晩会う予定だったが、Yさんの携帯の充電切れで待ち合わせができなくなり、今日会うことにした。困窮状態でSOSをくれたのに1日たってしまったらさらに所持金が減っていた。Yさんの今日の所持金は400円、都内で20日前までホストクラブで働いていたが、コロナ禍で客がいなくなり、客のツケまで肩代わりするしかなく全財産を失った。店もつぶれてしまったという。埼玉には友人を

頼ってやって来たが、公園で寝泊まりしたり、夜な夜な途方もなく歩き続けていたという。週末に都内で生活保護申請することにした。

　夜は川崎方面からのSOSに向かう。40代の男性Cさんが寒空の中で待っていてくれた。Cさんもコロナの影響で解雇され、家賃滞納でアパートから退去させられていた。Cさんは何とか頑張って2月から直接雇用の会社で働き始めた。初めての給料が振り込まれる26日、それまでの生活費とネットカフェの宿泊費がない。そしてCさんはアパートに入居したいと言う。そのための相談に乗ってほしいとのことだった。社協の緊急小口貸付もあるが、「ビックイシュー基金」の「おうちプロジェクト」で支援が受けられないか、「つくろい東京ファンド」の稲葉剛さんに相談する。Cさんは久し振りの直接雇用で希望を膨らませている。何とか希望をかなえられるように協力したい。

　川崎から自宅に戻る車内で非通知の携帯が鳴った。よく聞き取れない。ようやく聞き取れた言葉は「助けてください」だった。すぐに死んでしまいそうな弱々しい声だった。池袋駅からだ。どうやら通りかかった男性に携帯を借りて電話をしてきたようだ。今すぐ駆けつけるしかない。到着したのは21時40分。待っていたのは20歳そこそこの青年だった。昨晩から野宿していて所持金が120円になった。知的障害があるとのことで言葉がよく聞き取れない。自宅には親が待っている。丁寧に聴き取りをして、とりあえず自宅に帰ることになった。交通費と念のための少額の生活費を渡して青年は帰っていった。

　その後、パトカーがやって来たて「若者と何していたのですか」と職務質問を受けた。いい加減にしてほしい！　22時を過ぎた池袋ではあちちこちに座り込んでいる人が車窓から見えた。

2月26日（金）｜完全に社会の底が抜けている

　都内城東エリアの＊＊区福祉事務所、前評判を超えた意味不明のひどい対応だった。心まで震えた。生保申請同行した相談者は40代の男性で、1週間程前から「反貧困ネットワーク」のシェルターで一時的にアパートに宿泊していた。建築の仕事がなくなり、家賃滞納でアパートも強制退去さされて、路上かSOSを受けた。男性にはすぐ生活保護申請に行けない事情があった。

　今日の申請には年配の相談員2人が対応したが、肩に力を入れて構えていることがよく分かる。こちらには「新型コロナ災害緊急アクション」の足立区議小椋修平さんが控えている。＊＊福祉は「生活保護の申請に来た」と言っ

ているのに、案の定、施設や自立支援センターへの入所を勧めてきた。抗議
して取り下げさせたが、前評判通りの進行だ。

　さらに前評判を超えた展開が続いた。「男性は＊＊区から道路一本隔てた
◎◎区の反貧困シェルターにいるのだから◎◎区で申請し直せ」と譲らない。
だが、男性は＊＊区に住民票があり、追い出されたアパートも＊＊区だ。親
も病弱で＊＊区におり、「面倒を見たい」と言う。本人の希望が一番大事だ。
30 分～ 40 分も待たされ、「東京都の見解は現在地は◎◎区だから◎◎区で申
請だと言っている。受け付けられない」と頑として譲らない。

　押し問答の末、私が予約した＊＊区のきれいな個室ドヤに宿泊することで、
やっと申請受理された。＊＊区の福祉事務所は、悪質なピンはねと自立を阻
害することで有名な無料低額宿泊所（無低）に相談者を次々と送り込んでき
た。相談員である係長に「私たちが関わる以上、アパート入居させるので了
解するように」と伝える。ケースワーカーが支援者との分断をはかり相談者
を無低に入所させるというのが＊＊区の常套手段だ。来週月曜日の午前に
ケースワーカー面談に同行することにした。やれやれ！

　福祉事務所を出て近くの駅で待っている相談者の女性と会う。以前に城東
エリアの別の＊＊福祉事務所に生活保護申請に行ったら追い返され、絶望し
て餓死寸前で病院に運ばれ、やっと生活保護を利用したが、今度は「就労、
就労」とせかされる日々が続き、「ケースワーカーに会うのが恐い」と言う。
そして独りぼっちが寂しいと言う。3 月 6 日に開催するワーカーズコープと
連携した「しごと探し・しごとづくり相談交流会」に誘ってみた。出会いを
求めて「参加する」と答えてくれた。

　少しの間、「反貧困ネットワーク」のシェルターに立ち寄り 23 歳の J 君に
会った。日本の業務請負会社を通じて就職が決まり、韓国大邱市から来日し
たが、首切りに遭って寮を追われ、シェルター入居第 1 号になった。J 君は
福岡の設計会社に社員として採用されることになり、来週火曜に旅立つとい
う。少し役割を果たせて本当に良かった。

　夜は、東武東上線沿線の＊＊駅で SOS をくれた 50 代の男性 Y さんが待っ
ていた。家賃未納でアパートから追い出され、＊＊福祉事務所からも「すぐ
には対応できない」と追い返された。お金がないので野宿し、ほとんど食べ
ていなかった。来週火曜日に生活保護申請に同行することにした。帰宅後に
も公園のベンチから「助けてほしい」との電話が入る。完全に社会の底が抜
けている。

2021 年 3 月 11 日、都内をデモ行進する「さようなら原発 1000 万人アクション」の参加者たち。

COVID-19

2021年

3月

2021 年 3 月 31 日現在
新型コロナウイルス感染症
感染者：472,112 例／死亡者：9,113 名

（※厚生労働省の HP から「新型コロナウイルス感染症の現在の状況と厚生労働省の対応について」

https://www.mhlw.go.jp/stf/seisakunitsuite/bunya/0000121431_00086.html）

2021 年 4 月 4 日、新宿文化センターで「反貧困ネットワーク全国集会 2021」。

3月1日（月）｜公営団地での母子餓死事件が頭をよぎる

　先週金曜日に生活保護申請同行した都内城東エリアの＊＊区福祉事務所。居場所がないUさんの申請受理条件として、＊＊区の境界線である道路の反対側の★★区にある「反貧困ネットワーク」のシェルター「ささえあいハウス」に一時的にでも居住するのは認められないと突っぱね、＊＊区のドヤに移動させてほしいと譲らない。

　Uさんは＊＊区生まれで、現在まで＊＊区に住んでいて、コロナの影響で仕事を失い、家賃未納でアパートを追い出され野宿を強いられてきた。事情があって生活保護申請するまで時間がかかり、私たちのシェルターに泊まってもらった。Uさんは＊＊区民だ。しかし＊＊福祉は「現在地保護」ではなく「前泊主義」にこだわった。仕方なく＊＊区の小さすぎるドヤに前日に移動して今日を迎えた。

　今日のケースワーカー面談、しかしケースワーカーは同席したものの、主に対応したのは係長だった。あれほど、金曜日に「アパート入居」を約束したのに、係長は就労指導と更生施設入所を勧めた。今日は私が頑張るしかない。「他の区の福祉事務所でも区外のシェルターで一時的に居住してアパート入居を果たしていますよ」「私たちの団体のシェルターですから、安否確認も生活状態も把握できるので責任を持ちます」。ここだけは譲らなかった。係長はすんなりと受け入れ、保護決定までの貸付金も1日当たり1,600円支給された。最悪の前評判だった＊＊福祉だったが、とりあえず私たちが求めた当たり前の要求はほぼ受け入れられた。

　午後からは、湾岸エリアの＊＊区福祉事務所に移動して50代の男性の生活保護申請同行。建築系の職人だったが、コロナ禍で仕事と住まいを失い、1人で生活保護相談に行ったら追い返され、所持金もなくなりSOSを発信した。都内や神奈川などあちこちで、不当で意味不明な理由で追い返し事例が続出している。今日の福祉事務所は比較的真面目な対応をしてくれ簡単に申請受理してくれたので相談者も驚いていた。支援者が同行しないと追い返される現実、「生活保護は権利です」と首相や厚労大臣がいくら国会で答弁しても現場は惨憺たる状況なのだ。

　しかし、＊＊区福祉事務所は、今までビジネスホテルを一時宿泊先を提供してくれた。今日は状況が一変していた。相談員いわく、ビジネスホテルは3月7日に予定される「緊急事態宣言」終了に伴ない、提供を止めるよう東

京都から指示がきていると言うのだ。1月以降、SOSが急増、2月からは家賃滞納で住まいから追い出された人たちが急増している。「社会の底が抜けた」状況が続いている状況を東京都は分かっていない。みんな無料定額宿泊所（無低）や施設に送り込むつもりなのだろうか。支援団体のシェルターも限界が来ている。

今日は、よく知っている「簡易宿泊旅館」を私から指定してアパート入居に備える。いずれにしても他の福祉事務所もビジネスホテル宿泊を取りやめるのだろうか。ここ数日の状況を見て「新型コロナ災害緊急アクション」として申し入れを行う必要がありそうだ。

福祉事務所を出発して、近くに住む20代の男性R君が住むアパートを訪問する。生保申請同行して1カ月以内にアパート入居を実現したのだけれど、入居後に近隣住民の生活音が大きく、昼も夜も眠れないとのSOSが入ったからだ。不動産屋と一緒に部屋の中で状況確認すると、確かに上階からのテレビの音が聞こえてくる。夜になるともっと多くの部屋から生活音が聞こえてくるのだろう。短時間の内見では気づかない場合が多い。せっかくのアパート入居なのに音でうつ病になってしまったら大変だ。以前に他の区で同様の問題があり、ケースワーカーに再転居を認めてもらい、入居費用を支給してもらったことがある。来週にでもR君と一緒にケースワーカーに会いに行こう。

夜は、再度の城東地域の公園で待つ女性に会いに行く。80代の母と一緒に公営団地に住んでいる。コロナで仕事を失い、同居する母親の介護も重なっている。家賃や水道代が払えていない。年末に福祉事務所にいったら「予約しないと生活保護の相談は受け付けられない」と言う。公営団地での母子の餓死事件が頭をよぎる。来週、地元議員と一緒に福祉事務所に行って、使える福祉制度の利用など「生きていくためのセーフティーネット」を提供する責任を果たすよう求めることにした。

3月3日(水)｜もう死なせてください

SOSへの駆けつけ対応を始めた昨春から夏ごろまでは「死にたくなくないのに死んでしまう」といった叫びが多かった。1月以降からSOSだけでなく、あちこちから電話やメールでも相談SOSが届くようになったが、その内容は明らかに深刻化している。「死のうと思ったが死ねなかった」「もう死なせて

ください」。コロナ感染症による雇用への悪影響が経済的貧困として現れているだけでなく、悩みの長期化によって困窮者の精神まで壊し始めているようだ。最近は、SOS を受けての駆けつけ支援や生保申請同行実務以上に相談者一人一人の悩みや孤立に関するフォローに大半の時間を費やす。地域につなげることも、治療につなげることも大変なケースが多い。でも「生きてほしい」「助けてほしいと言っていいんだよ」「独りじゃないよ！」と言い続ける。励まし続ける。

今日は午前に生活保護申請同行予定が直前にキャンセル、精神的に不安定な状態に陥る。「印鑑も個人証明もない。僕なんか生活保護なんて受ける権利なんかない」と直前のキャンセルメール、メールのやり取りをおこない明日に、生保申請に再チャレンジすることになった。「人生、何度でもやり直せる」。彼はまだ 20 代なんだ。

上野からの SOS で出会った青年も 30 代の青年、コロナ禍で仕事を失い、寮から追い出され、半年の間、ネットカフェで寝泊まりするか、どうしても所持金が底をついた際には野宿をしながら過ごしていた。やっと日給制の仕事から月給制の仕事に変わったため、継続的かつ安定的な収入が今後は見込めるが、27 日が給料日で、その日まで生きていけない。所持金は 3 円、彼のような事例が増えている。少額の生活給付金と「TOKYO チャレンジネット」のビジネスホテル提供を組み合わせる事で、生き続ける体制を整える。

次に向かったのは東京・神田駅で出会った 20 代の男性、地方でレストランのコックとして働いてきたが、コロナの影響で人員が減らされ、少人数で働かされ、経営の悪化に伴い、パワハラも横行、精神的に追い詰められたという。東京に希望をつなぐが、緊急事態の東京はさらに厳しく、所持金も尽きた。泣きながら話す青年と協議の上、いったん故郷に帰ることにした。今頃、深夜バスの中で眠っているだろう。故郷に帰る交通費を支援した。

自宅に戻る車中に携帯電話がなる。生活保護申請に同行してアパート暮らしを実現している男性からだった。「もう無理です。死にたいです」。生活保護を利用してアパートに入居できても、コロナの影響は深刻で仕事が見つからない。孤独になり自暴自棄になる。彼の家に駆けつけ、ラーメン屋に入り、久し振りに 2 人でお腹を膨らませる。生きていなければ駄目だ。「反貧困ネットワーク」では 3 月 6 日にワーカーズコープと一緒に「仕事づくり交流会」を開催し、支援してきた 10 人が参加する。彼も参加予定だ。働くだけでなく、仲間であり続けること、協働すること…生きていれば悪いことばかりじゃない。

3月4日（木）｜もうダメです、さようなら

　2月23日（火）に埼玉県の某駅でSOS対応して生活保護申請同行の約束をしていた20代の青年Y君と今日やっとのことで＊＊福祉事務所で再会できた。無事に生活保護の申請も受理されてビジネスホテルを経由してアパート入居をめざすことになった。SOSの際にもY君の携帯の充電切れで待ち合わせができなくて翌日対応、今回の申請同行も3回目の正直だった。1回目は当日朝に体調不良でキャンセル、2回目は昨日に印鑑と身分証明が見つからず、生保申請できないと思い「もう私はダメです、さようなら」とメールが来てキャンセルした。

　もう所持金はないはず。印鑑は買えばいいし、身分証明がなくても申請できるから「絶望しちゃ駄目だよ〜」とメールで説得し、今日やっと会えた。コロナ禍でホストの客がいなくなり仕事と全財産を失った。「社会に絶望した」というY君は会って話すと極めて誠実な若者であることがよく分かる。幼少の頃からの成育歴を聞けば聞くほど、Y君の現在は決して「自己責任」によるものではない。「アパート入居と仕事探しを一緒に頑張ろうよ！」と約束した。これから人生のリベンジが始まる。

　夜は、今日から「反貧困ネットワーク」のシェルター「ささえあいハウス」に入居する70代の男性の面談と入居準備のために東京に戻る。シェルターに入居してアパートを探して入居して生活保護申請すると聞いた。野宿生活が長く、以前に無料低額宿泊所の劣悪な環境から失踪したkことで、千葉県の＊＊福祉事務所は、単純にアパート入居を認めないらしい。「おじさんがアパートに転居できるまで安心していていいですよ！」と伝えた。おじさんはうれしそうに笑った。

3月7日（日）｜歌え！ 叫べ！ 生きさせろ！

　今日のSOS対応は1件のみ、明日から昼間はほぼ予定が埋まっているので、対応は今日中に終わらせておきたい。向かった場所は自宅から1時間の地方都市。何とラップミュージシャンの夫婦で子どももいる。コロナ感染影響が長期化し、ライブやイベントの中止が続き、耐えに耐えてきた。日雇いの仕事に行きながら、創作活動だけは続けてきた、今回の緊急事態宣言で息の根が止められかかっている。水道光熱費や創作活動に必要なネット接続も止め

られた。車中の中でユーチューブ映像でのLIVEを視聴させてもらった。「拳をあげよう！」と歌っている。「反貧困ネットワーク」の新宿サウンドデモでの出演調整を始めている。当事者が声をあげる。当事者が歌え！　叫べ！生きさせろ！

3月8日（月）｜今度は「人を助ける仕事」がしたい

　午前は、＊＊区福祉事務所に向かい2人の相談者のサポートを行う。＊＊区福祉は相談員の対応は迅速に申請受理してくれる。1カ月間のビジネスホテルでの宿泊も約束し、ケースワーカーに引き継いでくれる。しかし、引き継がれたケースワーカーの対応の格差が激しすぎるのは本当に困るのだ。

　先週金曜に申請受理された元ホストのN君、午前に受理されてケースワーカーと顔合わせ、ビジネスホテルまで確保して、アパート探しを進めると伝えたのにもかかわらず、私が次の相談者の生活保護申請同行に向かうため退席した途端に、ケースワーカーはN君に「瀬戸さんには黙っていてほしいのだけれど、自立支援施設に入所してほしい」と言い出したという。N君から連絡を受け、あまりにお粗末な対応に驚いた。

　今日、N君とケースワーカーの面談があった。このケースワーカーは保護決定前の貸付金を渡しただけでN君を追い返そうとした。別の相談者の申請同行で＊＊区に来ていた私はその場で、私との関係を分断しようとして自立支援施設に入所させようとした事実を抗議し、予定通りアパート入居に向けて準備を進めると通告した。姑息なやり方をするな！

　先週金曜日夜にSOSを受けて駆けつけたKさん、2週間前にもSOSを受けて22時に駆けつけた。所持金ゼロ円で、精神疾患があることが書かれていたからだ。その時は生活保護は躊躇した。先週金曜日に会った場所はワーカーズコープ本部前で2日間も夜を過ごしていたという。故郷にはもう帰りたくない。東京で暮らすためには生活保護利用しかないと考えた。＊＊福祉の相談員さんは協力的で、「今日からホテルに宿泊できるようにケースワーカーに伝えます。瀬戸さんに協力してもらってアパート探し頑張ってください」と発言し、ケースワーカーにバトンタッチした。

　なのに、ケースワーカーはKさんの精神疾患を問題にしたのか分からないが、集団生活の無料低額宿泊所（無低）か4人部屋の更生施設に入所させようと譲らない。Kさんは集団生活が苦手であることを訴える。平行線の論議

が続き3時間かかった。アパート生活ができないと判断され、4人部屋の施設に入所させられたら、精神疾患があるKさんは施設から失踪してしまう確率が高くなる。苦肉の策として、「反貧困ネットワーク」のシェルターのすぐ近くにある簡易宿泊旅館ならば長期宿泊が可能なので、今日からここに宿泊することになった。シェルターに近いので私も時々会いに行ける。何で民間の支援団体が「ここまでやるか！」とあきれてしまう。

　午後から別の福祉事務所での生活保護申請は相談者の体調不良で延期となった。この間支援してきた20代の女性を連れて新小岩に向かう。SOSを受けて駆けつけた時には「死ぬことを真剣に考えていた」という。ワーカーズコープの交流会にも参加してくれ、ワーカーズの事業所にも体験訪問を申し込んだという。今度は「人を助ける仕事」がしたいと笑う。

3月9日(火)｜福祉が人を殺す

　横浜市神奈川区福祉事務所に生活保護の相談に行った女性が生活保護制度に関する虚偽の説明をされ、申請を断念させられるという悪質な水際作戦が発生した。この問題で「新型コロナ災害緊急アクション」「つくろい東京ファンド」「寿支援者交流会」など6団体で抗議と申し入れを行う一方、神奈川区福祉事務所との話し合いや横浜市役所記者クラブでの記者会見を行った。神奈川区と横浜市は不適切な対応だったとして謝罪した。抗議と謝罪を求めてくれた当事者の女性Aさんの勇気に感謝したい。

　女性Aさんは仕事を失い、2月22日に横浜市神奈川区の福祉保健センターを訪問した。対応した相談員は施設入所が申請の前提条件であるかのような説明を繰り返し、女性が持参した申請書を受け取らなかった。このような事例は対応した神奈川区の一相談員の誤った対応ということで終わる問題ではない。横浜市内の多くの福祉事務所が同様の対応を行なっているからだ。

　私もいくつかの横浜市内での申請に同行しているが、生活困窮者自立支援制度における横浜市自立生活支援施設「はまかぜ」に入所させることが前提となっていたり、住まいを失った相談者に対して「居宅保護」の責任を果たさず、女性に「寿ドヤMAP」を手渡して自分でドヤ探しをさせるなどの事例があり、抗議したことがある。厚生労働省はビジネスホテルやネットカフェを一時的な宿泊施設として案内するよう通知しているはずだ。

　他にも先に住まいを決める必要があるとか、所持金が最低生活費を下回っ

ているのに、Ａさんが所持金が申請できる基準を上回っているなど間違えた発言を繰り返している。東京の福祉事務所の大半も同様だ。生活保護の申請書を相談者が窓口で受け取り、生活保護申請の意思を示した場合、申請を受け付けるのは「生活保護が権利」である以上、当然のことだ。

　緊急事態宣言の再発令以降、住まいから追い出された若者たちが急増している。特に１月以降は「死のうと思ったが死ねなかった」という声が増えている。明らかに路上からの叫びが変わってきている。困っている人が福祉の窓口で冷たくされ助けてもらうことも許されない状況がある。時には「死に至らしめる」ことにもなりかねない。福祉に携わる人々はそれをもっと自覚してほしい。「福祉が人を殺す」事態が今日も全国のあちこちで起きている。

　今日も東京では、SOS が止まっていなかった。横浜から都内に車を走らせる。１カ所目は池袋で 30 代前半の女性だった。外見では野宿生活が強いられているとは思えないファッションだったが、不自然に多くの荷物を抱えている。コロナの影響で仕事を失い、家賃未納でアパートを追い出され、たくさんの荷物とともにネットカフェと公園を行ったり来たりしていたようだ。「もう独りじゃないよ！」と伝え、今週中に生活保護申請に同行する。

　２カ所目は中野駅前で 20 代の男性だ。10 代の時に親は失踪した。なんとか横浜市内で生保申請したが、２回にわたり多人数部屋の施設に入所させられ、退所して再びホームレスになったという。中野の路上で「福祉が人を殺す」、その犠牲者にまた出会った。

3月10日（水）|「仕事はない」と言われ東京に

　午前は＊＊福祉事務所でベトナム人女性の生活保護申請に同行して無事に受理されてほっとした。コロナの影響で通訳の仕事を失って 6 カ月、家賃が払えず、大家からアパートを「年内に退去しろ」と迫られ、一緒に車に荷物をパンパンに詰め込んでビジネスホテルに避難した。翌日から知人のシェルターに移動して現在に至る。定住資格を持っていたが、困窮状態も重なり、更新に間に合わなかった。年末に申請した入管の判断は 3 カ月ビザ。生活保護など公的支援も受けれず、就労もできない状況に追い込まれた。

　先週やっと入管から定住ビザが再交付され、今日が念願の生保申請日だ。＊＊福祉は 1 時間程で申請受理し、明日の自宅訪問を踏まえてアパート入居を果たす。通訳の再復帰を目標のゴールにしながら仕事探しも行う。1 月か

ら東京・山谷地区の「ほしのいえ」の中村訓子シスターの所に通い続け、おにぎりづくりやフォー作りで交流を深めてきた。今度、ベトナム料理のフォーを食べさせてくれると約束してくれた。

　午後は＊＊福祉事務所に移動して50代の女性の生活保護申請に同行した。かなり困難な案件であり、初めての福祉事務所だったので地元区議にも立ち会ってもらった。寝たきりの叔母と都営住宅に住むが世帯は別にしている。コロナの影響もあり、家賃を長期間未納で退去通告も受けている。叔母の年金のみで暮らす。世帯を一緒にすることを前提に、生保申請が受理される。

　夜のSOSが今日も続く。新宿駅西口に30代のKさんが待っていた。10日ほど路上生活をしていた。私が出演しているユーチューブを見て、素直に「助けを求めたいと思った」と相談フォームに書かれていた。すさまじい虐待経験があり養護施設で暮らす。何回か生活保護を利用したが、すべて無料低額宿泊所（無低）か自立支援施設に入れられた。そこでの集団生活に馴染めなかった。福島県南相馬の除染作業員として現地に行ったら「仕事はない」と言われ、東京にやって来た。金曜日に生活保護申請に同行する。礼儀正しい青年だった。

3月12日（金）｜福祉事務所ごとの対応格差を是正して

　一昨日夜に新宿駅西口でSOS対応した30代のKさんの生活保護申請に同行。以前は難易度の高い相談者にも丁寧な対応をしてくれた福祉事務所が、今回は冒頭から「前泊地はどこか？」と執拗に迫ってくるなど態度が変わっていた。最近、今回のように「前泊地主義」を主張して譲らない福祉事務所が増えている。東京都から福祉事務所に「前泊地主義」の徹底が通知されているのではないかと危惧している。

　本来、住所のないホームレス状態の人であっても、申請に訪れた役所を「現在地」として申請することもできるはずだ。住民票と違う場所であっても、現在生活している場所を住所として申請することができるはずだ。これは生活保護運用における「現在地主義」だが、「現在地主義」の根拠は生活保護法19条にある。

　Kさんは居場所がないので新宿駅西口で待ち合わせた。SOSを受けての面談で、生活保護申請同行の意思確認ができたら申請場所の選定に入る。居場所がない人の生保申請相談を受けた場合、今後住みたい地域を聞くことが鉄

則だ。しかし、ほとんどの場合「どこでもいいです。＊＊は嫌な思い出があります」と言って来た。このような場合は自治体ごとの住宅事情や個々人の困難事情に応じて申請場所を複数提案することにしている。申請しても悪質な無料低額宿泊所に送りこむ福祉事務所なんてとんでもない。Kさんの場合は身分証明がないのでネットカフェにも泊まれない。旅館業法の問題もあり、ビジネスホテルにも断られている。やむなく私がお世話になっているビジネスホテルかシェルターに案内する。

　問題は「現在地保護」を嫌がり「前泊地主義」を主張する福祉事務所が増えてきていることだ。居場所がない相談者に「前泊地主義」を徹底した場合、相談は新宿や池袋や上野に集中する。これではネットカフェが多い地域に生活保護申請がなだれ込むことになる。相談者本人の今後の暮らしと居住地の希望を最大限に尊重した選択を福祉事務所は尊重してほしい。福祉事務所ごとの対応格差を是正してほしい。

　対応が良い福祉事務所に相談者が集中して現場が疲弊し、対応が悪い福祉事務所は窓口で"水際作戦"も行われるので楽をすることになる。Kさんは無事に申請が受理され、今日からビジネスホテルに宿泊することができた。ケースワーカーとも連携して早期のアパート入居をめざそう。

3月17日（水）｜ゆっくり歩いて行こう、一緒に

　今日は予定されていた女性相談者の生活保護申請同行が本人の体調不良で明日に延期になったので、対応中の相談者が一時居住しているビジネスホテルに向かい、フォロー面談を行なった。現段階で20人を超える相談者が進行中だ。アパート探し中の相談者、生保決定待ちの相談者、孤立や心の病を抱えていて継続的に伴走を続けている相談者…皆それぞれの課題を抱えている。

　今日も「本当にアパートで自立など私にできるのだろうか。自信がない。何回も支援者に裏切られてきた」と嘆く30代の青年に会った。結果的に何回も劣悪な施設に入所させてきた経験ばかりだった。今回はしっかり寄り添っていきたいと思う。

　もう一人の相談者である20代の青年、「生きていく自信がない」とメールが来て駆けつけた。彼とは毎週1回は会うことにしている。自分の目が相手にストレートに見えないように前髪を伸ばしているので、以前は目の表情を知ることができなかった。それが今日はかなり見せてくれるようになった。

とてもうれしかったのは、私のどうでもいい会話に反応して小さく笑ってくれたことだ。出会って 2 カ月で初めて見せた笑顔だ。心の底から喜びが湧いてきた。ゆっくり歩いて行こう、一緒に！

　今晩は新規の SOS もなく帰宅しようとしたら携帯電話で SOS がやって来た。東京・四谷に事務所を持つ女性弁護士からだ。居所もなく所持金 120 円の状態で事務所に駆け込んできた南米の 40 歳の青年 M さん。日本で暮らして 20 年、少し前まで定住ビザだったが、トラブルに巻き込まれて「仮放免」にされてしまった。今日からも泊まる場所がない。青年は「故郷の国に帰りたい」とため息をつく。しかし入管に相談に行くと収容される危険がある。「反貧困ネットワーク」のシェルターを一時利用住宅として提供することにし、自宅とは反対方向のシェルターに向かう。

　今日から M さんは私たちの仲間になった。急いで布団も用意できた。今日から安心して寝られるね。民間の支援団体ができることには限界がある。公的支援しかできないこと、やらなければならないことはたくさんあるはずだ。日本に住む全ての外国人に生存権の保障を！

3月18日（木）│これからは友人だね、本当に良かった

　昨日、体調不良で今日に生活保護申請同行する予定だった女性相談者、朝の出発前に電話連絡を続けたがつながらない。心配しながらも待ち合わせの時間である 10 時に福祉事務所に到着したが彼女は来ていない。10 時 20 分ごろに携帯電話が鳴った。今日も引き続き体調不良だと言う。心配だったので彼女が宿泊しているネットカフェに移動して直接、体調確認と食費を追加給付した。3 度目の正直の生活保護申請同行は明日に延期になった。体調の回復を願っています。

　午後は横浜市＊＊区の福祉事務所に向かう。横浜市といえば 3 月 9 日神奈川区における生活保護窓口の悪質な "水際作戦" についての抗議・要請行動を行い、2 日後の 3 月 11 日に市として不適切な対応の改善を認めた上で、改善の取り組みを開始したと聞いている。今日の相談者の生保利用中の夫婦も以前から福祉事務所の理不尽さに怒り、私に同行を依頼してきた。私自身の今日の方針は「時系列で経緯を確認することを基本に、対立の根本原因と責任の所在を明らかにして事態を正常化し、適切な保護を受ける」ことだ。時系列で確認してみると、＊＊区の違法性は見当たらない。だが確実に言える

ことは丁寧な説明ができていたのかどうかだ。複雑化してしまった問題を一つずつ整理する。崩れた信頼関係を作り直す時間も支援者の重要な役割の一つなのだと思う。

うれしいメールが届いた。5月に成田空港周辺のホテルを雇止めされて対応したMさんからだ。「3月で生活保護廃止決定となりました。仕事の方は、ビジネスホテルの清掃責任者をしています。瀬戸さんには御礼をいくら言っても足りないくらいお世話になりました。…自分にも何かやれること、手伝えることがあればなあと思っています。またお会いできればと思っています」

初めて会った時の不安な状況を今でも思い出すことがある。これからは友人だね、本当に良かった。

3月23日(火) | 黙っていなくなっちゃ駄目だよ

午前の生活保護申請同行は今日もドタキャン。ドタキャンするのは全員男性だ。前日まで「必ず行きます」というメールが来て現地に向かったら待ち合わせ場所に来ない。連絡しても返信は来ない。私だって時間があれば寝ているか、溜まった仕事をこなしたいと思わず愚痴がこぼれてしまう。

お昼から代々木総合法律事務所の林治弁護士を訪問した。林さんといえば「首都圏追い出し屋対策会議」などで、「脱法ハウス」に居住し立ち退きを迫られて困っている人たちを対象に相談に乗り、悪質業者を告発するなど、住まいの貧困分野の「闘う弁護士」として最前線で活躍している。「反貧困ネットワーク」の頼りになる顧問弁護士でもある。

先週に三多摩の＊＊市からSOSをもらった20代の女性Nさんは初期費用ゼロのシェアハウスに入居したが契約内容がおかしいことに気が付いた。分譲マンションの1室を改造して部屋が6つに分割されている。契約内容も入居者は㈱＊＊の社員として契約し、「社員寮」と位置付けられており、マンションの管理人との接触は一切してはならないと記されている。インターホンが鳴っても、宅配などが届く予定がなければ絶対出ないでほしいとも記されている。

今日の面談でNさんが部屋の動画を見せてくれた。驚いたのは窓のない3畳部屋で震災や火事があっても逃げ場がないことだ。さらに驚いたのはシェアハウスの管理会社から「お金貸します」のメールが届くことだ。林弁護士は2013年に極端に狭いスペースに違法に人を住まわせている「違法貸しルー

ム」（脱法ハウス）の疑いのある物件調査を、「国民の住まいを守る全国連絡会」と一緒に実施し、国土交通省に通知を出させている。林弁護士は「まだこのような悪質シェアハウスが増えているのか！」と嘆く。こうした実態がコロナ禍でどんどん明らかになってきているのだ。Nさんとは、このような悪質なシェアハウスから一刻も早く退去し、私たちの支援で生活保護を申請してアパート生活をめざすことを確認した。可能であればこの悪質管理会社を摘発したいとも考えている。

　法律事務所を出発して、＊＊ビジネスホテルで先週に生保申請同行した30代の青年Yさんの面談に向かう。信頼できる福祉事務所を選択したつもりだが、Yさんは今までの数回の生保申請ですべて劣悪な施設入所が強要された経験が完全にトラウマとなっていて不安を拭えない。ビジネスホテルの狭い空間、少ない貸付金での生活に圧迫感が強まる。「2歩下がってもいいから3歩前に歩こう」と励ました。金曜日には保護決定が下りる見込みだ。納得できるアパート探しを始めよう。独りにはしないから！

　ビジネスホテルを出発して、台東区にある「反貧困ネットワーク」のシェルター「ささえあいハウス」の定期訪問に向かい、3人の入居者面談を行なった。新宿駅南口で声かけしたフェルト人形アーティスト夫婦のクマさんは、夫婦世帯のアパート探しに時間がかかっているが、本人は絶好調だ。少しづつイベントが復活したり、作品を買いに来る人がいたり、アーティストとして再び輝き始めている。

　千葉から入居したSさんは26日にアパート入居が決まった。荒川で生保利用しているMさんもアパート探しが本格化している。大変なのは外国籍の3人だ。しばらく行方不明だったインドのPさんがフラっと現れたことには安堵した。今度は黙っていなくなっちゃ駄目だよ！　Pさんを含め外国籍の3人の入居者は全員が仮放免中だ。入管対策や医療と健康面など今後の支援計画も大変で出口が見えないけれど、命をつなぎ続けるしかないと考えている。

コロナ禍における外国人の社会的排除

移住者と連帯する全国ネットワーク理事　稲葉奈々子

「剝き出しの生」

　古代ローマには、法的保護の外に置かれた「ホモ・サケル」と呼ばれる者が存在したという。イタリアの哲学者アガンベンは、「ホモ・サケル」を、政治的・社会的な生を否定された存在として描いている。法的に保護されない生とは、まさにあらゆるセーフティーネットに守られない「剝き出しの生」である。

　コロナ禍の外国人は、まさにこの「剝き出しの生」を経験させられた。古代ローマではない。現代日本の話である。最後のセーフティーネットである生活保護は、外国人には権利として認められておらず、行政措置による準用という扱いである。

外国人・外国ルーツの人たちの困窮

　結果として、新型コロナウイルス感染拡大は、外国人に多大なマイナスの影響を及ぼした。「新型コロナ災害緊急アクション」の「緊急ささえあい基金」により、移住者と連帯する全国ネットワークの貧困対策プロジェクトが支援したうちで、件数の多い外国人の国籍と職業をおおまかにみていこう。

　フィリピン人は飲食業に従事するシングルマザー、ベトナム人は契約途中で解雇された技能実習生、ネパール人は留学生やレストランのコックが多い。ペルー人、ブラジル人、ボリビア人は日系人やその家族で、定住や永住の在留資格で定住しているが、日本に来てから 20 ～ 30 年間ずっと派遣で働いている人が多い。いずれも、もともと生活ぎりぎりの給料しか支払われておらず、貯金もほとんどない。仕事がなくなったとたんに、生活が立ち行かなくなって、次々に相談が寄せられた。

　定住や永住など、日本人との家族関係により認められる中・長期の在留資格があれば、権利として認められていないとはいえ、生活保護を受給することもできる。技能実習や留学など、日本での活動に基づく在留資格の場合は生活保護は認められないが、特別定額給付金 10 万円や「新型コロナウイルス感染症対応休業支援金・給付金」を受給することはできた。

　難民認定申請中で特定活動 6 カ月の在留資格を持ち、食肉加工の工場で働いていたイラン人女性は、新型コロナウイルスの影響で仕事がなくなり、家賃や光熱費を払えなくなった。コンゴ人の同僚の話を頼りに区役所で休業支援金の申請をしたところ認められた。イランでは女性ゆえに自由を奪

われ、難民として日本に来た彼女は、「生まれて初めて人間扱いされてうれしかった」という。現在は工事現場の警備員の夜勤の仕事に就いて、自分の稼ぎで生活している。短期間であっても、公的支援を受けることが生活の安定につながる証左である。休業支援金がなかったら、路上生活に追いやられていたかもしれない。

　ほんのわずかであっても公的支援によって救われる人は多い。ある難民申請中のトルコ人女性は、夫のDVに苦しんでいた。夫が昼間働き、自分は夜勤の仕事をすることで、なるべく会わないようにしていた。新型コロナウイルスの影響で仕事がなくなると、家で過ごす時間が長くなり夫のDVに堪えかねた。自分の収入だけでは4人の子どもを養うことはできないため、離婚はありえなかった。ところが、特別定額給付金を元手にして離婚に踏み切ることができたという。

　しかし、ひとたび難民申請が却下されて非正規滞在に陥ってしまったら、どんな制度によっても守られなくなってしまうのだ。

非正規滞在外国人

　非正規滞在外国人は、いかなる制度によっても保護されず、民間の支援だけがささえであり、文字通り「出口なし」である。「緊急ささえあい基金」の支援を受けたのは、スリランカ人、イラン人、クルド人、ナイジェリア人、カメルーン人、エチオピア人など、難民認定申請中で仮放免許可を得て地域社会で生活している人たちである。日本での生活が30年以上に及ぶ人も珍しくない。子どもが日本で生まれ育って、大学や専門学校で学んでいるケースもある。それにもかかわらず、医療や教育を含めて、あらゆる公的支援から排除されている。現代の「ホモ・サケル」は、国境にこだわる国家主権の暴力が生み出したものに他ならない。早急な見直しが必要である。

2020年6月26日、衆議院第一議員会館で開催された緊急案内集会。

エピローグepilogue

一般社団法人反貧困ネットワーク　常務理事　白石　孝

▌社会運動をネットワーク型運動として進める必要性

2020年2月上旬から中旬、日本ではまだ新型コロナウイルスの脅威をそれほど感じていなかった。私が監修した韓国の政権交代の記録日本語版『写真集キャンドル革命―政権交代を生んだ韓国の市民民主主義』（コモンズ刊）の出版記念イベントを、2月1〜3日にジュンク堂書店や参議院議員会館などで開催、韓国からも著者など3人をお招きした。この時のイベントは、とりわけコロナ対策もせずに従来通りの方法で実施した。

その翌日の2月4日付厚生労働省サイトによると、日本での発生状況は16人、中国こそ2万余名だが、韓国19人、台湾11人、米国11人、ドイツ12人、英国2人と報告されていた。

2月14〜15日には、韓国の生協からソウル市の「公共給食」食材センターに派遣されている所長を招き、反貧困ネットワーク全国集会で報告をしてもらい、翌日成田空港まで送ったが、その頃からコロナ感染の気配を感じるようになってきた。

そこで15日開催の反貧困集会の場で、休憩時間中に主な報告者にお声かけし、「コロナ感染で問題が出るだろうから、3月に対策会議を発足させないか」と提案した。それから40日後の3月24日、「感染拡大に伴い仕事を失ったり、家賃を払えなくなったり、大学に通うことができなくなったりする」など、拡大が予想される貧困問題を解決するために、「新型コロナ災害緊急アクション」を結成した。

瀬戸大作と私は、政府や自治体に訴えるには大きな連帯が必要、世論への呼びかけも同様、と、韓国で大きな運動時にはいつも実施されている組織横断的なネットワークの形成が不可欠と話し合い、多くの団体、グループに参

加を呼びかけた。

　この3月から4月、次のような取り組みを瀬戸が事務局長となって進めた。

■ 4月16日に「新型コロナウイルス感染拡大に伴う生活困窮者や学生への支援強化を求める省庁との緊急の話し合い」を開催、衆議院議員会館に20を超える緊急アクション参加団体が集まり、各団体がまとめた ①生活保護、②居住、③雇用と労働と外国人、④障害者、⑤学生と奨学金の分野別要望を厚労省、国交省、文科省の担当者に申し入れた。

■ 「コロナ災害を乗り越えるいのちとくらしを守るなんでも電話相談会実行委員会」の厚労省宛て「緊急要望書～国は、自営業者・フリーランス・働く人々の"呻き声"を聴け」の要望づくりに参画した。

■ つくろい東京ファンドが取り組む「仕事を失い、住まいを喪失した人々の緊急宿泊支援と小口生活資金給付と生活保護申請」など自治体への行動に取り組む。自立生活サポートセンターの路上相談会にも参加した。

■ 市区役所で水際作戦やたらい回し、劣悪な無料低額宿泊所誘導が横行していることから、「生活保護申請同行のための自治体議員ネットワーク」を議員有志中心に発足、150名規模のネットワークが出来、生保申請同行などを実施した。

■ 千葉県で運動団体設立に協力し、また、横浜の寿医療班と連携して避難所の環境整備と福祉行政対応の不備に対して要望行動を行った。

■ 「新型コロナウイルス緊急ささえあい基金」を創設したところ、ひと月たたずに100万円以上の寄付が集まった。

　このように、初動から横断的なネットワーク運動を意識的に取り組んだことが功を奏した。

■ コロナ禍でのホームレス対応は公共政策が基本の韓国

　続いて「共助」と「公助」について、制度政策が類似している日韓を比較することでその差異を明らかにする。日本は「自助・共助・公助・絆」を掲げる菅政権の政策の課題が浮き彫りになり、格差解消と貧困対策が国政の基本政策に位置付けられていないことが露になった。

　「新型コロナ災害緊急アクション」の活動は、40を超えるグループの連携や多くの寄付などにより、「共助」の活動としては一定の成果を上げていることは前記した。しかし、住まいを失い、所持金が底をつき、緊急サポートを

求める方がたに、住まいの確保や生活保護受給までは対応出来ても、そこからさらに自立や自活など、その後のフォローまでを民間団体だけで担うには余りにも課題が多い。では、公共政策はどうなっているのか、それらについていち早く、感染者判明直後からコロナ対策を実施した韓国の実情を把握するために委託調査を実施した。20年12月に届いた調査報告書は、日韓の違いを明確に示していた。

【まずは住居の確保から】

韓国ではホームレスを「野宿人」と呼び、その概念が日本より広くなっている。①相当期間住居なく生活、②施設利用している、に加えて、③相当期間、住居として適切さが著しく低い所で生活、としている。

③は例えば民間賃貸で3㎡程度、トイレ、シャワー、炊事設備共同で「チョッパン」と呼ばれる。韓国の「最低住居基準」は、一人当たり14㎡、上下水道、台所、水洗トイレ、シャワー、暖房設備があり、防音、換気、採光対応、とされているから、その基準以下だ。

「非住宅居住」は、チョッパンのほかビニールハウス、コンテナ、考試院（元は受験者用一坪空間だったが常態化）、旅人宿なども対象だ。

日本では「都市公園、河川、道路、駅舎その他の施設を故なく起居の場所とし、日常生活を営んでいる者」と定義し、ネットカフェや簡易宿泊所などは対象外だ。住宅基準はひとり世帯25㎡とされているが、位置づけに違いがある。

文在寅（ムン・ジェイン）政権の住宅政策は、①家賃未納で退去危機にある世帯に公共賃貸空き家を6カ月間提供、②緊急支援世帯に保証金引き下げ適用、③公共賃貸賃料6カ月猶予などとなっている。ただし、不安定雇用労働者で民間賃貸住宅入居者が約245万世帯いるが、その対策が遅れており、12団体で構成されている「住居権ネットワーク」は、商店主への賃料6カ月猶予措置に加え、個人にも強制退去禁止、猶予措置を適用しろと強く要求している。

【ホームレス自立支援】

ソウル市では野宿人の自立支援策として、①路上相談〜緊急保護〜メンタル相談・医療支援に始まり、②施設入所（自立プログラム、雇用相談）、③住居支援（賃貸住宅、共同生活家庭入居支援とアフターケア）、④地域社会への復帰（地域の住民センターや社会福祉館と連携）を実施している。

住居は、①一時保護施設（一時的な住居と食事提供、医療支援、シャワー

や理美容サービス）、②自活施設（労働能力がある野宿人に、住居、食事、職業相談、職業訓練、雇用支援）、③リハビリ施設（心身障がいや疾患で自立困難な人に住居と食事を提供し、リハビリを実施）、④療養施設（短期での復帰困難な人に住居と食事を提供し、さらに相談、治療、介護）を開設している。

　雇用支援は、様々な成育歴、職業歴、心を病んでいる方などへの対応も含め、①共同作業場就労（勤労能力が低い人）、②公共雇用半日労働（身体障害や労働習慣が希薄な人）、③公共雇用全日労働（民間雇用への移行準備）、④民間雇用（自立化）と段階的な自立化事業を展開している。

【食糧支援、生活費支援】

　無料食事（給食）提供を 33 か所で実施しているが、市予算では 8 か所。他の 25 か所は教会や非営利団体などが運営している。

　全国民対象の日本でいう「特別定額給付金」に当たる「緊急災難支援金」は、99.5％が申請したが、野宿人の場合は路上生活者 36％、施設入居者 70％と申請が少なかったので、20 年 7 月からソウル駅や市庁舎前で申請相談窓口を設置した。

　医療支援については、野宿期間 3 カ月以上、公的保険未加入あるいは保険料滞納 6 カ月以上が対象だが、対象漏れもあり、これは改善の余地があるとのことだ。

【日韓の大きな違い】

　日本でも形式的にはホームレス対策が進められているように見えるが、実際はどうだろうか。

　ホームレスの把握と初期対応で東京都の場合は「巡回相談を実施している」としているが、実際は民間グループが日常的な見回り活動をしている。ソウル市は「路上相談班」を常設している。平常時は 19 班 40 人態勢、路上生活が困難な冬季は 37 班 91 人態勢で対応している。このように 365 日、路上相談と施設入所案内や緊急現場対応をしている。

　また、「野宿人総合支援センター」を開設し、野宿人は自ら出向き、相談することが通常だ。民間団体の「ホームレス行動」なども毎週ソウル駅や龍山駅などを回っているが、個別相談対応よりは当事者と共に、野宿人政策監視や制度改善要求をしているという。

　つまり、公共サービスが基本にあり、市民社会運動は当事者性を担保しつつ政策監視、改善運動を主としており日本とは真逆だ。この決定的な違いを私たち「共助」の運動を進めている社会団体もきちんと受けとめる必要がある。

また、日本では生活保護の申請から給付決定プロセスに余りにも問題が多いことも注目してほしい。申請そのものをさせない、劣悪な居住環境と高額な使用料を払わせる無料低額宿泊所が多く存在するが、そこへの入所を強要する、扶養照会を前提とする、保護決定する場合でも法定期間をはるかに超えるなど、数々の問題点がある。一方の韓国は、「生活保護」法から「国民基礎生活保障」法に改正し、権利性を明確に位置付けている。

　このように、韓国では国や自治体が社会福祉政策を確立し、有為な人材やスキルを積み重ねている民間団体と連携しながら進めていることが分かる。

　前出の「ホームレス行動」は、施設での外出禁止措置に抗議して国家人権委員会に救済を求め、公共雇用の予算削減措置を自治体と交渉して撤回させた。無料給食所の中断について実態調査をとおして発表し、大きく報道された。緊急災難支援金が申請できない実態を調査し、行政を動かした。このように市民団体の役割は個別救済より、当事者と行う社会運動に重点を置いている。

▌地域での面的な取り組みが必須

　次は地域での面的な住民運動を進めている日韓事例を紹介する。

　日本に留学経験があり、韓国で大学教員と地域活動のコーデネートをしている姜乃熒（カン・ネヨン）さんは、ソウル市でのコロナ対策の一環として「地域円卓会議」を開設、実行した事例を紹介している。そこには、中小商人自営業者総連、民主労総ソウル地区本部、ソウル進歩連帯、障がい者差別撤廃連帯、居住権ネット、城北区市民社会連帯など多様な団体が参加している。検討課題に労働、セーフティネット、気候危機対応、医療・ケア・交通公共性、居住・不動産、人権・民主主義を取り上げた。

　ソウル市の南部にある冠岳区（カナック）での住民連帯は1990年代の大規模再開発事業で家を失った貧困階層の居住権運動に端を発し、今や多様な地域課題に取り組む住民組織として継続的な活動を進めているが、彼は何度か視察、交流の案内をしてくれた。

　住民連帯の活動を時系列的に辿ると、取り組みの全容が見えてくる。

　1997年の金融危機で貧困層の生活が苦しくなり、失業や家庭解体が進んだが、失業対策として「家族運動本部（98）」を発足させ、生活費支援、食べ物の分かち合いを進めるフードバンク開設、地域通貨発行、公共勤労の事業

委託で無料家屋修理や介護、家事支援事業を実施した。

2000 年代の漢江南エリアの再開発後に入った賃貸マンションの住民たちの権利獲得とまちづくり活動を行い、住民の教育活動や住民祭り開催、放課後保育室の開設、緑の店などで地域拠点スペースを作り出した。住民相互組織として入居者代表会議も設立した。

2004 年には賃貸マンションに住む女性たちと一緒に「女性成長学校」を始め、住民会議「ラオンゼナ」を結成、13 年には「分かち合いの隣人」へと転換、分かち合いを通じて住民自身が住民をケアする「社会的家族」づくりを進めた。「分かち合い隣人」「ケア隣人」「分かち合いの店」という地域共助を促進させ、おかずの支援、生活問題解決のサポートをしている。高齢者自助会の組織化、ボランティア運動「100 人のサンタ」は、クリスマスに貧困家庭の子どもへの分かち合い活動を進めた。

賃貸マンションに暮らす貧困層の子どもや青少年対象の教育とコミュニティ活動として子ども・青少年の自治や父母会の学習支援、コミュニティ活動、まちの祭りなどの地域社会として教育連帯活動に取り組んだ。

居住福祉制度に関する広報・周知体制の欠陥を改善し、住宅弱者の権益向上のための活動として、居住福祉相談、居住福祉サービス提供（住居費支援、家の修理、賃貸住宅入居支援、資源の連携）を行っている。

19 年からは反貧困運動として「反貧困特別委員会」を地域の諸団体に呼びかけて発足させた。これは、19 年 7 月に脱北者母子の死亡事件が発生、北朝鮮離脱住民の賃貸住宅居住、ひとり親家庭に関する区の福祉制度の空白や福祉制度周知の仕組みに関する問題提起が発端だった。

活動のひとつ「大学洞地区プロジェクト」の運営委員会は、公共機関と市民社会団体 14 組織が参加している（註：「洞」は日本だと概ね中学校区規模の行政単位で、洞ごとに公共機関「住民センター」が設置されている）。

14 団体とは奉天洞ナヌム（分かち合い）の家、冠岳共同行動、冠岳住民連帯、チングドル教会、世界と恋愛する、冠岳居住福祉センター、ギルボッ愛共同体ハッピイン、㈱社会的企業オウリム、カトリック平和の家、冠岳ジョンダウン医療社会的協同組合、冠岳社会福祉、蘭谷愛の家、大学洞地域社会保障協議体、大学洞住民センターだ。次のような活動をしている。

「居住福祉活動」としては、相談や賃貸住宅の入居支援、移住や定着支援（引っ越し費用、生活用品、家の修理支援）、シェルター（3 か所）運営。

「生活、健康支援」は、地域の歯医者と連携した無料歯科治療、社会的経済

組織と連携して就職斡旋、そして卓球やヨーガ教室運営。

「教育活動」は、金融福祉（個人破産、信用回復）、居住福祉（賃貸住宅、居住福祉政策案内）、仕事（公共の仕事、就職情報の提供）、健康（生活健康）。

「コミュニケーション支援」として、健康茶分かち合い（漢方茶、果物茶づくりと試飲）、生活陶芸（茶器、麺器など陶芸体験）、料理調理（健康食づくりと分かち合い）、健康石鹸（保湿や脱毛予防の石鹸づくり）。

これらの活動は、社会的孤立と孤独死が大きな地域課題となることに注目し、市民社会団体の課題を導き出し、公的福祉政策の周知とその監視を進め、孤独中高年の貧困問題への対応活動を進めるとともに、活動家の貧困問題への関心と関与を高め、対応力を強化することだった。

▌日本でも取り組みはないか

では日本はどうだろうか。かつては、地域の面的な取り組みは、総評の居住者組織化、被差別部落や貧困地域での地域改善運動などが先行していた。しかし、今は課題ごとの運動が中心になり、分野ごとの深化は出来ているが、全体から見ると運動は閉塞状態にある。なぜなら、「政治を変える」力量熱量に欠けているからだ。

むしろ、自治体の首長や職員、社会福祉協議会などの公的団体などに有能な人材がいると、先進事例を公共サービス部門が生み出す傾向が強い。兵庫県明石市、滋賀県野洲市、秋田県藤里町、大阪府豊中市などがその典型例だろう。

では、行政連携で地域活動を進めている事例はないだろうか。たまたまNHK大阪報道に目がとまったのが、大阪府富田林市での事例だ。年配の男性がひとり親家庭に食糧セットを配達する場面に始まり、学生がバイトを失い、仕送りしてきた親も困窮化し、1日の食費予算が200円、その学生にも食糧セットを届けるという内容。

そして、市の福祉担当者、保健師、社協コーディネーターと共に民間団体メンバーがテーブルを囲んで、困窮者個々のケースについて話し合う場面。しかしまだ私自身が実際に訪問、調査していないので、正確な内容は伝えられないかもしれないが、同市人権推進協議会のサイトから、以下の取り組みが分かる。

同協議会は、相談事業、地域就労支援事業、地域人権啓発・交流事業、地

域福祉事業、地域子育て支援事業に取り組んでいる。

　市からの委託事業としての市民相談は、①生活相談（生活困窮、医療福祉、生活支援、消費生活問題等）、②人権相談（部落差別、ヘイトスピーチ、虐待、DV 等）の二つに大別される。

　地域就労支援事業は関係機関と連携しての ①就労相談（同行支援、失業保険、労働条件等）、②ハローワーク等関係機関との連携（求人・求職フェアへの参加等）、③就業能力開発事業（講座等実施）などで、住民の主体的な参加による住民参加型まちづくり促進事業も実施している。

　地域福祉事業は、①小学校区での高齢者配食サービスに協力した配食見守り活動、②介護の必要な方の入浴サービスへの協力、③生活困窮者自立支援事業の一環として、市の地域福祉課、社会福祉協議会、ふーどばんく OSAKA と連携し、食糧宅配事業実施、④休眠預金助成金を活用し、小学校区での福祉プロジェクトを民生・児童委員、校区委員、市人権協議会、診療所と連携して実施。

　子どもの虐待防止プログラムを実施する一方、地域での子どもの居場所つくりとして、①親の回復支援プログラム（子育てにしんどさを抱えている親を対象としたプログラム）、②こども食堂への参加、③「小さな駄菓子屋」を週 3 回、夕方 2 時間開店し、子どもを見守る地域の居場所にしている。

　同市は、「富田林市人権尊重のまちづくり条例」に基づき 2009 年に策定した「富田林市人権行政推進基本計画」によってさまざまな人権施策に取り組み、さらに 19 年に「第 2 次富田林市人権行政推進基本計画」を策定している。この自治体の基本政策と市民社会団体の地域活動の積み上げが連携へと繋がっているようだ。

　よく「行政がどうしようもない」という声を聞くことがある。そうでなく、こういう地域改善の活動を進めるために、その理念と政策をもった自治体を創ろう、という発想への転換が、今の日本には求められている。「共助」の深化を自治体政策の革新に高める取り組みを進めたい。

「編集後記」に代えて、私は願う、幸あれ！

SOHO ダルマ舎　平山　昇

　ちょうど 1 年前に、『西暦二〇三〇年における協同組合』という本をつくった。そしてそこに瀬戸大作さんは、『闘え！協同組合！──分断と自己責任社会から協働統治の社会運動を進め「生きづらさを変えていく」』という一文を寄せてくれた。そして 3 月末の原稿締め切り日ぎりぎりに届いた原稿には、以下の提起があった。

　　この十余年間で急速に深化した不平等の両極化と「現代化された貧困」、そして人間疎外という「生の苦痛」絶望社会に若者たちを追い込んできた大人の責任。一方で、韓国の各地域で住民連帯運動をベースに連帯経済が胎動している。生協がネットワークのハブになり、横で繋がりあう住民連帯型の連帯経済をつくることができないであろうか。生活困窮者支援共同基金。居住支援ネットワーク、有機給食、原発被害者支援の保養や甲状腺検診も共同出資の協同組合が良いに決まっている。その為に、地域の団体と連携と協働事業コンソーシアムをつくる。これからも積極的に関わりたい。「協同組合こそが地域にでかけていけ！ 当事者に学べ！ 必死に支援している小さき支援者の実際を学べ！ 闘え！ 協同組合！」。

　『西暦二〇三〇年における協同組合』は、協同組合という地味な内容の割には、多彩な執筆人に恵まれたせいかよく売れた。そして 9 月半ばには増刷になったわけだが、9 月 17 日の瀬戸さんの facebook には以下の一文があった。

　　コロナ災害によって、非正規・派遣などで働く人たちが失業に追い込まれて生活の基盤を失い、住まいを失っている。在留資格が無い、あるいは短期のため、住民基本台帳に載らないことから公的支援の対象外とされた外国人の方から、連日のように悲鳴が続くなかで、私たちのような小さな支援団体やユニオン労組が連日のように走り回っている状況にある。当面の救貧対策を限界が来るまで続けていくが、次のステージも準備しなければいけないと考えている。貧困格差を作り出した加害者たち

の「自助の補完装置」の公助組織でない、被害者である当事者が参画した、「社会運動としての連帯協同組合」をつくる必要がある。連合や労金などの大きな労働団体、生活協同組合のみならずフードバンクなども「自助の補完装置」に利用されてはいけない。

私自身は、公的支援を受ける事のできない外国人を中心に「食料と生活物資」「医療」「住まい」「就労」などの協同組合型支援センターが早急に必要だと考えている。この事は構想と準備づくりを始めている。その為に必要としているのは協同組合の力だ。当事者の悲鳴を目の当たりにすればきっと解る。「闘え協同組合」の意味が解る。

一方、瀬戸さんは生協パルシステム連合会の職員である。だから生協的には、それらの活動はいかがなものか的な意見もあるのかもしれないけど、生協運動の原典である G．J．ホリヨーク『ロッチデールの先駆者たち』を読んでみれば、そこに瀬戸さんも書かれているように、1844 年にロッチデールの人々がめざしたものは以下のとおりである。

「本組合の目的と計画は、1口1ポンドの出資金で十分な資金を集め、組合員の金銭的利益と家庭的状態の改善をはかることにある。このために、次のような計画と施設の建設を実行に移す。

①食料品、衣類等を売る店舗を設置する。

②多数の住宅を建設または購入し、社会的家庭的状態の改善に協力しようとする組合員の住居にあてる。

③失職した組合員、あるいはひきつづく賃金の引き下げで苦しんでいる組合員に職を与えるため、組合の決議した物品の生産を始める。

④さらに、組介員の利益と保障を増進せしめるため、組合は若干の土地を購入、または借入し、失職していたり、労働に対して不当な報酬しか得ていない組合員にこれを耕作させる。

⑤実現が可能になりしだい、本組合は生産、分配、教育および政治の力を備える。換言すれば、共通の利益に基づく自給自足の国内植民地を建設し、または、回様の植民地を創らんとする他の諸組合を援助する。

⑥禁酒の普及のために、禁酒ホテルを、できるだけすみやかに組合の建物の一つとして開く」

※ G.J. ホリヨーク『ロッチデールの先駆者たち』（協同組合経営研究所）p.46-47

⑥の「禁酒ホテル」は、現在で言えばシェルターみたいなものであろうか。これを読めばわかるけど、要は瀬戸大作さんがやろうとしていることは、ロッチデールの先駆者たちがやろうとしたことの反復である。資本主義のグローバル化は、市場原理主義という資本主義の原点を反復させ、世界中の人々を1％の富裕層と99％の貧困層に階層分化させつつある。そしていつの時代でもそれに対する最良の対応は、人々が協同することにある。さしせまるグローバリゼーションに対して、40年前にレイドロウ博士は「世界が奇妙な方向へ、あるいは時々当惑させられるような方向へ変化していくとしても、協同組合がその轍を踏んでいくべきなのか。そうではなくて、別の道へそれて、別の種類の経済的・社会的な秩序を創ろうとしてはいけないのだろうか」と問い、協同組合が取り組むべき課題として、「協同組合地域社会」の建設を訴え、近年それは「社会的連帯経済」として世界中で模索されている。そしてこの間の瀬戸大作さんの活動は、まさに協同組合運動の原点に立ち返ったものとしてのそれであろう。

　上記のついでに瀬戸さんは、「そもそも、私がこの本で『闘え協同組合』と題して希望の連帯協同組合の必要性の提起を無責任におこなった事がオールド協同組合活動家諸先輩の魂に火をつけてしまったようだ」と書くわけだが、『西暦二〇三〇年における協同組合』に「格差社会が深化している生協の責任が問われている」を書いた下山保氏や私はこれに火をつけられて、「格差社会において協同組合は何が出来るか」をテーマにした出版記念シンポジウムを企画した。10月18日に文京区民センターで行ったシンポジウムは、「大した呼びかけも拡散もされていないのに会場は満杯」になったのであった。

　その後シンポジウムでの提起を本にまとめようということになり、そのメインの報告者は瀬戸さんになるわけだが、本文を読めば分かるように、連日のSOS対応に追われる瀬戸さんには本を書き下ろせる時間的余裕はまったく無い。しかし驚くべきことに、瀬戸さんは毎日深夜に詳細かつ膨大な活動日誌をfacebookに書いており、そこには切り捨てられる原発事故被災者から、コロナ感染の拡大の中で職や住を失う人々や、移住や難民を認めない入国管理の下で人権さえ否定される多くの移住労働者らの現状や、国や行政による対応の問題点から、連日のSOS対応の顛末まで、急激にすすむ格差の拡大と貧困化の現状がその問題点とともに浮き彫りにされており、加えてその当事者たちに心寄せる瀬戸大作さんの圧倒的な愛と優しさが描かれている。そこで、暮れも押し迫った頃に社会評論社に集った本編集委員たちが寒い社長室

で議論して、瀬戸さんの1年分の facebook を網羅して、1冊の本にしてしまおうという今回の企画を立てたわけである。

　早いもので、昨年の3月24日に「コロナ災害緊急アクション」が発足してから1年が経った。そして本文もそこで終わるわけだが、今年の3月27日の facebook に、瀬戸さんは以下を書いている。

　　私の出身生協でもあり、当時若い現場の仲間たちと苦闘しながら駆け抜けたパルシステム神奈川で講演させて頂く事になりました。本当に本当に嬉しい時間です。
　　緊急アクションをつくり、SOS 駆けつけ対応を始めた昨年の春から夏頃までは、「死にたくなくないのに死んでしまう」このような叫びが多かった。1月以降から SOS だけでなく、あちこちから電話やメールで届く相談 SOS の内容が明らかに深刻化している。「死のうと思ったが死ねなかった」「もう死なせてください」などコロナウイルス感染症の雇用影響が更に犠牲になったひとりひとりに経済的貧困だけでなく、悩みの長期化によって精神を壊し尽くし始めている。最近は、SOS を受けての駆けつけ支援や生保申請同行実務以上に相談者ひとりひとりの悩みや孤立に関するフォローに大半の時間を費やす。地域に繋ぐ作業も治療に繋げる事すら大変なケースが多い。でも「生きてほしい、」「助けて欲しいと言っていいんだよ。」「独りじゃないよ！」と言い続ける。励まし続ける。

　パルシステムのHPの「イベント・講座のご案内」にこのことが案内されている。さらにそのHPには、パルシステムが毎週土曜日に新宿都庁前で行われている緊急アクションに食料品の提供をつづけていることが書かれており、facebook やニュースで野々山恵理子さんをはじめ生協の多くの役職員の方たちがボランティアをしているのを見てもそうだけど、私はうれしくなる。協同組合地域社会や社会的連帯経済というのは、生協をはじめこれまでの協同組合と、瀬戸大作さんがすすめる反復する資本主義に対して立ち上がる協同組合運動の原点に連なる活動が協力しあい、つながることから始まるだろう。
　最後に、今年の3月31日の瀬戸大作さんの facebook を紹介して、私の「編集後記」を終わろう。要は、緊急アクションを立ち上げて1年経って、瀬戸大作さんの運動はここまで来たのだということであり、彼は新しい協同組合

運動の入口を切り開いたということである。ほんとうの困難はこれからであろうけど、私は願う、瀬戸大作さんの運動の先に新しい協同組合の未来が切り開かれることを、幸あれ！

3月31日（水）

今日の夜に、「反貧困ネットワーク」の「一般社団法人化」への設立総会が行われるので、事務局長の役割責任である設立総会の議案書を昨晩から朝時にかけて書き上げて完成させた。今日は午前の福祉事務所の生保申請同行はない。

● 午後から昨年秋に SOS を受けて駆けつけた 20 代女性 M さんを連れて、信頼するメンタルクリニックを訪問した、昨年秋に出会って現在まで精神サポートを継続している。生保は利用しているが、福祉事務所が提供した施設が M さんの「生きづらさ」の困難に対応できる場所ではなく、現在まで M さんが安心できる場所で住む場所を探し、現在に至っている。その安心できる場所も居住期限は夏が来るまで、一生懸命に生きてきたけれど次に安心できる場所と独りぼっちにならずに「生きる力」が作れるように、信頼できるクリニックの窓を一緒に叩いた。クリニックの先生の「オープンダイアログの精神療法」大切にされるのは、M さんがいま話したいことを尊重することで、ゆっくりゆっくり傷ついてきたMさんの心をほぐす。暫く一緒に通い続ける事としました。「ゆっくりゆっくり歩いていけばいいよ。」

● 夜は「一般社団法人反貧困ネットワーク総会」を開催しました。「反貧困ネットワーク」は、人間らしい生活と労働の保障を実現し、貧困問題を社会的・政治的に解決することを目的として 2007 年 10 月に設立しました。様々な分野や社会的な立場の「個別領域」を乗り越えて、それぞれの団体・個人が相互に連携し協力し合い貧困という大きな問題を解決するがために発足した経緯を持っています。新型コロナウイルス感染拡大で一挙に噴出した壮絶な社会の貧困状態で、一人一人が経済的貧困と孤独と孤立で「死にたくなる」「死んでしまう」状況に追い込まれています。苦しみや悲しみを分かち合い、支えあう事で「生きていく力」に変えていくこと、その為に「繋がりあい、支えあう事業」づくり「当事者が協働する事業」を本格的に開始することにしました。

本日採用した、会計担当スタッフは、先日、緊急アクションの SOS で駆

けつけた会計実務の有資格者の女性です。コロナ禍で真っ先に切り捨てられた女性たちが多くいます。多くの非正規の若者たちがアパートも借りれずにネットカフェで漂流してコロナで路上から悲鳴をあげている現実、私たちは、これからも路上からの悲鳴に駆けつけ、いのちをつなぎます。給付金で生活をつなぎ、公的支援につなぐだけでなく、その先も孤立することなく、多くの傷ついた当事者の皆さんと一緒に支え合い、分かち合い協働する場づくりを進めます。「生きていくことは良いこともたくさんあるんだ、」私たちは現場から社会を変えていきます。これからもよろしくお願いいたします。

（設立趣意書抜粋）
反貧困ネットワークは、人間らしい生活と労働の保障を実現し、貧困問題を社会的・政治的に解決することを目的として2007年10月に設立しました。新型コロナウイルス感染症の拡大のなか、「新型コロナ災害緊急アクション」を貧困格差に取り組む市民団体、NPO、労働組合に広く呼びかけ設立、「緊急ささえあい基金」を緊急アクションに参画する42団体で共同利用して、仕事や住まいを失った人々や、日常生活が困難に陥った人々、日本国籍を持たない人々への駆けつけ支援を通じて、いのちを繋いできました。1月の緊急事態宣言再発令以降、住まいから追い出された若者たちが再び急増しています。「死にたくないけど死んでしまう。」から「死のうと思ったが死ねなかった。」明らかに路上からの叫びが変わってきています。このような状況に何故、至ってしまうのか、困っている時に福祉の窓口に行った時に冷たくされて助けてもらう事も許されない。「福祉が人を殺す」こんな事態が今日も全国のあちこちで起きています。そのような状況下で、私たちは任意団体でゆるやかなネットワークから「一般社団法人反貧困ネットワーク」として新たな一歩を歩みだします。「一般社団法人」に変わることで、ネットワーク運動をつうじた社会的可視化の運動だけでなく、ささえあいの精神で支えあう、事業をすすめることができます。新自由主義の被害者である当事者が、主体者として参画した「社会運動としての連帯協同組織」をつくり、協同互助の精神に基づき、生活困窮者に対する各種支援事業を行います。「個別」領域でなく、相互連携での社会運動ネットワークづくりを強め、「貧困問題を社会的・政治的に解決する」活動と事業をつうじて、これからも社会に貢献していく事としました。

編集後記　連帯と共感の力で政治と社会を変える

■ 社会の底が抜け落ちた

　新型コロナウイルスの影響で解雇・雇い止めされた人が 10 万人を突破したと報じられた（4 月 8 日付日経新聞朝刊）。業種は製造業が最多で 2 万 2,112 人、それに小売業 1 万 3,090 人、飲食業 1 万 2,423 人、宿泊業 1 万 1,631 人と続いている。厚労省が全国の労働局やハローワークを通じて集計した結果だが、状況把握できたのはあくまで一部とのことで、実態はこれをはるかに上回っているのは間違いない。

　新聞の報道は解雇・雇い止めの集計を伝えただけで終わる。では一体、解雇・雇い止めされた人たちはその後、どのような暮らしを送っているのだろうか？　その答えは瀬戸大作さんの日誌の中でこれでもかと思わせるくらいに語られている。「寮付き派遣の仕事を打ち切られ、収入も部屋も失ってホームレスになった」「ネットカフェで生活していたが所持金を使い果たし、公園や路上で野宿暮らしを始めた」「アパートを追い出され、所持金 40 円になり 3 日間何も食べておらず、山中で自殺しようとしたが果たせなかった」

　昨年 3 月に発足した「新型コロナ災害緊急アクション」に SOS を発信し助けを求めてくるのはこうした状況に陥った人たちだ。しかも、50 代〜 60 代の人たちだけでなく、20 代〜 30 代の若年層が増えている。例えば新宿の高島屋周辺では、昨春以降、荷物を抱えてベンチや路上で休んでいるさまざまな年代のホームレスの姿を目にするようになった。服装などから“新米”らしい人も多い。

　日本の政治家はコロナ感染拡大のずっと以前から、労働者派遣法の「改悪」などによって正規職を減らし、「不安定雇用（プレカリアート）」と呼ばれる非正規雇用労働者を増やしてきた。その数は全労働人口の 4 割に迫っている。非正規職は正規職に比べて給与レベルが低く、社会保障も十分ではない。ボーナス・退職金ももらえない。組合に加入することもできず、いつ解雇されても不思議ではない存在だ。その立場は極めて脆弱で「企業にとって好都合な労働者」としか言いようがない。

　男性はもちろん女性も例外ではない。昨年 4 月に「緊急事態宣言」が出た後、

多くの女性が仕事を失った。仕事を失わなくてもシフト減や残業代カットなどで200万円以下だった年収が100万円未満になったという人も少なくない。女性は非正規雇用であっても「夫や家族の収入で生活費がカバーされているから大丈夫」という誤解や偏見があるせいか、未婚やシングルマザーの女性に対して政策の光が十分に当てられてこなかった。実際には、夫の暴力から逃げ出してきた女性もいれば、家族の支援を受けることのできない女性もたくさんいるはずだ。住居と収入を失い一気にホームレスになる女性が増えているのはそうした背景があるからだ。

特に、女性の場合、ホームレスになると身体の危険に直面する恐れがある。昨年11月に東京都渋谷区幡ヶ谷のバス停のベンチ（のような板）に座っていた64歳の女性が男に石などの入ったポリ袋で殴られ死亡した事件は記憶に新しい。女性の所持金はわずか8円だった。住む場所もお金もなくなった女性が絶望し、恐怖に怯え、自殺を考えたとしても無理はない。幡ヶ谷の事件はそう教えてくれている。

瀬戸さんの日誌の中にも、何の荷物も持たずに家を飛び出し、ネットカフェを転々としていた20代の女性が出てくる。所持金が尽き自殺を考えたが思いとどまり、「新型コロナ災害緊急アクション」にSOSを発した。彼女は瀬戸さんに「（自分は）いつ消えてしまうか分からない。荷物を持たないほうがいい」と話したというが、生と死の境をさまようその姿に、現代社会に潜む深い闇を垣間見る思いがする。

かつて日本はアジア一の先進国といわれた。だが、コロナ禍にあえぐ中でワクチン接種率は1%にも満たず世界60位と極端に少ない。福島原発事故後にタンクに溜まり続けている「汚染水」は125万トンに達しているが、政府は放射性物質トリチウムを含んだこの「汚染水」を「処理水」と言い換えて海洋放出することを決めた。国際社会から激しい非難を浴びるのは必至だ。安倍首相は東京五輪を誘致する際、世界に向かって「（フクシマは）アンダーコントロールにある」と胸を張ったが、菅首相はあたかもこの発言が真っ赤な嘘であることを世界中にさらそうとしているかのようだ。

また、日本には女性政治家が極端に少ないうえ、台湾のように同性婚を法制化することも「夫婦別姓」さえ認められそうにない。コロナ対策に限らず、環境やジェンダーの問題などでも大きく遅れをとってしまい、今やアジアの「後進国」に成り果ててしまった。それは民主主義や人権に対する意識や社会福祉についても同様だ。日本がアジアの「後進国」に成り果てたのは政治や

行政の計り知れない劣化の結果だったのではないか。

　政治や行政の劣化を招いた背景には、安倍政権とそれを継承した菅政権による悪事の積み重ねがあった。森友学園や加計学園問題での身びいきによる公金横領、「桜を見る会」を利用した有権者買収、元 TBS 山口敬之記者のレイプ事件もみ消し…こうした安倍本人の身の丈に合わせたいかがわしい事件の数々を前に、安倍首相は国会で平然とウソをつき、官僚は虚偽答弁を繰り返し、公文書を改竄し破棄し続けてきた。安倍政権を継承した菅政権でも日本学術会議の任命拒否や長男と総務省との不都合な関係の隠蔽など見苦しくて卑しい悪事が積み重ねられてきた。

　安倍・菅政権の８年間に溜まりに溜まった嘘と隠蔽が「社会正義」や「公正性」といった民主主義にとって大切な価値観を根絶やしにし、社会全体を蝕んでしまったのではないか。結果として、社会の底が「割れた鍋」のように抜け落ちてしまい、人々の生活や命を守るはずのセーフティーネットに大きな穴が空いてしまった。

　こうした「社会正義」や「公正性」を欠いた政治や官僚の劣化は、福祉行政の現場でもよく見られることだ。2017 年に神奈川県小田原市の生活保護担当職員が「保護なめんな」「生活保護悪撲滅チーム」とローマ字と英語で書かれた黒いジャンパーを羽織って生活保護受給者宅を訪問していたことが報道された。ジャンパーには「私たちは正義」「不正受給者はクズだ」との英文もプリントされていた。

　この問題を受けて小田原市は生保行政の見直しを進めてきたというが、こうした愚かしい行為は市民意識にも悪影響を与え、生活保護受給者に対する偏見や差別を助長してしまった面がある。事実、小田原市のジャンパー問題については、いまだに SNS 上で「当たり前のことだ」「何が問題だ」と擁護する声が広がっている。生活保護の不正受給はわずか0.5% 程度といわれるが、瀬戸さんの日誌によれば、生活保護の相談窓口に「不正受給は許さない」とこれ見よがし書いた紙を貼っている役所もあるという。「市民の権利」であるはずの生活保護を受けさせないように仕向ける “水際作戦” の一つで、ただでさえ負い目を持っている困窮者に対する脅迫行為と言わざるをえない。

　こうした悪質な例以外にも、福祉の現場ではさまざまな “水際作戦” が行われている。収入も住む場所も失い所持金もなくなった人が一人で生活保護を申請しても窓口で「門前払い」されることがよくある。「住所どこですか？住所ないなら本籍地はどこ？」。相談者の法律的無知につけ込み、あれこれ

難癖をつけて他の役場にたらい回しにしようとすることもある。家族や夫の DV から逃れてきた女性に「親族照会しないと申請受理できない」と脅し文句を浴びせることもある。法律にはそのような規定はないし、国会で田村厚労大臣が「生保申請に親族照会は必要ない」と答弁したにもかかわらず、「親族照会」を切り札にした「門前払い」は今も行われている。

「貧困ビジネス」と結託していると思われるケースもある。「貧困ビジネス」にもいろいろあるが、困窮者に生活保護を受給させ、彼らを窓もないベニヤ張りの部屋に押し込めて生活保護費の大半を掠め取ってしまう「無料低額宿泊所（無低）」もその一つだ。非営利団体（NPO）が運営していることで入所者を安心させ、劣悪な「貧困ビジネス」の隠れ蓑にしている場合もある。無低経験者の中には自由を奪われるのが嫌で"脱走"する人も少なくない。無低で虐待的な扱いを受けたことがトラウマになり、「生活保護だけはごめんだ」と言い張る人もいるという。

自治体の中には「現場の裁量（ローカル・ルール）」に基づき、こうした悪質な無低への入所を生保申請の条件にしている所もある。これが生保申請の防波堤の役割を果たしている。行政職員も担当ケースワーカーもそうした施設の悪質な実態について見て見ぬふりをしているようだが、生活保護決定後に発生するアパート探しなど面倒な手続きを逃れたい一心なのかも知れない。

大抵の場合、困窮者一人ではなく、事情をよく知った支援者や弁護士らが同行することで、無低への強引な入所や「門前払い」といった行政の"水際作戦"は避けられることが多い。福祉の現場では困窮者から当然の権利を奪う「ローカル・ルール」という名の「不正義」がまかり通っているようだ。これも安倍・菅政権の8年間にわたる悪事の積み重ねによって助長された政治や行政の劣化の結果なのではないか。

■「公助なき自助努力」を強いる菅政権

コロナ禍はネオリベ（新自由主義）政策の進展に伴い増大する一方の「プレカリアート」を直撃し、その脆弱さを露呈してしまった。そんな中で、昨年9月、菅首相は「自助・共助・公助」を看板にして政権に就いた。その意味を「自分でできることはまず自分でやる、そして地域の助けがあり、その上で政府が責任を持って対応する」と説明した。基本は「自己責任」であり、次に家族や地位社会に助けを求め、それでもダメなら最後に国が助けてやる、と言っているに等しい。

今年1月27日の参院予算委員会で、コロナ禍による生活困窮者についての対策をただした野党議員の質問に、菅氏は「最終的には生活保護（がある）」と発言した。これに対し、SNS（交流サイト）上で「国民を生活保護になるまで追い込む気か」「生活保護まで行かせないように対策を取るのが首相の仕事でしょ」などと一斉に反発の声が上がった。

　日本では、生活保護を必要としている人のうち実際に利用している人の割合（生活保護の捕捉率）は2010年で2割以下だ。9割以上のフランス、8割以上のスウェーデン、6割以上のドイツなど高い水準の欧州各国と比べるとはるかに低い水準に甘んじている。ソウル市もかつては生活保護の補足率が2割程度だったが、2012年にソウル市で生活苦の母娘が自殺する事件を契機に、福祉職員が受給対象者の自宅を訪問する「出前福祉制度（チャットン）」を創設することで欧州並みの6割にまで引き上げた。その気になればできるのだ。

　日本では生活保護費の財源は4分の3が国の負担で、残る4分の1が地方自治体の負担になっている。自治体側が相談者を"水際作戦"で「門前払い」しようとするのは、少しでも予算を削りたいという思惑があるからだ。菅氏は、生活保護の補足率も現場での"水際作戦"のことも知らずに、「生活保護（がある）」と国会で発言してしまったのだろう。極めて無責任なこの発言は、結果的に、われわれに「公助なき自助努力」を強いる役割を果たしている。

　瀬戸さんの日誌には、コロナ禍で解雇されネットカフェ難民から野宿者になったにもかかわらず、「こんな状態になったのは自分が悪い。自己責任です」と生活保護の申請手続きを拒否する若者が何人も登場する。こうした若者の多くは「もう一度、安定した仕事に就き平穏に生きる」ことを望んでいる。「そのためにも生活保護を受けて日々の生活を立て直そうよ」と瀬戸さんは説得するが、なかなか首を縦に振らない者もいるという。

　生活保護は憲法25条が保障する「健康で文化的な最低限の生活」を権利として具体化したものだ。だが、小田原市の「保護なめんな」ジャンパーの例にもあるように、SNS上では生活保護受給者をバッシングする声が渦巻いている。その多くは根拠のないフェイクニュースのような一方的な決めつけばかりだ。社会を蝕んできた政治や行政の劣化が大衆レベルにまで浸透してしまったかのようだ。「こんな状態になったのは自分の責任だ」と生活保護を拒否する若者の意識はSNS上のバッシングの裏返しなのかも知れない。

　生活に困窮した若者にまで浸透している「自己責任」という言葉は、元々、

金融や証券取引の世界で「own risk」の意味で使われた。それが細川首相時代の「平岩レポート」の中で「規制緩和」や「市場原理」といったネオリベ・ドクトリンとともに強調され、日本の政治・経済の文脈に現れるようになった。

　本来、英語の「責任 responsibility」は「応答可能性」を意味する。個人が責任を取るには、応答を可能にする権限と応答判断に必要な情報が与えられていなければならない。経営が苦しくなったからといって会社が一方的に非正規雇用の若者を解雇するとしたら、それは会社側の「責任」を弱い立場の人間に押し付け、厄介払いするための方便でしかない。「自己責任」や「自助努力」という言葉は、日本では強者が弱者に責任転嫁するため都合よく使われるようになってしまったようだ。

　最後に確認しておきたい。コロナ禍は安倍・菅政権の無能で無責任で反知性的な姿を鮮やかに浮き彫りにしている。テレビや新聞の多くは政権に忖度し、実像を隠蔽するのに躍起になっている。だが、隠しようのないの事実がある。安倍・菅政権の無策と失政の下で多くの人たちが苦しみあえいでいるという事実だ。瀬戸さんの日誌を読めば、その現実の姿が赤裸々に目の前に立ち現れてくる。

　彼ら（彼女ら）が苦しんでいるのは本人の責任ではない。腐り切った政府の責任だ。「自助努力」や「自己責任」という言葉を弄することで、政府が困っている人たちに「お前たちが悪いのだ」と責任転嫁しようとしているだけだ。メディアの多くもその妄想に手を貸している。

　だが、私たちはこの国の主権者だ。政府や官僚の奴隷ではない。私たちには腐り切った政治に「ノー」を言う権利がある。「連帯と共感の力」によって政治に大きな変革を求め、誰もが生きやすい社会を作り出す権利がある。瀬戸さんたちによる「新型コロナ災害緊急アクション」の活動はその一歩に過ぎないが、歴史に刻まれる大きな一歩になるに違いない。

自己紹介

瀬戸大作（せと　だいさく）● パルシステム生活協同組合連合会職員。神奈川ゆめコープ事業本部長、連合会事業部長などを歴任。この間、福島原発被害者の救済を求める全国運動を取り組み、避難者支援の協同センターを設立。日韓市民連帯を進める「希望連帯」の事務局を担う。2020 年「反貧困ネットワーク」の事務局長として、「新型コロナ災害緊急アクション」の設立を呼びかけ事務局長を務める。

平山　昇（ひらやま　のぼる）● 1949 年東京生まれ。明治学院大学文学部中退、50 歳で生協を退職、SOHO ダルマ舎を起業。失業中にブラック企業を体験、協同組合運動と労働運動の連携による地域アソシエーションの形成をめざして、2019 年以降「ダルマ舎叢書」を刊行。2021 年内にその 5 冊目になる自著『文学と共同体』を刊行予定。

土田　修（つちだ　おさむ）● 1954 年金沢市生まれ、名古屋大学文学部卒。中日新聞（東京新聞）記者をへてフリージャーナリスト。ル・モンド・ディプロマティーク日本語版編集委員兼理事。直接民主主義と自主管理に基づくパリコミューン型ポスト資本主義社会を志向。著書に『調査報道』（緑風出版）、『日本型新自由主義の破綻』（春秋社、共著）など。

新型コロナ災害緊急アクション活動日誌
2020.4-2021.3

2021 年 6 月 10 日　初版第 1 刷発行

原　作　瀬戸大作
企画・編集　平山　昇・土田　修
発行人　松田健二
発行所　株式会社 社会評論社
　　　　東京都文京区本郷 2-3-10　〒 113-0033
　　　　tel. 03-3814-3861/fax. 03-3818-2808
　　　　http://www.shahyo.com/

装幀・組版デザイン　中野多恵子
印刷・製本　倉敷印刷株式会社

ダルマ舎叢書

★第 26 回平和・協同ジャーナリスト基金奨励賞★

西暦二〇三〇年における協同組合

―コロナ時代と社会的連帯経済への道―

柏井宏之・樋口兼次・平山昇／共同編集

コロナクライシスの社会で様々な活動が期待される協同組合。近未来の新たな社会像を構想するブレインストーミング。A5 判 2500 円＋税

第 1 章　やってきたこと、伝えておきたいこと
　　　　（横田克己・下山保・若森資朗・野々山理恵子・柏井宏之）

第 2 章　今やっていること、やらねばならないこと
　　　　（村上彰一・志波早苗・藤木千草・伊藤由理子・堀利和）

第 3 章　西暦二〇三〇年の協同組合へ
　　　　（佐藤孝一・栁澤敏勝・加藤好一・白井和宏・古沢広祐）

第 4 章　日韓生協間提携から社会的連帯経済へ
　　　　（金起燮・丸山茂樹・柏井宏之・瀬戸大作）

第 5 章　産業組合、生産合作社など覚書
　　　　（樋口兼次・境　毅・亀井隆・平山昇・大内秀明）

既刊

時代へのカウンターと陽気な夢 ——労働運動の昨日、今日、明日

小野寺忠昭・小畑精武・平山昇／共同編集　A5 判 2500 円＋税

原発のない女川へ ——地域循環型の町づくり

篠原弘典・半田正樹／編著　A5 判 2400 円＋税

日本におけるコミュニタリアニズムと宇野理論
——土着社会主義の水脈を求めて

大内秀明／著　A5 判 2300 円＋税

★続刊『文学と共同体――土着社会主義の水脈を求めて』平山昇／著

重度障害者が
国会の扉をひらく！

木村英子・舩後靖彦の議会参加をめぐって

上保晃平 著　　堀 利和 監修

**コロナ禍に向き合いながら社会学部で学ぶ学生が、
本書の原本になった卒業論文を書き上げた。**

インタビューや聞き取りによって、排除され「命の選別」の対象に
もされかねない障害者の議会参加への〈障害〉が抉りだされ、それ
を克服するための足がかりが政治学・社会学・障害学の理論によっ
て提示されている。

四六判 1700 円 + 税

●障害者国会議員の生きざまを政治の光に！

重症心身障害児施設・びわこ学園創設者の糸賀一雄は、「この子らに世の
光を」ではなく「この子らを世の光に！」という言葉を残したが、大きな
変革を人びとの意識と制度に迫る重度国会議員の存在が、混迷する日本の
政治の光となるべきことを本書は伝えている。

堀 利和（視覚障害者、元参議院議員）

平等とは何か？　どうしたら貧困・差別・格差をなくせるか？

平等の哲学入門

新村聡・田上孝一 ［編著］

表題にある「哲学」はたんなる抽象的原理の考察を意味するものではない。それは古代以来の政治哲学や社会哲学の伝統における本来の「哲学」を、すなわち抽象的原理をふまえて、現実の具体的問題を考察し未来の制度と社会を構想する知的営為を意味している。

A5判並製・392頁　本体2800円＋税